ゼロから学ぶ 労働法

成蹊大学 教授
原 昌登 著

経営書院

はしがき（この本の特徴）

1　本書は労働法の「入門書」です

　この本は、「労働法」の基本をわかりやすくお伝えしたい、という思いから作られました。主な読者として、初めて労働法に触れる方を考えています。仕事で必要になった、何かのきっかけで興味を持ったなどの理由で労働法を学ぼうと思った方に、最初に手にとっていただけることを目指しました。

　これまで法律を学んだことがなくても読み進められるように、他ではなかなか触れられないような**基本的なことから丁寧に説明しています**。また、**実務的なポイント**を要所要所で盛り込むとともに、見慣れない専門用語をかみくだいて説明したり、本文の内容を掘り下げたりする「ワード解説」も設けました。

2　連載を1冊の本にまとめました

　人事労務の専門誌**「労務事情」**（産労総合研究所）に連載中の「ゼロから始める労働法レッスン」を1冊の本にまとめたものが本書です。連載では限られたスペースで大切なことをもれなくお伝えするため、**記述を凝縮しつつ、読みやすい文章とすることを心掛けました**。そのことが本書にも活きていると思います。

　たとえば、毎回読み切りの連載の良さを活かし、お好きな回から（必要なところから）お読みいただける構成になっています（第1章①が第1回、第1章②が第2回…というイメージです）。また、連載では未登場の項目も追加しましたので、最初から順に読み進めることで、労働法全体を一通り学んでいただくことが可能です。ハラスメントや解雇、残業といった典型的なテーマはもちろん、副業・兼業や国際的な労働関係といった先端的なテーマについてもコンパクトに紹介

しています。

3　最新の内容にアップデートして完成させました

　連載の開始から4年以上が経過し、連載とほぼ同時進行で「働き方改革」が進められてきています。そこで、書籍化に際し全体の記述を見直し、**最新の内容にアップデートしました**。最新の法改正についても紹介しています。また、連載時はその時その時のタイムリーなテーマを優先的に取り上げてきましたので、基本から順序よく学べる章立てに**再構成**してあります。各回の相互リファーを充実させるとともに、新たに索引も作成しましたので、気になるテーマや制度を見つけやすくなりました。

　この1冊で、労働法の基本をまさに「ゼロ」からマスターしていただけると思います。人事労務の関係など仕事で労働法と関わる方々、そしてもちろん、働く一人ひとりの方々に、**「最初の1冊」**としてお読みいただけたらとても嬉しいです。

　本書のもとになった連載は、「労務事情」編集部の方が、筆者が担当した労働法セミナーを受講してくださったことがきっかけとなっています。それ以来、編集担当者の方々とやり取りを重ねながら、誌上で読者の皆様に語り掛けるつもりで、毎月の連載を書き続けています。本書がもし読者の皆様のお役に立てるものになっているとしたら、それは「労務事情」編集部で連載をご担当くださった皆様や、単行本化をご担当くださった経営書院の皆様のおかげです。あらためて感謝申し上げます。そして、私が連載の執筆はもちろん、日頃、研究・教育に取り組むことができているのは、家族の支えがあってこそです。妻と息子に「ありがとう」と伝えたいと思います。

2022年5月　原　昌登

ゼロから学ぶ労働法

目　　次

第1章　労働法総論 ……………………………………… 1

1 労働法のイメージをつくる ……………………………… 2

  1 労働法とは何か ……………………………………… 2

  2 労働法の全体像 ……………………………………… 4

    ワード解説1 労働組合 …………………………………… 5

2 法の適用とさまざまなルール ………………………… 6

  1 実務で労働法が持つ意味 ……………………………… 6

  2 法の適用 ……………………………………………… 6

  3 いろいろな「ルール」 ………………………………… 8

    ワード解説2 判例 ………………………………………… 10

3 労働基準法のポイント ………………………………… 11

  1 労働基準法の特徴 …………………………………… 11

  2 労基法を守らせる枠組み ……………………………… 12

    ワード解説3 過半数代表 ………………………………… 14

    ワード解説4 事業場 ……………………………………… 14

4 労働契約法と「権利濫用法理」 ……………………… 15

  1 労働契約法の特徴 …………………………………… 15

  2 権利濫用法理 ………………………………………… 16

    ワード解説5 一般法と特別法 …………………………… 19

5 就業規則 ………………………………………………… 20

  1 就業規則とは何か（定義） …………………………… 20

　　2　就業規則に関する手続き ……………………… 20

　　3　就業規則による労働条件の決定 ………………… 22

　6　労働契約上の権利義務、労働法総論のまとめ ……… 24

　　1　基本的な権利義務 …………………………………… 24

　　2　付随的な権利義務 …………………………………… 25

　　3　労働法総論のまとめ ……………………………… 27

　　　　ワード解説6　損害賠償（債務不履行・不法行為）…………… 29

　　　　ワード解説7　公序良俗（公序）………………………………… 30

　　　　ワード解説8　枝番号（例：3号の2、52条の2）…………… 30

第2章　労働者・使用者とは …………………… 31

　1　「労働者」の定義①（労基法）………………………… 32

　　1　なぜ定義が問題になるのか ……………………… 32

　　2　労基法上の労働者 ………………………………… 33

　2　「労働者」の定義②（労契法、労組法）……………… 36

　　1　労契法上の労働者 ………………………………… 36

　　2　労組法上の労働者 ………………………………… 37

　3　「使用者」の定義 ……………………………………… 40

　　1　労契法、労基法における使用者 ………………… 40

　　2　労組法における使用者 …………………………… 41

　　　　ワード解説9　概念の相対性 ………………………………… 42

　　　　ワード解説10　フリーランス（フリーランスガイドライン）…… 42

　　　　ワード解説11　公務員は「労働者」か？ ……………………… 43

　　　　ワード解説12　労働組合の組織率 …………………………… 43

第3章　賃金 ……………………………………… 45

① 賃金の基本的な保護 ……………………………… 46
　1　賃金とは ……………………………………… 46
　2　賃金に対する労基法の保護 ………………………… 47

② 賞与、退職金、休業手当 ………………………… 50
　1　賞与 …………………………………………… 50
　2　退職金 ………………………………………… 51
　3　休業手当 ……………………………………… 52
　　ワード解説13　ストック・オプション ……………………… 54
　　ワード解説14　ノーワーク・ノーペイの原則 ……………… 54

③ 昇給・減給、最低賃金、時効 ……………………… 55
　1　昇給・減給 …………………………………… 55
　2　最低賃金 ……………………………………… 57
　3　賃金の時効 …………………………………… 58
　　ワード解説15　春闘 …………………………………… 59

第4章　労働時間・休暇・休業 ……………… 61

① 労働時間制度の基本 ……………………………… 62
　1　「労働時間」とはどのような時間か？ …………………… 62
　2　労働時間の基本ルール ……………………………… 64

② 時間外・休日労働、割増賃金 ……………………… 66
　1　時間外労働・休日労働とは ………………………… 66
　2　36協定と時間外・休日労働の上限 ………………… 67
　3　割増賃金 ……………………………………… 69
　　ワード解説16　労働時間適正把握ガイドライン ……………… 70

　　　ワード解説17　振替休日（振休）と代休 ・・・・・・・・・・・・・・・・・・・ 71

　　　ワード解説18　固定残業制 ・・・・・・・・・・・・・・・・・・・・・・・・・・・・・・・・ 71

③ **労働時間に関するさまざまな法制度** ・・・・・・・・・・・・・・・・・・ 72

　1　管理監督者 ・・・ 72

　2　変形労働時間制・フレックスタイム制 ・・・・・・・・・・・・・・・・・・ 73

　3　労働時間制のみなし制（裁量労働制など） ・・・・・・・・・・・・ 74

　4　高度プロフェッショナル制度（高プロ制） ・・・・・・・・・・・・・ 75

　　　ワード解説19　管理監督者 ・・・・・・・・・・・・・・・・・・・・・・・・・・・・・・・・ 79

　　　ワード解説20　テレワーク ・・・・・・・・・・・・・・・・・・・・・・・・・・・・・・・・ 79

　　　ワード解説21　労使委員会 ・・・・・・・・・・・・・・・・・・・・・・・・・・・・・・・・ 80

④ **「働き方改革」の全体像とその意義** ・・・・・・・・・・・・・・・・・・・ 81

　1　「働き方改革」とは（全体像） ・・・・・・・・・・・・・・・・・・・・・・・・・ 81

　2　「働き方改革」の意義 ・・・・・・・・・・・・・・・・・・・・・・・・・・・・・・・・・・ 82

　3　労働時間の適正把握義務 ・・・・・・・・・・・・・・・・・・・・・・・・・・・・・・・ 82

　4　非正規雇用に関する法改正 ・・・・・・・・・・・・・・・・・・・・・・・・・・・・・ 83

　　　ワード解説22　「働き方改革」の年表 ・・・・・・・・・・・・・・・・・・・・ 84

⑤ **年次有給休暇（年休）** ・・・・・・・・・・・・・・・・・・・・・・・・・・・・・・・・・・ 85

　1　年次有給休暇（年休）の基本ルール ・・・・・・・・・・・・・・・・・・・ 85

　2　使用者の年休付与義務 ・・・・・・・・・・・・・・・・・・・・・・・・・・・・・・・・・・ 88

　　　ワード解説23　時季指定権・時季変更権 ・・・・・・・・・・・・・・・・・ 89

⑥ **育児・介護休業法** ・・・・・・・・・・・・・・・・・・・・・・・・・・・・・・・・・・・・・・・ 90

　1　育児休業、介護休業 ・・・・・・・・・・・・・・・・・・・・・・・・・・・・・・・・・・・・ 90

　2　勤務時間の短縮、看護休暇等 ・・・・・・・・・・・・・・・・・・・・・・・・・・・ 92

　3　2021年の育介法改正 ・・・・・・・・・・・・・・・・・・・・・・・・・・・・・・・・・・・ 92

　　　ワード解説24　パパ・ママ育休プラス ・・・・・・・・・・・・・・・・・・・・ 94

第5章　採用・人事異動・懲戒・休職 ············· 95

1 **採用** ·· 96
  1　募集・採用 ································· 96
  2　採用内定・内定取消し ······················ 97
  3　試用 ····································· 99
    ワード解説25　調査の自由／個人情報の尊重 ················· 100
    ワード解説26　新卒者に対する採用活動の時期 ············· 100
    ワード解説27　労働条件の明示義務 ····················· 100

2 **配転・出向・転籍** ······················· 101
  1　人事の法規制に関する基本的な考え方 ············· 101
  2　配転 ···································· 101
  3　出向 ···································· 103
  4　転籍 ···································· 104
    ワード解説28　出向命令権 ···························· 105

3 **昇進・昇格・降格** ······················· 106
  1　人事制度・人事考課 ························ 106
  2　昇進・昇格・降格 ·························· 108

4 **懲戒** ·· 110
  1　懲戒処分とは何か ·························· 110
  2　懲戒処分の法規制 ·························· 111
  3　懲戒事由の典型例 ·························· 113
    ワード解説29　昇進・昇格差別 ························· 114
    ワード解説30　減給・出勤停止 ························· 114

5 **休職** ·· 115
  1　休職（私傷病休職）の法的な位置づけ ············· 115

  2 復職の可否の判断 ……………………………… 117

   ワード解説31 産業医 ………………………… 119

第6章 労働条件の変更 ……………………… 121

① 不利益変更と労働者の同意 …………………… 122

  1 不利益変更の問題の特徴 ……………………… 122

  2 労働者の同意がある場合 ……………………… 123

  3 労働者の同意がない場合 ……………………… 125

② 労働者の同意がない場合の不利益変更 ……………… 126

  1 労働者の同意がない不利益変更 ……………… 126

  2 就業規則以外の不利益変更 …………………… 129

   ワード解説32 反対解釈 …………………… 130

   ワード解説33 労働組合の同意（就業規則の不利益変更）

   ………………………………………… 130

第7章 労働契約の終了 ………………………… 131

① 辞職、退職勧奨 ………………………………… 132

  1 辞職 ……………………………………………… 132

  2 合意解約（退職勧奨）………………………… 134

  3 解雇 ……………………………………………… 135

   ワード解説34 定年、雇止め ……………… 135

② 解雇 ……………………………………………… 136

  1 はじめに（解雇規制の全体像）……………… 136

  2 解雇の「手続き・時期」に関する規制 ……… 136

  3 解雇の「理由」に関する規制 ………………… 137

  4 解雇権濫用法理のポイント …………………… 138

③ **整理解雇** ・・ 140

　　1　整理解雇とは ・・・・・・・・・・・・・・・・・・・・・・・・・・・・・・・・・・・・ 140

　　2　整理解雇の4要件 ・・・・・・・・・・・・・・・・・・・・・・・・・・・・・・・ 141

　　　　ワード解説35　平均賃金 ・・・・・・・・・・・・・・・・・・・・・・・・・・・ 143

　　　　ワード解説36　解雇期間中の未払い賃金 ・・・・・・・・・・・・・・ 144

第8章　高齢者雇用 ・・・・・・・・・・・・・・・・・・・・・・・・・・・・・・・・・・ 145

① **高齢者雇用の基本的なルール** ・・・・・・・・・・・・・・・・・・・・・ 146

　　1　高年法の基本的な枠組み ・・・・・・・・・・・・・・・・・・・・・・・・ 146

　　2　継続雇用制度（再雇用制度） ・・・・・・・・・・・・・・・・・・・・ 147

　　　　ワード解説37　継続雇用と無期転換 ・・・・・・・・・・・・・・・・・ 150

② **継続雇用の労働条件** ・・・・・・・・・・・・・・・・・・・・・・・・・・・・・・ 151

　　1　継続雇用における法的な紛争 ・・・・・・・・・・・・・・・・・・・・ 151

　　2　2020年の高年法改正 ・・・・・・・・・・・・・・・・・・・・・・・・・・・ 153

　　　　ワード解説38　定年後の公的な給付 ・・・・・・・・・・・・・・・・ 155

　　　　ワード解説39　努力義務 ・・・・・・・・・・・・・・・・・・・・・・・・・・ 155

第9章　有期・パート・派遣などによる雇用 ・・・ 157

① **有期労働者①（有期労働者の解雇・雇止め）** ・・・・・・・・・・ 158

　　1　非正規雇用とは ・・・・・・・・・・・・・・・・・・・・・・・・・・・・・・・・ 158

　　2　有期契約の基本ルール ・・・・・・・・・・・・・・・・・・・・・・・・・・ 159

② **有期労働者②（無期転換）** ・・・・・・・・・・・・・・・・・・・・・・・・ 162

　　1　無期転換 ・・・・・・・・・・・・・・・・・・・・・・・・・・・・・・・・・・・・・ 162

　　2　労契法（旧）20条について ・・・・・・・・・・・・・・・・・・・・・ 163

　　　　ワード解説40　期待の合理性と有期契約の更新限度 ・・・・・・ 164

　　　　ワード解説41　無期転換ポータルサイト ・・・・・・・・・・・・・・ 164

3　パート労働者 ………………………… 165

　　1　パート労働者の定義 ………………………… 165

　　2　パート労働者の待遇に関する法規制 ………………………… 166

　　3　パート・有期法のその他の規制 ………………………… 167

　　　　ワード解説42　事業主 ………………………… 168

4　いわゆる「同一労働同一賃金」 ………………………… 169

　　1　不合理な相違の禁止 ………………………… 169

　　2　差別的取扱いの禁止 ………………………… 172

　　3　使用者の説明義務 ………………………… 173

　　　　ワード解説43　同一労働同一賃金 ………………………… 174

5　派遣労働者①（労働者派遣法の基本的な枠組み） …… 175

　　1　労働者派遣の基本的な枠組み ………………………… 175

　　2　労働者派遣に関する法規制 ………………………… 176

6　派遣労働者②（派遣における「同一労働同一賃金」）… 179

　　1　派遣労働者の処遇の原則 ………………………… 179

　　2　派遣労働者の処遇の例外 ………………………… 181

　　　　ワード解説44　業務処理請負／偽装請負 ………………………… 182

第10章　ハラスメント・雇用差別 ………………………… 183

1　ハラスメントの基礎知識 ………………………… 184

　　1　職場のハラスメントの典型例 ………………………… 184

　　2　ハラスメントの防止措置 ………………………… 185

　　3　パワハラ防止措置の法制化 ………………………… 186

　　4　ハラスメントに関する損害賠償責任 ………………………… 187

2　パワハラの防止（パワハラの法制化） ………………………… 188

　　1　法制化のポイント ………………………… 188

　　2　パワハラの定義とパワハラ6類型 ･･････････････････ 190

　　　　ワード解説45　審議会（労働政策審議会）･･････････････ 192

　　　　ワード解説46　パワハラ指針 ･･････････････････････ 192

　③　雇用差別 ･･ 193

　　1　性差別 ･･ 193

　　2　障害者差別 ････････････････････････････････････ 195

　　3　思想差別等 ････････････････････････････････････ 196

　　　　ワード解説47　差別禁止規定に違反した場合 ･････････ 197

　　　　ワード解説48　法定雇用率制度 ･･･････････････････ 197

第11章　労災保険・安全衛生 ････････････････････ 199

　①　労災保険の基礎知識 ･･･････････････････････････ 200

　　1　そもそも「労災」とは何か ････････････････････ 200

　　2　労災保険給付が行われるまで ･････････････････ 201

　　　　ワード解説49　通勤災害／通勤からの逸脱・中断 ･･･････ 203

　②　労災の認定 ･･･････････････････････････････････ 204

　　1　労災認定の基本 ･･････････････････････････････ 204

　　2　過労死、過労自殺 ･･･････････････････････････ 205

　　3　労災に関する行政訴訟 ･･･････････････････････ 207

　③　労災保険給付の種類、使用者の賠償責任 ･･･････ 208

　　1　労災保険給付の内容 ･････････････････････････ 208

　　2　労災と損害賠償 ･････････････････････････････ 210

　　　　ワード解説50　業務起因性、業務遂行性 ･････････････ 212

　　　　ワード解説51　類推適用 ････････････････････････ 212

　④　職場の安全衛生 ･････････････････････････････ 213

　　1　安全衛生の基本ルール ･･･････････････････････ 213

　　2　医師による面接指導 ……………………………………… 214

　　3　ストレスチェック ………………………………………… 215

　　　　ワード解説52　作業の安全（危険や健康障害の防止）………… 217

第12章　労使関係 ……………………………………………… 219

1　労働組合のイメージをつくる ………………………… 220

　　1　労働組合とは何か ………………………………………… 220

　　2　労働組合の組織・運営 …………………………………… 222

　　　　ワード解説53　ユニオン ………………………………………… 223

2　労働組合の運営に関する制度 ………………………… 224

　　1　ユニオン・ショップ ……………………………………… 224

　　2　チェック・オフ …………………………………………… 227

　　　　ワード解説54　労働組合からの脱退（脱退の自由）…………… 227

3　団体交渉 …………………………………………………… 228

　　1　団体交渉の基本的なルール ……………………………… 228

　　2　団交義務を負う使用者の範囲 …………………………… 230

　　　　ワード解説55　チェック・オフ協定 …………………………… 232

　　　　ワード解説56　経営事項（経営専権事項）…………………… 232

4　労働協約 …………………………………………………… 233

　　1　労働協約の定義と規範的効力 …………………………… 233

　　2　規範的効力が否定される場合 …………………………… 235

　　3　他のルールとの関係 ……………………………………… 235

　　4　労働協約による労働条件の不利益変更 ………………… 236

　　5　労働協約の終了 …………………………………………… 237

　　　　ワード解説57　労働協約と他のルールの違い：有利原則

　　　　　　　　　　…………………………………………………… 238

5　団体行動 ·· 239

　1　団体行動とは ··· 239

　2　組合活動の正当性 ··· 240

　3　争議行為の正当性 ··· 241

　4　団体行動に対する保護 ·· 243

　　ワード解説58　街頭宣伝活動 ·································· 244

　　ワード解説59　いろいろな争議行為 ························ 244

6　不当労働行為 ·· 245

　1　不当労働行為とは何か ·· 245

　2　不当労働行為の3つの類型 ·································· 246

　3　不当労働行為の救済 ·· 248

　　ワード解説60　黄犬契約 ······································ 250

　　ワード解説61　ポスト・ノーティス命令 ················· 250

第13章　企業の組織変動 ································· 251

1　合併・事業譲渡 ··· 252

　1　企業の組織再編の類型 ·· 252

　2　合併と労働関係 ··· 252

　3　事業譲渡と労働関係 ·· 253

2　会社分割・解散 ··· 256

　1　会社分割と労働関係 ·· 256

　2　会社の解散と労働関係 ·· 258

　　ワード解説62　事業譲渡（再雇用型） ···················· 260

　　ワード解説63　法人格／法人格否認の法理 ··············· 260

第14章　副業・兼業 ································· 261

1 副業・兼業の基本的な考え方 ··················· 262
  1 副業・兼業を巡る状況 ······················· 262
  2 副業・兼業のコントロール ··················· 262
  3 副業・兼業の労働時間管理 ··················· 264

2 副業・兼業における時間外労働 ················ 266
  1 副業・兼業における時間外労働の上限規制 ········ 266
  2 どの部分が時間外労働となるのか？ ············ 267
  3 「管理モデル」とは ························ 268
  ワード解説64　副業・兼業で労働時間の通算が不要な場合 ······ 270
  ワード解説65　副業・兼業と労災（複数業務要因災害）········ 270

第15章　外国人労働者・国際的な労働関係 ····· 271

1 外国人労働者 ······························ 272
  1 入管法 ··································· 272
  2 労働法の適用 ······························ 273
  3 技能実習・特定技能 ························ 273
  ワード解説66　外国人雇用状況届出義務 ···················· 276

2 国際的な労働関係と労働法 ··················· 277
  1 基本的な考え方 ···························· 277
  2 公法関係 ································· 278
  3 私法関係 ································· 279
  ワード解説67　裁判の管轄 ······························· 281

第16章 労働紛争の解決 ································ 283

1 労働相談、行政や司法による解決 ·············· 284

1 労働紛争の防止と解決のために ··············· 284

2 行政による紛争解決支援 ····················· 285

3 司法による紛争解決 ························· 286

ワード解説68 個別労働紛争解決促進法 ············ 288

索引 ·· 289

本書で紹介した判例一覧（年月日順）················· 301

第1章

労働法総論

1 労働法のイメージをつくる

👆今回のポイント

ゼロから学ぶ労働法のスタートです。まず、労働法全体の基礎となる、さまざまな考え方やルールを「総論」として学んでいきます。まずは労働法とは何か、イメージをつくるところから始めましょう。

1 労働法とは何か

さて、「**労働法**」とは一体何でしょうか？　何のために存在しているのでしょうか？　ぱっと答えることはできますか？

まず、「労働」の「法」と書くわけですから、労働法とは、働くことについてのルールを定めたものです。実は、「民法」「会社法」などとは異なり、「労働法」という名前の法律はありません。有名な「労働基準法」など、労働に関する多くの法律が集まって、労働法という1つの分野ができていると考えてください。

では次に、労働法は何のためにあるのかというと、ひと言でいえば、会社と従業員の雇用関係に介入するために存在しています。どういうことか、まずは次の問いを考えてみてください（以下、会社のことを使用者、従業員のことを労働者と呼ぶことにします）。

> **問**　使用者（会社）が、労働者（従業員）に働くよう命令できるのはなぜでしょうか？　また、労働者は、なぜ使用者に給料の支払いを求めることができるのでしょうか？

　さてさて、そんな当たり前のことを「なぜ」と聞かれても困ると思われるかもしれませんが、労働法の話はここから始まります。まず、使用者は、別に「偉いから労働者に仕事を命令できる」わけではない、ということです。労働者が労働することを、使用者がその代わりに給料を支払うことを、お互いに約束しているからこそ、使用者は労働者を働かせることができるのです。このような約束のことを、法律の世界では「**労働契約**」と呼びます（なお、「雇用契約」という言葉もよく使われますが、「労働契約」と同じ意味だと考えてください。本書では労働契約に統一します）。

　そうすると、使用者と労働者の雇用関係は、契約（約束）を結んだ対等な関係ということになるわけですが、実際には会社側が「強い」ことは否定できないですよね。そのため、自由な契約に委ねてほうっておくと、労働者が不利な立場におかれてしまいます。そこで、外部から介入し、しっかりした雇用関係を目指すのが、労働法が存在する意味であり、役割だということになるわけです。

　なお、労働法の役割は「労働者の保護」だけではないことにも注意してください。労働法は、使用者にとっても有益な存在といえるからです。たとえば、労働法のルールを守って経営していくことで、働くこと（労務）に関するトラブルを減らしていくことができます。さらに、仮に何かトラブルが起こったとしても、労働法を守っていたということは、使用者側の正当性を基礎づける事情の１つになるでしょう。また、もちろん、労働法のルールが守られることは、労働者にとってもプラスになります。このように、労働法は労働者と使用者の双方にとって重要かつ不可欠な存在であるといえます。「労働法＝労働者のためだけのもの」ではありませんので、ぜひ、この点を意識してくださいね。

2　労働法の全体像

　それでは、労働法の全体像をざっくりとつかむことにします。労働法が雇用関係へ介入するやり方（枠組み）は大きく2つあり、これが労働法を大きく2つに分けています。

　まず、**雇用関係法**という、雇用関係へ直接的に介入する分野があります。労働法の話の7〜8割を占めており、**労働基準法**（労基法）、**労働契約法**（労契法）、そして男女雇用機会均等法や最低賃金法など、数多くの労働関係の法律が分類されます。

　雇用関係を上から規制するというのが、雇用関係法の基本発想です。「働くときの最低基準を国が作り、守らない使用者を罰する」とか、「使用者ができることを制限する」といったイメージです。まさに「介入」という言葉のイメージに近いと思います。

　雇用関係法の特徴として、「ウチ」と「ソト」の使い分けがあります。何かあったときに、労働者を解雇（つまりクビに）して会社の「ソト」へ放り出すことは、比較的厳しく規制しています（日本では解雇規制が厳しいとよくいわれますよね）。他方、会社の「ウチ」にとどめて、人事異動その他で調整することは、柔軟に認めています。この使い分けを覚えておくと、具体的なルールを学ぶときにスッと頭に入ってくると思います。

　次に、**労使関係法**という、**労働組合**（→「ワード解説1」5頁を参照）をサポートする形で介入する分野があります。労働法の話の2〜3割を占めており、**労働組合法**（労組法）などが分類されます。

　雇用関係において、労働者と労働組合を横から支援するというのが、労使関係法の基本発想です。「労働組合が使用者と交渉できる環境を保障する」とか、「労働組合の活動を保護する」というイメージです。法律なので上からという面がないわけではありませんが、労働

図　労働法のイメージ

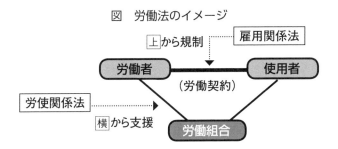

者と労働組合を**横**から後押しするという性格が強い、とイメージしてください。労使関係法の特徴は、労働組合と使用者の交渉を中心に考え、交渉がしっかりできるように、という観点からさまざまな制度をおいている点にあります。以上の話を図にしたものが上の**図**です。

　このほか、労働法のなかには、失業の問題などに対しさまざまな介入を行う、**労働市場法**という分野もあります。職業安定法、労働施策総合推進法（「労働施策の総合的な推進並びに労働者の雇用の安定及び職業生活の充実等に関する法律」）などが分類されます。まずは、雇用関係法、労使関係法を中心に学びましょう。

　次回は、労働法を学ぶ基礎知識について整理しましょう！

ワード解説1　労働組合

　労働組合の原点は、労働者が使用者と交渉するために集まった（団結した）点にあります。一人ひとりは弱いので、団結することで交渉する力（交渉力）を高めるわけですね。なお、「労使関係」とは、「労働組合および労働者」と「使用者」の関係を意味します。

　また、労働組合に関する紛争のことを「集団紛争」、労働者と使用者の労働契約に関する紛争のことを「個別紛争」と呼ぶことがあります。人数ではなく、紛争の法的な性質で区別しています（ごく少人数の集団紛争、多人数の個別紛争もあります）。ここから、労使関係法のことを「集団的労働関係法」や「集団法」、雇用関係法のことを「個別的労働関係法」や「個別法」と呼ぶこともあります。

2　法の適用とさまざまなルール

今回のポイント

第1回目である前回は、労働法のイメージをつくり、全体像をつかむことから始めました。今回は、労働法を学ぶ基礎として、法の適用、さまざまなルールについて理解しましょう。

1　実務で労働法が持つ意味

実務において、労働法は大きく2つの意味を持っています。1つは、紛争が生じた場合に、解決の基準となるルールとしての意味です。これは、裁判になった場合に、どちらを勝たせるかなどを定めるもので、典型的な「法（法律）」のイメージといえるでしょう。**紛争解決規範**などとも呼ばれます。

もう1つは、当事者がどのように行動するかについてのルールとしての意味です。これは少し説明が必要ですね。たとえば、裁判になる前に、法的責任を負うことになるような行動（裁判になったら負けるような行動）を当事者が避けることが考えられます。つまり、当事者の行為に影響を与え、適法な（＝望ましい）方向へ誘導するという機能があるわけで、**行為規範**とも呼ばれます。労働法は裁判をする、しないにかかわらず、日常的に重要な意味を持つということですね。

2　法の適用

まず、法律の条文は、「**要件**」と「**効果**」に分けて読み取るのがコ

ツです。たとえば、解雇規制に関する労働契約法（以下、労契法）16条は次のように書かれています（下線や記号は筆者）。

> ⓐ解雇は、客観的に合理的な理由を欠き、社会通念上相当であると認められない場合は、ⓑその権利を濫用したものとして、無効とする。

　ここで、ⓐの「○○であれば」という部分を要件、ⓑの「××である」という部分を効果と呼びます（ちなみに、必要な条件という言葉をぎゅっと縮めて「要件」です）。解雇について、ⓐの要件が認められれば、ⓑのような効果が発生する、というのが基本的な思考の流れです（なお、無効というのは、効果無し、つまり、法的に解雇はなかったことになる、という意味です）。

　次に、もう少し具体的に法を適用して（使って）みましょう。法を適用する、ということは、①一般的なものとして示された法的ルール（大前提）を、②個々の事実関係（小前提）に当てはめ、③結論を導く、という流れで行います。この流れのことを、**法的三段論法**と呼んでいます。

　たとえば、経営者がまったくなんの理由もなく気まぐれに解雇を行うことは、もちろん許されないわけですが、労契法16条を適用して、その結論を導いてみましょう。条文の要件および効果が①大前提を構成するわけですね。

> ①大前提　客観的に合理的な理由を欠き、社会通念上相当であると認められない解雇は、無効
> 　↓
> ②小前提　今回の解雇にはまったくなんの理由もない（合理的な理由といえるものは存在しない）
> 　↓
> ③結　論　今回の解雇は無効である

　いかがでしょうか。最終的には裁判によって確定するわけですが、法の適用を考えることで、裁判の結論をある程度予測することができますね。なお、ここでは解雇規制の詳細については省きますので、気になる方は第7章②をご覧ください。

　ところで、法を適用するときは、前記②の小前提、つまり、要件を満たす事実が存在するかについて、判断が必要です。このことを**事実認定**と呼んでいます。たとえば裁判では、裁判官がその存在を認めた事実（認定事実）に基づき判断がなされます（極論すれば、認定事実が100％真実とは限りません）。そこで、実務においては、事実を**証明**できるか、という意識を持つことが重要です。証明は、原則として、その事実の存在を主張する側の責任とされます。書面による記録、ICレコーダーによる録音など**証拠**があることが、事実の証明、そして、紛争の法的解決に重要な意味を持つことを、ぜひ覚えておいてください。

3　いろいろな「ルール」

　労働法のルールは、さまざまな形で存在しています。まず、最も基本になるのが、①**法律**です。

　しかし、すべてのルールを法律に書き込もうとすると膨大になります。また、具体的な内容は、立法機関である国会ではなく、行政が専門的な見地から決めたほうがよい場合もあります。そこで、より具体的なことは、②内閣が出す**政令**、各省が出す**省令**に委ねられる例が多くみられます。たとえば、労働基準法（労基法）は、多くの具体的な事柄を厚生労働省令である「労働基準法施行規則」（略して労基則）に委ねています。

　また、行政がさらに具体的な「基準」や「指針」を出す場合、法的

には③**告示**という形式を取ります（たとえば、いわゆる「パワハラ指針」は、令和2年厚生労働省告示5号として出されました）。

このほか、行政の出す④**通達**は、厳密には法的拘束力を持ちませんが、行政が自らの考えなどを示したものであるため、実務上参照されることが多いといえます。

実務で②政令、省令（命令と総称されます）や③告示などを確認する際は、これらが法律に任せられた範囲でより具体的なことを定めたものだ、という位置づけを踏まえて、関係する①法律の規定も確認しながらみていくのがよいでしょう。

また、報道等でも見聞きする言葉に、「**判例**」があります（「→ワード解説2」10頁も参照）。判例とは、ひと言でいえば、裁判所の判決や決定で**先例**として重要なもののことです。会社などで、「今回の事案も、以前と同じように処理しよう」といったことがあるように、判例も先例として、「ルール」のように機能することがあるわけですね（なお、「ルール」を漢字で表すと「法理」なので、「判例法理」と呼ばれることがあります）。

次回は、いよいよ労働基準法の話に入ります！

ワード解説2　判例

　実務において、判例には大きく2つの意味があります。1つは、裁判所が示した法律の解釈が、以後、ルールのように機能するという意味です。たとえば、抽象的にしか書かれていない条文について、具体的な判断要素を裁判所が示したとすると、以後、その条文を適用する際はそれらの判断要素を使うことになるでしょう。重要度が高く、まさに判例法理と呼ぶにふさわしいといえます。

　もう1つは、既存のルールを具体的な事案に当てはめて判断を行い、判断の例を増やすという意味です。この場合、そうした当てはめの例のことを「事例判決」「事例判断」などと呼びます。実務対応の際には、自分が担当する事案と似たものを探す必要がありますので、事例判決についてもチェックする必要があるといえますね。

　なお、書籍などで判例を引用・紹介するときは、次のように表記する「お約束」がありますので、確認しておくとよいでしょう。

例：高知放送事件（①）・最二小判（②）昭和52.1.31（③）労判268号17頁（④）

①事件名：労働法の分野では、通常、裁判の当事者となっている会社等の名前を事件名とする

②裁判所名、裁判の種類：最高裁第二小法廷の判決。仙台地方裁判所の決定であれば「仙台地決」

③日付：判決（もしくは決定）の出された日付

④掲載誌：専門誌『労働判例』（産労総合研究所）の268号17頁以下に掲載

3 労働基準法のポイント

今回のポイント

労働法で一番有名な法律といえば、やっぱり「労働基準法」ではないでしょうか。今回は、労働基準法の特徴を理解しましょう。

1 労働基準法の特徴

労働基準法（以下、労基法）の特徴は大きく２つあります。

１つは、労働条件の**最低基準**を定めているということです（労基法１条２項に「この法律で定める労働条件の基準は最低のもの……」とあります）。労基法に書かれた数値は最低限のものなので、労基法の基準を上回る労働条件は大歓迎ということになりますね。

労基法の目次は以下のようになっていて、賃金や労働時間に関する最低基準、就業規則や労働契約に関して守られなければならない事項などが定められています。なお、第１章「総則」はすべて（総）に関するルール（則）ということで、法律全体に関係する、目的や定義に関する規定が中心です。

> 第１章　総則　第２章　労働契約　第３章　賃金　第４章　労働時間、休憩、休日及び年次有給休暇　第５章　安全及び衛生…中略…　第８章　災害補償　第９章　就業規則　第10章　寄宿舎　第11章　監督機関　第12章　雑則　第13章　罰則

もう１つは、**例外**を設定できる場合があるということです。一律の

規制を前提としつつも、いくつかの条文に限り、**労使協定**というツールによって例外を設定することを労基法は認めています。

　たとえば、1日の労働時間の上限は8時間なので（労基法32条）、9時間働かせれば労基法違反です（→詳細は第4章[1]）。しかし、労使協定によって9時間までは働かせてよいと設定すれば（労基法36条）、1日9時間までは働かせても労基法違反ではありません。つまり、本来は禁止されている8時間から9時間の部分が、例外として許容されることになるわけです。

　そうすると、労使協定とは何かが問題となりますが、これは「**過半数代表**」という労働者の代表と使用者が結ぶ協定書のことです。過半数代表は、その**事業場**（簡単にいえば職場）の過半数の人が入っている労働組合があればその組合、そのような組合がない場合には、話し合い等でその件に関し過半数の支持を得た代表者1名です（→「ワード解説3、4」14頁も参照）。

　視点を変えると、労使協定によって例外が設定されている場合を除き、「法律は法律、ウチはウチ」などと言って労基法を破ることは許されないということです。これは、労働者が「労使協定がなくとも、残業代さえもらえれば1日8時間を超えて働いてもいい」と思っていた、つまり、労基法に反することについて同意していたとしても変わりません。違反は違反です。なぜなら、労働者一人ひとりは弱く、使用者から個別に同意を求められると嫌とはいいにくいからです。過半数代表であれば、一個人に比べ、使用者に対してきちんとものがいえるだろうということで、例外設定には労使協定が必須とされるわけですね。

2　労基法を守らせる枠組み

　せっかく最低基準を定めたとしても、守られなければ意味がありま

せん。そこで、労基法を守らせる（実効性を確保する）ための枠組み が、大きく分けて２つ用意されています。

　１つは、違反しても意味がないぞ、という枠組みです。結論からい えば、労基法より低い労働条件を契約書などで個別に定めたとして も、労基法の水準（労働条件）に修正されます。

　たとえば、労基法39条は、年次有給休暇（年休）について、一定の 条件を満たした場合に入社後半年からの１年間で10日間の権利を保障 しています（→詳細は第４章⑤）。よって、仮に年休を７日間とする 労働契約を結んだとしても、①契約のうち、労基法の基準に達しない 部分は**無効**（法的に無かったこと）になります。ただ、そうすると、 年休の日数について、契約上は決まっていない、空白だ、ということ になってしまいます。そこで、②無効となった部分については、労基 法の基準が**労働契約の内容**となり、年休は10日間となります。

　①の力は、強い効力ということで「強行的効力」です。②は、契約 を直接規律（コントロール）する効力ということで、「直律的効力」 です。合わせて、労基法の**強行的・直律的効力**と呼ばれており、以下 のように労基法13条で定められています。

> 労基法13条　①この法律で定める基準に達しない労働条件を定め る労働契約は、その部分については無効とする。②この場合にお いて、無効となつた（なった）部分は、この法律で定める基準による。

　どのみち修正されるのだから、労基法違反の契約を結ぶのはやめな さい、ということですね。なお、①のように、違反する契約を無効に するような力を持つ法律は労基法以外にもたくさんあって、「**強行法 規**」と総称されます（個別の規定を指すときは「**強行規定**」という呼 び名も使われます）。

　もう1つは、違反するとひどいことになるぞ、という枠組みです。まず、行政監督といって、労働基準監督署（労基署）が、定期的に、あるいは、労働者からの通報を受けて、調査を行います。そして労基法違反があれば、改善の指導などを行います（労基法97条以下）。監督を担う労働基準監督官は、使用者に対し帳簿等の提出を求めたり、尋問をしたり、（警察官のように）逮捕したり、といった強い権限が与えられています。行政監督によっても違反が是正されない場合は、刑事事件として立件され、最終的に**刑事罰**が科されることがあります（労基法117条以下）。もちろん、立件されるのはごく一部の悪質な事案に限られているようですが、最近では事件として報道される例も増えてきていますね。

　次回は、労働契約法のポイントです！

ワード解説3　過半数代表

　過半数代表の「過半数」を計算するとき、管理職、一般の正社員、アルバイトなどの非正社員といった、その職場で直接雇用されている労働者全員が母数になります。たとえば、残業（時間外労働）は正社員のみ、という会社であっても、「正社員の過半数」ではなく、非正社員も含めた全員の過半数であることが必要です。なお、派遣社員は、法的には派遣会社で雇用されていることになりますので、計算には含めません。

ワード解説4　事業場

　労基法や労使協定は、会社全体（全社単位）ではなく、事業場ごとに適用されます。このため、行政による指導も、事業場ごとに所轄の労働基準監督署が行うのが基本です。入門段階では「事業場＝職場」と置き換えて理解すればよいのですが、「事業場＝労基法等の適用単位」という意味も確認しておきましょう。事業場の範囲は基本的に場所で区別されるので、たとえば東京本店と大阪支店は別々の事業場ですし、場所が同一であれば一個の事業場と考えるのが基本です。

👆今回のポイント ──────────────

労働契約法の特徴を押さえた後、労働法でとてもよく使われる「権利濫用法理」について、しっかり理解しましょう。

1 労働契約法の特徴

雇用関係において、労働基準法（以下、労基法）と並ぶ重要な法律に、**労働契約法**（以下、労契法）があります。ただ、制定されたのは労基法が1947年、労契法は2007年と、祖父母と孫ぐらい年が離れています。

どういうことかというと、戦後まもなくできた労基法の下で、労働契約についても多くの判例法理（→「ワード解説2」10頁）が発展してきたのですが、「判例がある」といってもわかりにくい面がありました。そこで、ルールの存在およびその内容をよりわかりやすく示すため、判例法理のいくつかをまとめる形でつくられたのが労契法なのです。

このような経緯から、労契法の特徴は2つあります。1つは、違反に対する罰則がない点です。「判例に違反したから捕まった」という話はあまり聞きませんから、もとが判例であることを考えれば納得しやすいですね。労基法が、違反に対し取り締まりや刑事罰を用意しているのとは大きく違います。

ただし、罰則がないから意味がない、というわけではありません。

労働者と使用者の契約関係に関するルールを設定することで、「もし訴えられたら確実に負ける」ような行動を当事者（特に使用者）が避けることが期待できます。たとえば、合理的な理由のない解雇は無効、と定めておくことは（労契法16条）、明らかに理由がないような解雇の発生を防ぐ意味があるわけです（第1章②で紹介した「行為規範」としての意味ということです）。

　もう1つの特徴は、労働契約に関するあらゆる事項が網羅されているわけではない、という点です。働く基準については労基法、労働契約のことは労契法、ときれいに分かれていればいいのですが、労基法などほかの法律にも、労働契約に関するルールが含まれていることがあります。また、判例法理のなかにも労契法に盛り込まれなかったものがあります。「労働契約法」というタイトルではありますが、引き続き、ほかの法律・判例もみていく必要があるわけですね。

　労契法の目次は下記のとおりです。全体に関する「総則」に続き、労働契約の成立から変更、終了までが定められ、最後に有期雇用について定められています。

第1章　総則　第2章　労働契約の成立及び変更　第3章　労働契約の継続及び終了　第4章　期間の定めのある労働契約　第5章　雑則

2　権利濫用法理

　今回は、労契法で定められている、労働法全体で用いる「超」がつくほどの重要ルールとして、3条5項の「権利濫用法理」についてみてみましょう。次の設例について考えてみてください。

> 【設例】「会社は社員に転勤を命じることができる」と労働契約で
> 定められていたら、どのような転勤命令でも社員は従わなければ
> ならないのだろうか？

　この場合、会社は契約に基づき「転勤命令権」を持っています。ですから、基本的に、社員に対し自由に転勤を命じてかまいません。それが、「権利」を持っている、ということですよね。

　しかし、労契法の次の条文をみてください。

> 労契法３条５項　労働者及び使用者は、労働契約に基づく**権利**の
> 行使に当たっては、それを**濫用**することがあってはならない。

　たとえ権利があったとしても、権利を**濫用**すること（＝濫りに用いること）は許さない、というのが労契法の立場なのです。この「権利濫用は許さない」というルールのことを、**権利濫用法理**と呼びます（→「ワード解説5」19頁も参照）。労働法のなかでも、内定取消し、転勤、出向、降格、懲戒、解雇といった、入社から退職までに生じるさまざまな場面で、この権利濫用法理が使われています。なぜなら、上記のような場面は、いちいち数字で規制することが難しいからです。そこで、差しあたり契約に沿って会社側に権利を認めておいて、権利がきちんと使われる限りはそれでいいけれども、濫りに使われる場合には制限をかける、こういった規制手法が採られているということです。いわば、雇用関係の「縦軸」に関する規制の話ですね。

　他方で、労働時間、賃金、休暇などは、最長○時間、といった形で、数字による規制になじみやすいでしょう。そこで、これらについては、労基法などによって具体的に数字による法規制がなされています。雇用関係の「横軸」に関する規制といえるでしょう。

　もう一度「縦軸」の方をみてみると、いかにも労働法で問題になりそうな重要な場面が並んでいることに気づきます。だから、権利濫用法理が「超」重要であるといえるわけですね。

　さて、先ほどの設例では、もし、社員側が「今回の転勤命令は権利の濫用だ」と主張して裁判で争い、濫用と認められれば、命令は無効（法的に効果無し）と扱われます。「命じることができる」と書いてあるにもかかわらず、転勤命令が法的にひっくり返されることがある、ということですね（→詳細は第5章②）。特に会社側としては、こうしたルールが存在することに留意が必要でしょう。

　ただし、権利濫用の話については、行政が濫用か否かを事前に会社までチェックしに来るとか、「濫用はしていません」という届出が必要になるということはありません。そうではなく、当事者（ここでは社員）が「濫用だ」と主張して、初めて紛争となるわけです。社員側には争うか否かの選択権があるともいえますが、争おうと思えば争える環境があるということが重要なわけですね。

　最後に、権利濫用か否かの**判断要素**は、場面ごとに違っています。たとえば転勤と解雇では、場面が違いすぎるので、同じ判断要素ではありません。ちなみに転勤については、（育児や介護といった）家庭生活等との関係で、社員側に生じる不利益が大きすぎないか、という要素が特に重視されます（→第5章②）。各場面において、具体的な判断要素は必ず法律か判例で示されていますので、「権利濫用」と聞いたら「判断要素は何かな？」と考えるようにするといいでしょう。

　次回は、就業規則について解説します！

ワード解説5　一般法と特別法

　権利濫用法理は、労働法の分野に限られない、法律の世界に共通のルールといえるものであり、「民法」にも権利濫用を禁止する条文があります（民法1条3項「権利の濫用は、これを許さない」）。ここで、民法のような一般的な法律（一般法）と、労契法のような特定の分野のためにつくられた法律（特別法）では、特別法が優先されるため、労働契約に関する権利の濫用については専ら労契法が適用されます。

　また、労契法のなかでも、解雇のように濫用か否かの判断要素を定めた専用の条文（16条）がある場合には、本文で紹介した3条5項ではなく、その条文（16条）を適用します。これも、専用（特別）の条文を優先する、という考え方に基づいているわけですね。

5 就業規則

今回のポイント

就業規則は、労働条件を決定するとても重要なルールなので、手続きについてもさまざまな定めがおかれています。まずは定義から確認していきましょう。

1　就業規則とは何か（定義）

就業規則とは、**労働条件や職場のルールについて使用者が定める規則の「総称」**です。「総称」なので、規則の名称が「就業規則」ではなくとも（たとえば「従業員規則」でも）、定義に当てはまれば法的には就業規則です。また、見やすさなどを考慮して、たとえば賃金に関する「賃金規程」が就業規則の本体（本則）と別建てでつくられている場合もありますが、そうした別規程も含め、法的には全体で１つの就業規則ということになります。

就業規則は、法的には、労働契約上の**権利や義務の根拠**となる点で、実務的には、その会社における**労働条件を統一的に設定**する点で、とても重要な役割を担っています。

2　就業規則に関する手続き

まず、**作成義務**といって、常時10人以上の労働者を使用している**事業場**では、就業規則の作成の必要があります（労基法89条。なお、支店や工場などの各職場がそれぞれ１つの事業場となります。「ワード

解説4」14頁を参照）。労働時間や賃金、解雇理由など、ごく重要な事柄は絶対に記載しなければならないので、**絶対的必要記載事項**と呼ばれます（89条1〜3号）。これに対し、退職金やボーナス、懲戒など、制度として設ける場合には記載しなければならないのが**相対的必要記載事項**です（89条3号の2〜→「ワード解説8」30頁も参照）。制度がない場合に「ありません」と書く義務はないのですが、あれば必ず書かなければならないので、「絶対的」ではなく「相対的」に記載が必要な事項、というわけですね。このようにして、労働条件のほとんどが就業規則に記載されることになります。

　次に、**意見聴取・届出・周知の義務**があります。**意見聴取**とは、就業規則の作成や変更の際、その事業場における**過半数代表**（労働者の過半数が加入する過半数組合があればその労働組合、なければ過半数の労働者が支持した代表者→「ワード解説3」14頁を参照）の意見を聴く義務です（労基法90条1項）。ただし、あくまで意見を「聴く」ことが義務で、就業規則について話し合いをすることや承認を得ることは義務ではありません。労基法上、就業規則は使用者が一方的に制定できるものであり、意見聴取は労働者側の最低限の関与として定められたものです（もちろん、話し合いや承認があれば望ましいかもしれませんが、労基法上の義務ではない、ということですね）。

　届出は、作成・変更した就業規則に過半数代表の意見を記した書面を添付し、所轄の労働基準監督署の署長あてに届出をする義務です（同法89条、90条2項）。複数の事業場がある場合、事業場ごとの届出が原則ですが、一定の条件を満たせば本社で一括して届出をすることが認められています（行政の通達「就業規則の本社一括届出について」平15.2.15基発0215001号。なお、「基発」とは厚生労働省が労働基準局長名で発する通達〈→第1章②〉のことです）。

　周知は、①作業場へ掲示または備え付ける、②書面を交付する、③パソコン等で見られるようにする、以上のいずれかを行う義務です（労基法106条、労働基準法施行規則〈労基則〉52条の２）。最近では、社内ネット（イントラネット）にファイルで掲載し、各自の端末から見られるようにする③の方法を採る会社も多そうですね。

3　就業規則による労働条件の決定

　就業規則は、労働者と使用者の**契約内容**、つまり**労働条件**を決定する力を持っています。労働契約を締結する際（要は採用の際）、労契法７条によって、就業規則の規定どおりに労働契約の内容が決まることになっています。なお、就業規則の内容が法律に違反していないことが当然の前提です（労契法13条）。

> 労契法７条（本文）　労働者及び使用者が労働契約を締結する場合において、使用者が①合理的な労働条件が定められている就業規則を労働者に②周知させていた場合には、労働契約の内容は、その就業規則で定める労働条件によるものとする。

　下線部①の「**合理的な労働条件**」とは、理想的、といった意味ではなく、おかしくない、くらいの意味で、①が否定される例はほとんどありません。②の「**周知**」は、就業規則が、労働者が知ろうと思えば知ることができる状態におかれたことを意味します（なお、実際に知っているか否かは問われません）。労基法に基づき周知手続きがなされていれば②も当然満たされますね。まとめると、就業規則の内容が、その職場における**基本的な労働条件**となる、ということです。

　ただし、就業規則による労働条件の決定には例外もあります。以下、労契法７条の続きをみてください。

> 労契法7条（ただし書）　ただし、労働契約において、③労働者
> 及び使用者が就業規則の内容と異なる労働条件を合意していた部
> 分については、④第12条に該当する場合を除き、⑤この限りでない。
> 労契法12条　就業規則で定める基準に達しない労働条件を定める
> 労働契約は、その部分については、無効とする。この場合におい
> て、無効となった部分は、就業規則で定める基準による。

　先に労契法12条からいきますが、このルール、どこかでみた記憶は
ありませんか？　そう、第1章③で登場した、労基法の**強行的・直律
的効力**を定めた労基法13条とそっくりです。就業規則より低い労働条
件を契約書などで個別に定めたとしても、就業規則の水準に**修正され
る**、というのが労契法12条です。たとえば、契約社員の時給について、
就業規則に1,200円と書いてあれば、個別の契約書に1,100円と書いて
あっても、1,200円に修正されるということです。

　次に労契法7条ただし書です。下線部③は、上の例でいえば、個別
に時給を1,300円などと定めていた場合ですね。ただし、就業規則よ
り低い定めは12条で否定されますので、注意書きのように④がついて
います。⑤は、要するに、就業規則より高く定めた場合は、その定め
が優先する（時給は1,300円となる）という意味です。就業規則より
有利な労働条件であれば、労働者と使用者が個別に定めることができ
るわけですね。

　なお、以上の労契法7条の話は、労働条件の**決定**に関するもので
あって、労働条件の**変更**はまた別の話になるので、注意してください
（→第6章①、②）。

　次回は、労働契約上の権利義務の話です！

6 労働契約上の権利義務、労働法総論のまとめ

今回のポイント

まず、労働契約を結ぶことによって、さまざまな権利や義務が発生することを理解しましょう。そのうえで、労働法総論のまとめとして、労働法の重要な「ルール」についてあらためて整理します。

1　基本的な権利義務

労働契約に基づき、労働者は使用者に対しまじめに仕事をする義務、つまり**誠実労働義務（職務専念義務）**を負っています。反対に、使用者は労働者に対し仕事を命じる**指揮命令権**を持っているわけですね（なお、出張、研修や人事など、仕事そのものというよりは広く仕事に関連する事項を命じる場合は、**業務命令権**と呼ぶことが多いようです）。そして、使用者は**賃金支払義務**を負い、労働者は**賃金請求権**を持っています。具体的には、賃金に関する就業規則の規定（→第1章⑤）に沿って賃金支払いがなされることが多いでしょう。

なお、労働者の義務は「働くこと」ですから、まじめに働いたけれども結果が思わしくなかった、ミスをしてしまった、といったことがあっても、直ちに誠実労働義務違反とはいえないでしょう。仕事の結果がいまいちだ→労働者は義務を果たさなかった→使用者も賃金支払義務を果たさなくてよい、という話にはなりません（使用者が改善のための指導などを行いうるのはまた別の話です）。

ちなみに、労働はあくまで義務であって、何か労働（仕事）をさせ

てほしいという権利、すなわち**就労請求権**は、特別な約束（特約）などがなければ認められません。ただ、わざと仕事を与えず、ずっと部屋で座らせておくような嫌がらせ行為は許されず、使用者には別途「不法行為責任」（→「ワード解説6」29頁を参照）が生じることがあります（「追い出し部屋」として報じられた例もありますね）。

2　付随的な権利義務

(1)　概要

　考えてみれば、ⓐ労働は会社などの組織のなかで行われることが多く、組織運営に関していろいろと必要なことが出てきます。また、ⓑ労働契約を結んでいる以上、お互いに相手のことを考えて、誠実に行動することも必要です。よって、労働契約に**付随**して（関連して）、さまざまな権利や義務が存在しています（なお、理屈のうえでは「付随」的ですが、実務的にはいずれも重要なものと考えてください）。

　ⓐの典型例は、使用者の**人事権**です。就業規則などに根拠があることを前提に、労働者の配置や処遇を決定する権利が認められるわけです。

　ⓑについて、使用者および労働者は、「**信義**」に基づき、就業規則などの定めの有無にかかわらず、以下にあげる**義務を当然に（＝絶対に）負う**と解されています。労契法3条4項に「労働者及び使用者は……信義に従い誠実に、権利を行使し、及び義務を履行しなければならない」と定められており、これを信義誠実の原則（**信義則**）と呼んでいます。判例（→「ワード解説2」10頁）の積み重ねによって、信義則に基づく使用者、労働者それぞれの義務が具体化されています。

(2)　**使用者の配慮義務**

　まず、使用者には労働者に対する配慮義務があり、安全に配慮する

安全配慮義務、職場の環境に配慮する**職場環境配慮義務**があります。

　安全配慮義務の内容としては、働きすぎによって労働者が心身の健康を害さないように配慮することが、近年とても重要になってきています。このため、安全配慮義務をより具体化して**健康配慮義務**と呼ぶことも多くなっています。たとえば過労死や過労自殺が起きた場合に、使用者が安全（健康）配慮義務を果たしていなかったとして、義務違反の責任（「債務不履行責任」→「ワード解説6」29頁を参照）を問われることが少なくありません。訴訟で高額の賠償を命じられる例もありますし、企業としては、このような義務を絶対的に負っているのだ、ということを改めて確認すべきでしょう。なお、もともと信義則上の義務ですが、とても重要なことなので、使用者が安全配慮義務を負うことがいまでは労契法5条に明記されています。

　職場環境配慮義務は、セクシュアルハラスメントやパワーハラスメントなどの**ハラスメント**が生じた場合、被害者が企業の責任を追及する法的根拠として用いられることが多くなっています。ハラスメントを防げなかったということは、職場の環境に対する配慮が足りなかったのではないか、ということですね。もちろん、ハラスメントの直接の加害者も不法行為責任を負うのですが、ハラスメントの問題で法的に重要なことは、こうした義務を根拠として、かなりの高確率で**企業も責任を負うことがある**、という点です（企業は「ハラスメントは当事者同士の問題」といって逃げることは許されません→第10章①）。

⑶　労働者の誠実義務

　次に、労働者には使用者に対する誠実義務があり、企業の秘密を守る**秘密保持義務**、勤め先と同じ事業を自分でやったり、同業他社でアルバイトをしたりしない**競業避止義務**があります。就業規則や個別の契約書のなかで明記される例もみられますが、そうした定めがなくと

も信義則を根拠に義務が生じることは使用者の配慮義務と同じです。

　ただ、あくまで労働契約あっての誠実義務なので、契約終了後、つまり退職後は、当然にこれらの義務を負うことにはなりません。よって、退職後にも負わせたい場合は、「競業避止特約」などの特約が別途必要になると考えられます（また、秘密保持に関しては「不正競争防止法」も関係してきますが、本書では紹介にとどめておきます）。

　なお、たとえば「全国どこでも、一生、同業の仕事には就きません」といった、あまりに厳しい特約である場合、**公序良俗違反**で無効とされることがあります（→「ワード解説7」30頁を参照）。競業制限の期間や場所、対象の職種、代償措置（手当）などを考慮し、労働者の自由を過度に侵害する（要は行きすぎ）か否かで判断されることになります。

3　労働法総論のまとめ

　今回まで、労働法の「総論」として、労働法の全分野にかかわる（土台となる）事柄を学んできました。そのなかで、労働者や使用者の権利・義務をつかさどる「ルール」として、労基法や就業規則が登場しました。総論のまとめとして、労働法における重要なルールについて整理しておきたいと思います。

　まず、重要なルールは全部で4つあり、そのチカラの強弱（優劣）は次のようになっています。

```
　労基法　＞　労働協約　＞　就業規則　＞　個別の合意
　（強行法規）　　　　　　　　　　　　　　（個別の契約）
```

　一番強いのは、**労基法**に代表される**強行法規**（→第1章③を参照）です。まあ、当然といえるでしょう。

　その次に強いのは、就業規則ではなく、**労働協約**（略して**協約**）と呼ばれるルールです。詳しくは労使関係法（→第12章）の話なのですが、簡単にいうと、労働組合（組合）と会社が組合員の労働条件等について定め、双方の代表（例：組合の委員長と会社の社長）がサインまたは押印をした文書のことです（労働組合法14条）。実は、組合に入っている労働者の割合（**組織率**）はおよそ17%にすぎず（→「ワード解説12」43頁を参照）、職場に組合があり、協約が締結されているというケースは（社会全体でみれば）多くありません。しかし、もし協約があれば、法律に次ぐ強いルールとなるわけです。

　3番目に強いのが**就業規則**です。第1章⑤で説明したように、就業規則は使用者が一方的に制定しうるルールです。そのため、もし、労働協約と就業規則がバッティング（矛盾）する場合、組合と使用者の合意文書である協約の方が優先することになっています（労基法92条、労契法13条）。たとえば、○○手当の金額について、協約に6,000円と書いてあり、就業規則には5,000円と書いてある場合、会社とその協約を結んだ組合の組合員は、○○手当として6,000円がもらえます（5,000円と定めた就業規則の規定は、組合員には適用されないことになります）。他方、その組合に入っていない社員は、就業規則のとおり、○○手当は5,000円です。組合が会社との交渉で1,000円の増額を勝ち取ったということですね。

　最後にくるのが労働者と使用者の個別の合意（個別の労働契約）です。「合意がルール」と聞くと違和感があるかもしれませんが、合意（つまり約束）した内容は、あとあと当事者を拘束するので、その意味では一種のルールといえるわけです。第1章⑤で、就業規則よりも労働者に不利な労働条件はダメだけれど、有利な労働条件なら定めてよい、と学びましたよね。まさにそのとおりで、個別の合意は就業規

則より弱いので、はみ出すことはできないのですが、<u>労働者に有利な</u><u>はみ出し</u>であれば例外的に認められることになっています。

　以上、４つのルールについて整理してきました。実際には、<u>労働契</u><u>約の内容（労働条件）は基本的に就業規則で決まる</u>と考えてくださ
い。ただ、強さ的には３番目ですから、もし、労基法や労働協約に反
する内容を定めていた場合は、**修正**を受けます。また、労働者側に有
利な範囲に限り、個別の合意で就業規則をはみ出すこともできるわけ
ですね。

　以上で労働法の総論を終わります。次回から、労働者と使用者の定
義についてみていきます！

ワード解説6　損害賠償（債務不履行・不法行為）

　相手方の損害を賠償する（要は金銭を支払う）法的責任が生じる場合
として、２つの類型があります。契約等に基づく義務のことを債務と呼
ぶので（人に責任を負わせるから〈にんべんに責で〉債務です）、契約
違反（義務違反）で損害を与えたときは「債務不履行」責任が生じます
（民法415条）。また、故意（わざと）や過失（落ち度）で損害を与えた
ときは、「不法行為」責任です（民法709条）。労働関係でもよく使いま
すので、言葉として確認しておきましょう。

ワード解説7　公序良俗（公序）

　契約の内容が社会的にみて妥当ではなく、違法、無効と扱うべきだけれども、直接規制している法律がない、という場合、「公の秩序または善良の風俗（略して公序良俗または公序）に反すること」が理由づけとして用いられることがあります（民法90条）。事前にあらゆる事態を想定して法律をつくっておくことはできないため、調整に用いられる一般的なルールです（たとえば競業避止特約を直接規制する細かい法律はないので、内容がひどすぎれば公序違反で無効とされるわけです）。なお、違反か否かの具体的な判断は（自分で勝手に行わず）判例を参考にするとよいでしょう。

ワード解説8　枝番号（例：3号の2、52条の2）

　法改正によって、たとえば3号と4号の間に新しく加えたいとき、「4号」とするとそれ以降の番号が1つずつずれてしまい、とても煩雑です。そこで、「3号の2」「3号の3」のような枝番号が活用されますので、覚えておきましょう。

第2章

労働者・使用者とは

1 「労働者」の定義①（労基法）

☝ 今回のポイント ─────────────

ひと口に「労働者」といっても、法的な定義があります。なぜ定義があるのか、そして具体的にはどのように判断するのかを理解しましょう。

1　なぜ定義が問題になるのか

　「働く」といっても、いろいろな形態があります。たとえば、会社が業務を委託したフリーランスのデザイナーは、「労働者」として保護されるのでしょうか。これまで、会社のことを使用者、従業員（社員）のことを労働者として話を進めてきました。イメージをつかむにはこれでいいのですが、実は、労働者、使用者、それぞれに法的な定義が存在します。労働基準法（以下、労基法）9条をみてください。

> 労基法9条　この法律で「労働者」とは、職業の種類を問わず、事業又は事務所（以下「事業」という。）に**使用される者**で、**賃金を支払われる者**をいう。

　この定義に当てはまらなければ、たとえ何か「仕事」をしている人であっても、少なくとも労基法上は労働者では**ありません**。よって、労基法が「労働者」のために用意している保護を**受けられない**ことになります。ですから、その法律が定義する「労働者」に該当するかどうかが問題になるわけです（労働者に該当することを、労働者性がある、と表現することがあります）。

　なお、労働組合法（以下、労組法）における「労働者」の定義は次のとおりですが、なんと、労基法における定義とは若干異なっています。

> 労組法3条　この法律で「労働者」とは、職業の種類を問わず、賃金、給料その他これに準ずる**収入によつて生活する者**をいう。
> （※労組法や労基法はつくられた時代が古いので、「っ」が「つ」と書かれていることがあります）

　ちょっと待ってくれ、だれが労働者か、定義を変えないでほしい、といいたくなるかもしれません。しかし、これはやむを得ないことなのです。さまざまな法律は、つくられた目的が少しずつ違っています。そのため、たとえ同じ文字（労・働・者）を使っていても、語句の意味（概念）が多少異なる場合があるのです（このことを「概念の相対性」と呼びます→「ワード解説9」42頁を参照）。たとえば、労組法上は労働者であるけれど、労基法上は労働者ではない、ということもありえます。この点は次回解説しますので、まずは「そういうものなんだ」と思ってください。

2　労基法上の労働者

　労基法9条をもう一度みてください。この定義で重要なのは、「①**使用**される者で、②**賃金**を支払われる者」という部分です。①を「使用」性、②を「賃金」性と呼びましょう。使用性とは使用者の指示（法的には「指揮命令」→第1章[6]）を受けて働いていることであり、賃金性とは労働した代わりに（労働の対償として）報酬を得ているということです。

　ただ、条文だけでは判断要素が十分とはいえません。そこで、判例が具体的な判断要素を示しています。代表例の**横浜南労基署長（旭紙**

業）事件・最一小判平成8.11.28労判714号14頁（判例の表記方法等は「ワード解説2」10頁を参照）は、自分でトラックを所有し、会社から運送の仕事を受けていたトラック運転手が、労基法上の労働者にあたらないと判断された事例です。これらの判例を整理すると、以下の一覧表のようにまとめることができます。ある人が労基法上の労働者にあたるか否かが争いになった場合、これらの判断要素を**総合考慮して（総合的に判断して）**決定するというのが判例の判断枠組みです。

労基法上の労働者性に関する判断要素

① 使用性が高まる要素

　ⓐ業務遂行に関する具体的な**指揮監督**がある

　ⓑ仕事の依頼等への**諾否の自由**がない

　ⓒ勤務時間・勤務場所の**拘束**がある

　ⓓ他人による**代替可能性が低い**（その仕事を自分自身で行う）

② 賃金性が高まる要素

　ⓔ報酬額が（仕事の結果ではなく）働いた時間の長さに応じて決まる

（その他、労働者性が高まる補助的な要素）

　ⓕ事業者性が低い（機械や器具を自分では持っていない、報酬が高額ではない）

　ⓖ専属性の程度が高い（他社の仕事を受けることが、事実上、制約されている）

　ⓗ公租（税金）、公課（社会保険料）が報酬から天引きされている

---

①の使用性について、ⓐ〜ⓒは比較的わかりやすいと思います。ⓐ上司などから指示を受け、ⓑ「やれ」と言われたら拒否できず（承諾

するか否かに関する諾否の自由がなく）、ⓒ会社で休憩を挟みつつ朝から夜まで働く。まさに「使用」されて働いていますよね。ただしⓓには要注意です。これは、「芸術家のように、<u>だれにもまねできない仕事をしている</u>」のではなく、自分で雇ったアシスタント等に仕事を任せることがない、という意味です。フリーランスであればともかく、会社に勤めている人が自腹でアシスタントを雇うことは考えにくいですよね。ですから、<u>代替可能性が低いほど、使用性は高まります</u>。

　②の賃金性については、賃金には月給制や時給制、歩合制などさまざまな決め方がありうるので、使用性ほど明確な指標にはならない面があります。ただ、そうはいっても、働く時間が長くなるほど金額も増えるような状況があれば、まさに働く「代償」として（つまり「賃金」として）お金を受け取っている、といいやすいですね。

　また、ⓐ〜ⓔまでの要素では結論が出しにくい場合、補助的な判断要素としてⓕ〜ⓗがあります。詳細は前掲の一覧表に譲りますが、これらに当てはまれば、労働者性を肯定する材料が増えることになります。

　なお、労働者性が問題になった場合、あくまで**実態**（客観的な事実）に基づき判断がなされます。たとえば、会社と締結した契約が「業務委託契約」で、契約書では個人事業主とされている人でも、労基法上の労働者と評価されることがありえます。労基法は「強行法規」（→第1章3）と呼ばれる強いルールなので、契約書の記載などを操作することで<u>労基法の適用を免れることは**できない**</u>ということですね。

　次回は、「労働者」の定義の続きです！

2 「労働者」の定義② （労契法、労組法）

今回のポイント

前回に続き、労働者の法的な定義について学びます。今回は、労働契約法（以下、労契法）と労働組合法（以下、労組法）です。特に「労組法上の労働者」について理解を深めましょう。

1　労契法上の労働者

> 【設例】個人事業主として会社と業務委託契約書を交わしているが、働き方はまるでその会社の従業員のようだ、という場合、労働契約法や労働組合法は適用されるのだろうか？

　会社が業務委託契約を解消しようとした場合、もし、この人が労契法上の労働者にあたるといえれば、解雇に関する労働契約法（以下、労契法）のルール（16条）が適用されます。契約の解消は法的に「解雇」にあたるとして、厳しく規制されることになります（→第7章②）。このような場合、ある人が労契法上の労働者にあたるか（労契法上の労働者性を有するか）が問題となるわけですね。

　さて、労契法上の労働者の定義をみると、「使用者に**使用**されて労働し、**賃金**を支払われる者」となっています（労契法2条1項）。前回出てきた「労基法上の労働者」とよく似ていますね。まさにそのとおりで、具体的な判断要素についても、労基法上の労働者に関する判断要素がそのまま当てはまります（34頁の判断要素を参照）。

　ごく細かい例外もあるのですが、「労契法上の労働者＝労基法上の労働者」と考えてOKです。

2　労組法上の労働者

　本書の第1章①で紹介したように、労働組合法（以下、労組法）は、労働組合と会社がしっかり交渉できるように、さまざまなことを定めています。たとえば、会社は、自社の従業員の労働組合から交渉を求められた場合、原則として断ることができません（労組法7条2号）。

　ですから、【設例】のような人たちが集まって「労働組合」という集まりを結成した場合、その人たちが労組法によって「労働者」として保護されるか（つまり労組法上の労働者性）が問題となるわけです。

　そこで労組法上の労働者の定義をみると、**「賃金、給料その他これに準ずる収入によつて（よって）生活する者」**となっています（労組法3条）。なんだか労基法や労契法とは雰囲気が違いますね。

　結論からいえば、労組法が労働者として保護する人の範囲は、労基法や労契法よりも「広い」です。前回も述べたように、定義が労基法・労契法と労組法でかなり違っているのです。

　どうして違いが生じるのか、ポイントは次のように説明できます。ある人が労基法上の労働者に当てはまると、会社側は労基法上のさまざまな責任、簡単にいえば重めの責任を負うことになります。これに対し、ある人が労組法上の労働者に当てはまったとしても、会社側に生じる責任は、労基法の場合ほど重いものではありません。その人たちが労働組合をつくっていればきちんと交渉する、といった責任が中心です。だから、労基法ではよりきっちりと、労組法ではやや広めに、労働者の概念が定められているわけですね（このように、用語の定義〈概念〉は法律ごとに異なる場合があります。1つの絶対的なものが

あるわけではないという意味で、「概念の相対性」と呼ばれます（→「ワード解説9」42頁を参照）

　労組法上の労働者の判断要素も、判例によって具体化されています。代表例の**国・中労委（INAXメンテナンス）事件**・最三小判平成23.4.12労判1026号27頁は、メーカーA社の子会社Y社と業務委託契約を締結し、Y社から指示を受けてA社製品の修理点検業務を行っていたカスタマーエンジニア（CE）が、労組法上の労働者性を認められた事例です。判例を整理すると、次のようにまとめることができます。

　労組法上の労働者性に関する判断要素

　①基本的な判断要素

　　ⓐ事業組織へ**組み入れられている**

　　ⓑ契約内容が**一方的・定型的に決定**されている

　　ⓒ報酬に**労務対価性がある**

　②補充的な判断要素

　　ⓓ業務の依頼に応じるべき関係がある

　　ⓔ指揮監督関係が存在する

　③消極的判断要素

　　ⓕ顕著な事業者性がある

　まず、①に注目します。ⓐは、その会社にとって不可欠な（中心的な）労働力として、組織内に**確保（キープ）されている**ということです。前掲・INAXメンテナンス事件では、Y社の従業員よりもCEが圧倒的に多く、CEの存在なしにY社は業務を行えない、といえるような状況でした。ⓑは、契約内容が会社側の提示どおりに決まる（交渉の余地はない）ということであり、ⓒは、仕事の結果というよりは、働いたことそのものの対価として報酬を得ているということです。まとめると、

経済的な面で、働く側が会社側に従わざるを得ない（**経済的従属性が
ある**）といえれば、労働者性を肯定する方向で考えることになります。

　ⓐ〜ⓒを重視しつつ、「労基法上の労働者ほどではないけれど、ま
ずまずそれに近い形で働いている」ことを、労組法上の労働者性を肯
定する材料として用いるのが②のⓓ、ⓔです。ⓓは、仕事の依頼を
「絶対に断れない」（諾否の自由がない）とまではいえないけれど、
「基本的には断れない」という関係を意味します。ⓔは、労基法上の
労働者ほどではないけれど、使用者側からある程度具体的な指示を受
け、一定の時間的場所的な拘束を受けて働いている、ということです。

　最後に、もし当てはまれば、労組法上の労働者性を否定する材料と
なるのがⓕです（この意味で、③を「消極的」判断要素と呼んでいま
す）。会社から一方的に仕事をもらうだけではなく、自ら**経営判断**を
行って、利益を増やすために動けるような場合は、労働者というより
事業者といえる、ということですね。

　以上の要素の**総合判断**によって、労組法上の労働者か否かが決まる
ことになります。ただ、実際には、労基法（労契法）上の労働者であ
れば、労組法上の労働者にも該当する、と考えてOKです。こうした
人たちに加えて、労基法（労契法）上の労働者といえるほど具体的な
指示や拘束を受けて働いているわけではないものの、前掲・INAXメ
ンテナンス事件のCEのように、「**労働組合を通して使用者側と交渉す
る権利**」を保護すべきといえる人たちが、労組法上の労働者に含まれ
ることになるわけです。

　なお、労契法、労組法とも、あくまで実態に基づき判断するのは、
労基法と同じです（前回の最後にも述べた「強行法規」だからです）。

　以上で「労働者」の話を終えることにして（公務員については、
「ワード解説11」43頁をご覧ください）、次回は「使用者」の話です！

3　「使用者」の定義

今回のポイント

前回まで、労働法上の「労働者」について学んできました。今回は「使用者」についてまとめていきます。

1　労契法、労基法における使用者

　労働契約法（以下、労契法）上の使用者の問題は、とてもシンプルです。ある人が労契法上の労働者かどうかを確定したら、その相手方が使用者です。労働契約の相手方である会社などの法人（個人経営の場合はその個人）が、契約上のさまざまな権利・義務を負うことになるわけですね。

　労働基準法（以下、労基法）上の使用者も、労基法に基づいて労働契約上の責任が生じる場合などは、上記の労契法上の使用者と一致します。しかし、重要な注意点が１つあります。労基法10条をみると、「この法律で使用者とは、事業主又は事業の経営担当者その他……①労働者に関する事項について、事業主のために行為をするすべての者をいう」と定義されています。つまり、労基法上の使用者は、**労基法違反の責任を負う人（行政監督や刑事罰を受ける人）**はだれか、という観点からも問題になるのです（→第１章3も参照）。具体的には、社長だけでなく、取締役などの役員、それから、（上記の下線部①として）部長や課長などの管理職も含まれます。

　たとえば、残業を命じる権限を持っている課長が違法な残業を部下

に命じた場合、この課長が労基法違反の実行行為者として責任を問われることになります（「**行為者罰**」制度と呼ばれます）。そして、そのとき会社が何もおとがめなしというのも変な話なので、原則として会社にも刑事罰（罰金刑）が科されるという仕組みです（労基法121条。行為者と会社の両方を罰するので、**両罰規定**と呼ばれます）。

2　労組法における使用者

　労働組合法（以下、労組法）上の使用者は、**労働組合**（略して**組合**）に対し、交渉の義務を負うのはどの会社か、という文脈で問題になります。詳しくは労使関係法（→第12章）で学ぶ内容なので、ごく簡単にまとめておきましょう。まず、企業別の組合、たとえばA社の社員が集まって「A社労働組合」をつくっている場合は、当然、A社が労組法上の使用者となり、交渉の義務を負います。このように、②その組合のメンバーを雇っている（＝組合員と労働契約を締結している）会社が、労組法上の使用者となるのが原則です。

　ただし、この原則は、意外に広がりを持っています。というのは、組合のなかには、「**ユニオン**」と呼ばれる、だれでも（どの会社に勤めていても）加入できる組合が存在するからです。自分の会社に組合がない人が加入し、会社と交渉を行う例がみられます。たとえば、組合のないB社の社員bがユニオンに加入した場合、B社は上記の下線部②に当てはまりますよね。ですから、もちろんbに関する事柄に限られますが、B社が労組法上の使用者としてそのユニオンと交渉する義務を負うわけです。差しあたり、この原則をしっかり押さえておいてください（詳細は労使関係法で学びましょう）。

　次回から、基本的な労働条件の話を取り上げていきます！

ワード解説9　概念の相対性

　労働法に限らず、法律の世界では、分野や法律によって、あるいは、同じ法律のなかでも条文によって、概念（言葉の意味・内容）が異なっていることがあります。たとえば「詐欺」という概念について、民法で「詐欺に基づく取引をなかったことにする」話と、刑法で「詐欺の犯人に刑罰を科す」話では、「だます」というメインの部分は同じにしても、細かい部分がいろいろと異なっています。1つの「絶対的」なものではなく場面によって異なりうるので、概念は「相対的」なもの、つまり相対性があるというわけですね。

ワード解説10　フリーランス（フリーランスガイドライン）

　「フリーランス」として労働法による保護を受けずに仕事を行い、生活をしている人たちには、どのような保護があるのでしょうか。たとえば一個人であるフリーランスが大企業と取引（契約）をする場合、立場が不利になりやすいことは否定できません。そこで行政がいわゆるフリーランスガイドライン（※）を2021年に策定し、①フリーランスが独占禁止法（「私的独占の禁止及び公正取引の確保に関する法律」）等によって保護されること、②たとえフリーランスと呼ばれていても、労働基準法等の各法律で「労働者」にあたる場合（→第2章①、②）は労働法による保護もあることなどが明示されました。上記ガイドラインにはフリーランスの定義や具体的な保護（企業に対する法規制）の内容がまとめられていますので、企業がフリーランスと取引（契約）をする場合にはぜひ参照すべきといえるでしょう。

※「フリーランスとして安心して働ける環境を整備するためのガイドライン」
https://www.mhlw.go.jp/stf/seisakunitsuite/bunya/koyou_roudou/koyoukintou/zaitaku/index_00002.html

ワード解説11　公務員は「労働者」か？

　公務員も民間の労働者と同様に日々働いていますが、ひと言でいえば、労働法ではなく国家公務員法など公務員に関する法律によって保護されます。たとえば、細かい例外もありますが、国家公務員には労基法の適用はなく、地方公務員には労基法の一部の規定のみが適用されます。つまり、公務員は、一般的な言葉でいえば「労働者」なのかもしれませんが、労基法などで「法律上の労働者」として保護される場面は、きわめて限られているということですね。

ワード解説12　労働組合の組織率

　全労働者のうち、「労働組合の組合員」の占める割合を、労働組合の組織率と呼びます。簡単にいえば組合に入っている人の割合です（あくまで統計上の数字なので、正確には「推定」組織率です）。厚生労働省の「2021年労働組合基礎調査」によると16.9％で、労働組合に入っていない人の方がはるかに多いことがわかります。また、企業規模による差がかなり大きく、社員1,000人以上で39.2％、100〜999人で11.1％、99人以下で0.8％となっています。

第3章

賃金

1　賃金の基本的な保護

今回のポイント

今回から基本的な労働条件の話に入っていきます。まずは「賃金」について、定義や基本的な保護の枠組みから学んでいきましょう。

1　賃金とは

　賃金は、いうまでもなく最も重要な労働条件の1つです。決め方や名称（給与、給料など）は会社によってさまざまですが、毎月の賃金（月例賃金と呼ばれます）は一般に次の計算式で表すことができます。

> 月例賃金＝所定内賃金（基本給＋諸手当）＋所定外賃金

　所定内賃金とは、定まる所の内側の賃金で、基本的に一定です。基本給に加え、諸手当には住宅手当や家族手当など、会社によってさまざまなものがあります。所定外賃金とは、残業代（法的には「割増賃金」→第4章2）など、毎月働いた分だけ支払われるものなので、所定「外」というわけです。

　ここで、法的な保護の対象となる「賃金」とは、一体どのようなものでしょうか。労働基準法（以下、労基法）で定義されており、賃金、手当といった名称を問わず、①労働の**対償として**、②**使用者が**労働者に支払うすべてのものが賃金です（労基法11条）。

　①は労働の代わりに支払われるという意味です（→「ワード解説13」54頁も参照）。上記の月例賃金はもちろん、ボーナス（賞与）や

退職金も、任意的なものではなく「**制度化**」されていれば、すべて賃金に含まれます（制度化とは、支給条件が就業規則など労働契約で定められていて、一定の支給条件を満たした場合に使用者に<u>支払義務</u>があること</u>を意味します）。

他方、福利厚生の給付（各種資金の貸付けや社宅の貸与など）は労働の対償ではなく、専ら労働者の福利厚生のためのものですから、賃金にはあたりません。業務費（制服や出張旅費など）も、本来は使用者が負担すべきものであって、賃金ではありません。また、結婚祝金、災害見舞金などは、使用者があくまで任意に支給する場合は賃金ではありませんが（「任意的恩恵的給付」）、賞与や退職金と同様に、「制度化」されていれば労働の対償として賃金にあたります。

なお、②は、飲食店などで客が支払う「チップ」は経済的な利益ではあるものの賃金ではない（賃金としての保護はない）、といったことを意味しています。

2 賃金に対する労基法の保護

(1) **概観**：賃金がきちんと支払われるように、労基法24条が以下の①〜④の４つの規制をおいています。「**賃金の支払いに関する４原則**」と呼ばれています。

①**通貨払いの原則**：賃金を会社の商品などで「現物支給」することは原則として許されず、お金（通貨）で支払う必要があります。労基法は歴史が古いので現金払いが原則ですが、労働者の同意があれば口座振込もOKですし、いまは振込が主流ですよね（労基法24条１項ただし書、労基法施行規則７条の２。なお、退職金の支払いには小切手等の利用も可能です）。また、ここでの「通貨」に外国の通貨は入りません。労基法24条は強行規定（→第１章③）なので、<u>たとえ労働者</u>

本人が望んだことであっても、ドル、元などによる支払いはこの原則に違反します。注意が必要ですね。

②**直接払いの原則**：賃金は本人に直接支払う必要があります。本人の「代理人」に払ってしまうと、代理人がいくらかを自分の懐{ふところ}に入れる（「**中間搾取**」が起こる）おそれがあるためです。なお、税金の滞納などで賃金が差し押さえられた場合は、法律の手続きに基づいていますから、本人に支払わなくとも違反ではありません（ちなみに差押え可能な額には限度があります。国税徴収法76条、民事執行法152条など）。

③**全額払いの原則**：賃金全額の支払いを強力に保障する原則です。下記(2)で詳しく説明します。

④**毎月1回以上・一定期日払いの原則**：たとえば今月の賃金支払日は月初めで、来月は月末だとすると、労働者は生活（支出）の計画を立てにくいですよね。そこで、賃金は毎月1回、決まった日に支払わなければなりません。

(2)　**賃金全額払いの原則**：賃金はその「**全額**」を支払わなければなりません。一見、当たり前のことのようですが、労基法上の義務とすることで、賃金の一部または全部が支払われない場合、**労基法違反として行政（労働基準監督署）**が指導等を行える点がきわめて重要です（→第1章③。悪質なケースには刑事罰もありえます〈労基法120条〉）。労基法上の義務とすることで、労基法違反の罪に問われることを防ぐために、使用者が賃金の全額を支払うことが期待できるということですね。

なお、使用者が労働者にお金を貸すなどして「金銭債権」を持っている場合、それを労働者の「賃金債権」と**相殺**すること（俗な言い方で「チャラ」にすること）も全額払い原則違反です。賃金は支払った

うえで、貸した金銭は労働者に別途請求することになります（なお、下記の例外も参照）。

(3) **全額払い原則の例外**：全額払いについては、次の３つの例外が認められています。

まず、ⓐ税金や社会保険料を賃金から天引きすること（所得税の源泉徴収等）は、法律に定められていることなので、当然のことですが違反ではありません。

次に、ⓑ**労使協定**（→第１章[3]）によって全額払い原則に例外が設定されている場合もOKです（労基法24条１項ただし書）。たとえば、○○費を賃金から天引きすることについて労使協定で定めている場合、その天引きは違反ではありません。逆にいえば、たとえ実際にかかった○○費であっても、労使協定なしに天引きすれば違反なので、注意が必要です。

最後に、ⓒ相殺が例外的に認められる場合があります。まず、**調整的相殺**といって、賃金計算の誤り等でわずかに多く支払ってしまったとき、翌月の賃金から相殺（つまり過払い分を控除）してかまいません（**福島県教組事件**・最一小判昭和44.12.18民集23巻12号2495頁）。ただし、金額が大きすぎず、労働者の生活の安定を脅かすおそれのない範囲に限られます。また、使用者からの多額の借入金を退職金等との相殺で一括返済するような場合は、労働者がその相殺に本当に（自由な意思に基づき）同意しているのであれば、同意に基づく相殺として違反ではありません（**日新製鋼事件**・最二小判平成2.11.26労判584号6頁）。いずれも相殺を認めることで処理が簡単になり、労働者にもメリットがある点が共通しています。

次回も賃金の話の続きです！

2　賞与、退職金、休業手当

今回のポイント

今回は、賞与や退職金、特に退職金の不支給に関する法律問題と、休業手当の仕組みについて理解を深めましょう。

1　賞与

賞与（ボーナス）は、会社によってさまざまな制度がありますが、就業規則等で次のように定められている場合が多いのではないでしょうか。

> 1　毎年○月×日および△月□日の賞与支給日に在籍する従業員に対し、賞与を支給する。ただし、会社の経営状況によっては賞与を支給しないことがある。
> 2　賞与の支給額は、会社の経営状況を勘案しつつ、過去6カ月の勤務成績等について会社が行う査定に基づき個別に決定する。

　上記の規定例の1項のように、支給日の在籍を賞与支給の要件（＝必要な条件）とする定めのことを**支給日在籍要件**と呼んでおり、法的に有効とされています（**大和銀行事件**・最一小判昭和57.10.7労判399号11頁）。したがって、支給日前に退職した労働者については賞与を不支給としてかまいません（この結論は、賞与が評価対象とする期間〈規定例の2項では過去6カ月〉に在籍して働いていたとしても、基本的に変わりません）。また、1項ただし書に基づき、経営が厳しい

ことを理由に不支給とすることも適法です。

このように、賞与については、使用者の裁量が広く認められる点が特徴的です。毎月の賃金（月例賃金）と賞与を比べると、月例賃金の方が労働者の生活に直結しているので、賞与の方には裁量を認めてよい、というロジックです。

2 退職金

退職金も会社によってさまざまですが、細かい要素を取り払うと、次の計算式で表すことができます。

退職金 ＝ 算定基礎賃金 × 支給率

算定基礎賃金は退職直前の基本給などで、**支給率**は勤続年数や退職理由などに応じて定められた数字（係数）です。多くの日本企業では、支給率が勤続年数に応じてググッと高まります（「逓増」と呼び、勤続30年と15年を比べた場合、勤続30年の支給率は15年の場合の2倍よりも大きくなるというイメージです）。また、自分の都合で辞める「自己都合退職」の場合は、定年退職などに比べて支給率は小さくなります。要するに、長期勤続であるほど労働者に有利になることが多いということですね。

そのため、退職金は、一般に、**賃金の後払い的な性格**を持つことに加え、会社に長年尽くしてきたこと（功労）に対する**ご褒美**（報償）、つまり**功労報償的な性格**を持つと考えられています（**小田急電鉄〈退職金請求〉事件**・東京高判平成15.12.11労判867号5頁）。

ところで、退職金については、「懲戒解雇の場合は支給しない」と定められていることが多く、いわば常識になっているともいえそうです。しかし、仮にこのような規定が就業規則にあっても、常に支給し

なくてよいとは限りません。というのは、退職金には前記のように功労報償的な性格があるため、労働者が懲戒（＝罰）を受けるような悪いことをした場合、その悪いことをした度合いに応じて退職金を減額や不支給とすることは適法なのですが、悪いことをした度合いを超えて減額や不支給とすることは許されないからです。たとえば前掲・小田急電鉄〈退職金請求〉事件では、懲戒解雇はやむを得ないにしても、退職金の３割の支払いは必要であるとされました。悪いことをすると、その分だけ功労が消えてご褒美が不要になるわけですが、かろうじて３割程度は功労が残っていた、という判断ですね。もちろん、懲戒解雇も退職金の不支給も両方OKという結論のときもありますが、法的には懲戒と退職金の問題は分けて考えるというのがポイントです。

3　休業手当

まず、**休業**とは、労働義務のある時間に、何らかの理由で労働を行えなくなることです。もともと労働する義務のない休日や休暇とは異なります。たとえば労働者の私的な都合で仕事に行けなかった場合、労働契約に基づく「労働」義務を果たしていませんから、使用者側の「賃金」支払義務も生じないというのが原則です（このことを**ノーワーク・ノーペイの原則**と呼んでいます→「ワード解説14」54頁を参照）。

【設例】　Y社の工場に勤めるXは、取引先のミスで生産に必要な資材を調達できなかったため、２日間仕事ができなかった。このとき、Y社はその２日分の賃金を支払わなくてよいのだろうか？

この設例のように、休業について使用者の「責（せめ）に帰すべき

事由」（帰責事由）が認められる場合、**休業手当として平均賃金の60％以上の支払いが使用者に義務づけられます**（労働基準法〈以下、労基法〉26条）。平均賃金とは、賞与を除く直前３カ月間の賃金総額を平均した１日分です（→「ワード解説35」143頁）。使用者のせいで働けなかった以上、労働者の最低限の生活を保障するための手当が必要ということです。

労基法26条は、使用者の帰責事由の範囲が広いのが特徴です。具体的には、使用者に「落ち度」がなく防止が困難であっても、「帰責事由あり」とされることがあります。たとえば、設例のような原材料の不足、機械の故障や検査といった経営上の障害が広く含まれます。設例でも、Ｙ社自身に落ち度はないかもしれませんが、２日分について休業手当の支払いが必要となります。ただし、地震や台風といった不可抗力で休業になった場合は、さすがに帰責事由は否定されます。

なお、使用者のせいで働けなかったのなら、60％ではなく100％支払われるべきともいえそうです。実は、民法536条２項という契約に関する一般的なルールをこの場面に当てはめると、次のようになります（以下では536条２項の該当部分を引用し、この場面では具体的に何を指すのか、〈　〉で示しておきました）。「債権者〈＝使用者〉の責めに帰すべき事由によって債務を履行することができなくなったとき〈＝働けなくなったとき〉は、債権者〈＝使用者〉は、反対給付の履行〈＝賃金の支払い〉を拒むことができない」。つまり、使用者に帰責事由があって労働できなかった場合、賃金全額の支払いが必要という結論になるのです。

民法では100％、労基法では60％と、労基法の方が労働者に不利にみえます。しかし、実は単純な有利・不利の話ではありません。労基法26条は、労働者の生活の保障のため、使用者の帰責事由の範囲が広

いのですが、民法は契約を結んだ当事者は対等という前提があるので、使用者に明確な落ち度（過失）がないと、536条２項にいう帰責事由が認められないのです（同じ「帰責事由」と書いても、内容は異なるということです）。労働者からすると、100％分を請求できる可能性は低いけれども、60％分を請求できる可能性は高いということですね（設例でも、Ｙ社自身に明確な落ち度はなく、100％分の請求は難しいと思われます）。

　次回も賃金の話が続きます！

ワード解説13　ストック・オプション

　自社の株式をあらかじめ設定した価格で購入する権利を付与する「ストック・オプション」は、権利を行使する時期（利益がどの程度発生するか）が労働者の判断に委ねられているので、「労働の対償」とはいえず、労基法上の賃金にはあたりません（平成9.6.1基発412号）。よって、ストック・オプションを賃金の支払いに代えることは全額払い原則違反です。なお、ストック・オプションを行使して得た利益は、所得税法上は「給与所得」と扱われます（荒川税務署長〈日本アプライド・ストックオプション〉事件・最三小判平成17.1.25労判885号５頁）。労働法と税法は目的や考え方が異なるので、労働法で「賃金」ではなくとも税法では「給与」という結論がありうるわけですね（概念の相対性→「ワード解説９」42頁を参照）。

ワード解説14　ノーワーク・ノーペイの原則

　ノーワーク・ノーペイの原則とは、労働しなかったら（no work）賃金を支払わなくてよい（no pay）ということです。ただし、たとえば休職中（→第５章5）も賃金を支払うなどと定めれば、その定めの方が優先されます（ノーワークでもペイするという定めは有効ということです）。また、本文で紹介した休業手当などもあります。ノーワーク・ノーペイが常に当てはまるとは限らない点に注意が必要ですね。

今回のポイント

今回は、昇給や減給、つまり賃金額が変動する場合についての法的な考え方と、最低賃金の規制や賃金の時効などについて学びましょう。

1 昇給・減給

まず、賃金額が上がる「昇給」として、一般に**定期昇給（定昇）**と**ベースアップ（ベア）**があります。定期昇給とは、毎年4月など一定の時期に、年齢や勤続年数、能力の格付け（下記の「職能資格」）等の上昇に伴って賃金額が上がることです。賃金の基準額を定めた一覧表（賃金表）のなかで、その人のランクが1つ上がるといったイメージです。これに対し、ベースアップは、賃金表そのものが書き換えられて、賃金が底上げされることをいいます。なお、春に行われる**春闘**（→「ワード解説15」59頁）では、その会社における定昇とベアを含む次年度の賃上げ額が決定されることになります。

次に、賃金額が下がる「減給」（「降給」）には、いくつかのパターンがあり、ルールにも違いがあります。

(1) 日本企業の代表的な人事制度である**職能資格制度**（係長、課長などの「役職」と、能力の格付けである「資格」〈職能資格〉の2つの指標で人を管理する仕組み→詳しくは第5章3）のように、**資格**（ここでは能力の格付けを意味します）に基づき基本給などが決まっている場合、その資格が下がること（つまり**降格**）に連動して賃金が

下がることになります。資格と賃金が結び付いていますから、降格が適法であれば減給も適法です。降格が適法か否かについては、就業規則等に降格を根拠づける規定があることを前提に、降格が権利濫用にあたるかといった点が問題となります（→第5章③）。そして、降格が権利濫用か否かの判断において、減給額の大きさを考慮することになります。減給額が非常に大きい場合、労働者の不利益が大きすぎるので降格は権利濫用にあたる、といった結論がありえます。

(2)　役職手当のように、労働者の地位（**職位**）に基づき決まっている賃金についても、基本的に(1)と同じように考えます。職位の降格が適法であれば減給も適法で、減給額の大きさが、降格が権利濫用か否かの判断に影響を与えるということです。

(3)　賃金の決め方として年俸制を採っている場合、**年俸額**の引下げが問題となることがあります。年俸制にもさまざまなものがありますが、管理職や専門職の労働者などに対して、その能力や仕事の成果に基づいて賃金額を決定するというものが多いでしょう。ちなみに、賃金には毎月1回以上・一定期日払いの原則（→第3章①）があるため、年俸制でも（正確に12等分しなくともかまいませんが）毎月の支払いが必要です。

さて、使用者が次年度の年俸額を引き下げようとして、労働者がそれに同意せず話がまとまらない場合、どうなるのでしょうか。判例によると、年俸額を決定するための評価基準や年俸の決定手続き等が制度化されて就業規則等で明示されており、かつ、内容的にも公正な場合に限り、使用者に**評価決定権**がある（一方的に決めてかまわない）とされています。もし上記の評価決定権が認められず、年俸額の合意も成立しなかった場合は、原則として前年度の年俸額が維持されると考えます（以上、**日本システム開発研究所事件**・東京高判平成20.4.9

労判959号6頁）。

　なお、(1)〜(3)に共通の話として、労働者が減給に異議を述べた場合、使用者が「減額後の賃金を受け取っていた以上、あなたは減額に同意したといえる。もはや異議は認められない」などと反論することがあります。確かに労働者の同意があれば減給も正当化されうるわけですが、**同意の有無は慎重に判断する必要があります**。使用者と話し合い、労働者が納得して書類にサインしていたといった事情があればともかく、減額後の賃金を受け取っただけでは同意があったとは認められません（賃金を突き返せる労働者の方が珍しいでしょう）。上記の反論は通らないと思われます。

2　最低賃金

　最低賃金法（以下、最賃法）は、いうまでもなく、賃金の最低額を保障するルールです。最低賃金の額は、地域ごとに経済の状況や物価などが大きく異なるため、**地域別**（具体的には都道府県別）に定められるのが基本です（地域別最低賃金。最賃法9条等）。1時間あたりの額として定められます。

　最賃法の枠組みは労基法とよく似ています（最賃法は労基法から分離独立した法律です。労基法の特徴は→第1章3を参照）。まず、①**強行的・直律的効力**があります（最賃法4条）。最低賃金より低い賃金額を定めても、そのような定めは強行的に無効になり、最低賃金の金額が労働契約を直接規律（コントロール）し、労働契約の内容となります。要は、最低賃金の額が保障されます。そして、②違反に対する**取り締まりや刑事罰**があります（最賃法40条など）。最低賃金を守らなかった場合は、労基署による指導などが予定されており、悪質な場合には刑事罰もありえます。

　最低賃金の額は、インターネットですぐにみることができます。毎年1回、10月1日に金額が改定されていますので、その前後は特に注意が必要ですね。

3　賃金の時効

　賃金の権利（賃金債権）は、一定期間、請求せずにほうっておくと、**時効**によって消滅します（消滅時効。労働基準法〈以下、労基法〉115条）。労働者からみれば、不払いの賃金は、時効で消滅していない限り、過去分を遡って請求できることになります。

　時効については、「民法」にベースとなる規定があるため、民法の大きな改正（いわゆる債権法改正）が行われ、2020年4月1日から施行されたことを受けて、労基法でも変更がなされました。改正前の民法（旧174条）では、賃金の時効は1年と定められており、それでは短すぎるとして労基法で2年に延ばされていました。改正後の民法では、こうした短期の消滅時効が廃止され、権利者（債権者）が権利を行使できると知ってから5年（権利行使が可能になってから10年）に一本化されました（民法166条）。これを受けて労基法が改正され、支払日が2020年4月1日以降の賃金（退職金以外の通常の賃金）について、時効が支払日から5年とされました（労基法115条）。民法の一般的な時効の期間に合わせたわけですね。ただ、改正前の2年から、いきなり5年と倍以上に延ばすと影響が大きすぎるため、経過措置として、当分の間は**3年**として運用されることになっています（労基法附則143条）。よって、支払日が2020年3月31日までの分については2年、同年4月1日以降の分については3年と、時効の期間に差が生じることになりますので、実務的には注意が必要ですね。

　なお、退職金（→第3章2）の時効は毎月の（通常の）賃金とは区

別する形で５年、有給休暇（→第４章⑤）など賃金以外の権利の時効は２年と労基法で定められていたのですが、これらに変更はありませんでした（労基法115条）。

　次回からは、労働時間の問題を取り上げます！

ワード解説15　春闘

　春闘とは、春季生活闘争、春季労使交渉などとも呼ばれます。春に次年度の賃上げ等について企業と各企業の労働組合が交渉することです（→労働組合について、詳細は第12章①）。各企業の労働組合は産業ごとに集まって「産業別労働組合」をつくっており、この産業別労働組合が各企業における労使交渉をさまざまな形で支援します。たとえば各社の交渉状況や交渉結果の情報を集めることで、各労働組合はそれを参考に交渉を進めることができます。なお、産業別労働組合などが集まって全国レベルの労働組合をつくっています（「ナショナルセンター」とも呼ばれます）。代表例は「連合（日本労働組合総連合会）」です。連合のような全国レベルの労働組合は、春闘の基本方針を定めたり、労働関係の立法や政策にかかわったりするなど、より大きな視点から労働者と労働組合のための活動を行っています。

第4章

労働時間・休暇・休業

1 労働時間制度の基本

👆今回のポイント────────────────

今回は、労働時間制度の基本を学びます。まずは労働時間とはどのような時間を意味するのか、グレーゾーンも含めて基本からしっかり理解していきましょう。

1 「労働時間」とはどのような時間か?

　就業規則の始業から終業までの時間から休憩時間を引いたものが、「**所定労働時間**」(あらかじめ定められた所の労働時間)です。これに対し、法的な意味での労働時間、具体的には労働基準法(以下、労基法)が規制の対象とする時間(「**労基法上の労働時間**」)は、ひと言でいえば実際に労働した時間(実労働時間)です。たとえば残業があったときなど、所定労働時間と労基法上の労働時間が相違する場合も多いですよね。

　さて、実労働時間といったとき、たとえば工場の生産ラインで作業中、事務所で打合せ中の時間が法的に労働時間なのは、ある意味当然です。では、次のようなグレーゾーンともいえる場合はどうでしょうか。

⑦工場で働くAが、作業の前後に工場内の更衣室で安全用具と作業服を着脱する時間

①事務職として働くBが、業務に必要な知識を学ぶための研修を終業後に受ける時間

> ⑦仕事を多く抱えているＣが、上司の指示ではなく自分の判断で
> 終業後も残って仕事をした時間

こうした時間が労働時間では<u>ない</u>と扱われていた場合に、労働者が労働時間であると主張し、その時間も含めて計算し直した残業代を請求するという紛争がみられます。労働時間に関する紛争は、<u>残業代つまりお金の問題として発生すること</u>が多いということです。

ここでちょっと驚きなのですが、労基法には労働時間の定義がありません。そこで判例が、労基法上の労働時間＝労働者が使用者の①**指揮命令下**にあると②**客観的**に評価できる時間、と定義しています（**三菱重工業長崎造船所事件**・最一小判平成12.3.9労判778号8頁）。

①は、指揮命令の下にあれば労働時間……それはそうかな、という気もします。ただ、ちょっと抽象的です。そこで、①をさらにかみ砕いて、ⓐ労働をⓑ使用者の関与の下で行っていれば、①に当てはまる（その時間、使用者の指揮命令下にある）と考えてください。ⓐは、仕事そのものを行っている状況、または研修など仕事と同視できるような状況（後記④参照）があるかどうか、ⓑは、使用者による具体的な指示や、（労働者が仕事をしていることについて）黙認があるといえるかどうかです。

②は、あくまで実態が重要で、就業規則や個別の合意などで後から<u>操作することができない</u>、という意味です。たとえば、「12時間労働したけど、8時間だけ労働したことにしよう」と使用者・労働者が合意しても法的には無効で、労働時間は12時間となります。

では、先ほどの例⑦〜⑦を考えてみましょう。

⑦：一般論でいうと、準備や片づけの時間、制服等への着替えの時間は、労働と密接に関係しますが、<u>原則として労働時間ではありませ</u>

ん。朝なら準備を整えて始業時刻を迎えるのが当然です（パジャマ姿ではダメですよね）。ただし⑦のように、それ自体時間のかかる入念な作業を事業場内で行うことにつき**使用者の義務づけ**がある場合（安全用具なしの作業はNGでしょう）、例外的に労働時間にあたると考えられます。家でつけてくることもできないわけですし、職場内で⑧労働といえる作業を⑤使用者の関与の下で行っており、指揮命令下にあるといえるわけですね。

⑦：仕事に必須の知識を学ぶ研修であれば、仕事と同視しうる状況にある（⑧労働）といえます。仮に参加が義務的であれば⑤使用者の関与も満たしますので、終業後であっても労働時間にあたるわけです。

⑦：このような自主的な残業については、⑧労働の要素は当然あるので、⑤使用者の関与の有無がポイントです。時間管理を行う上司の黙認（残っているのを知っていて、注意せずに仕事をさせている状況）があれば、使用者側の関与は否定できず、労働時間にあたると考えるわけですね。

2 労働時間の基本ルール

労働時間が長すぎれば労働者の健康などに悪影響が生じますので、以下のように規制がなされています。

まず、**労働時間の上限**は、1週40時間、1日8時間です（労基法32条）。これを「**法定労働時間**」と呼んでいます。ただし、この数字には「標準」という意味はないので、決して1日8時間働くのが「当然」ということではありません。労基法は「最低」基準であり（→第1章③も参照）、労働時間の場合は長いほど大変なので、上限が定められているわけですね。

休憩は、1日の労働時間の長さに応じ、最低基準が設けられていま

す。6時間以内だと休憩なしでよく、6時間を超え8時間以内だと**45分**、(残業などによって)8時間を超える場合は**1時間**です(労基法34条)。所定労働時間が8時間の場合、定時ぴったりで仕事が終われば45分でOKですが、残業の可能性を見越して1時間と設定している会社が多いということですね。

なお、休憩中は労働から解放しなければならないので、いわゆる電話番などを命じていた場合は、休憩を与えたことにはなりません。注意が必要です。

また、少し細かい話ですが、その職場(事業場)の全員を一斉に休憩させる必要があります。ただ、労働者の過半数代表との**労使協定**(→第1章3)があれば、例外の設定、この場合は休憩を交代制とすることが可能です(なお飲食業など一定の業種は、特例として労使協定がなくとも交代制が認められています)。

休日は、基本的に**週休1日**が最低基準です(労基法35条)。週休2日制は労基法よりも有利な基準というわけです。また、変形休日制といって、**4週で4日の休日**を与えることでもかまいません(あらかじめ、忙しい週を休日なしにしておいて、他の週に2日以上の休日を割り振るといったことが可能です)。

なお、労働時間を管理するためには、当然、各労働者の労働時間を把握する必要があります。この点に関する基本的な考え方は、労働時間の適正な把握は使用者の責務であるということです。労働契約を結んで「働いてもらっている」以上、労働時間をきちんと把握し管理する責任は、使用者の側にあるわけですね。この点の実務については、厚生労働省の**ガイドライン**が参考になります。詳細は「ワード解説16」70頁をご覧ください。

次回は残業(時間外労働)がテーマです!

2 時間外・休日労働、割増賃金

今回のポイント

残業（時間外労働）の規制については、2018年に成立した働き方改革関連法によって、労働基準法が大きく改正されました。今回は、残業規制のポイントを中心に、残業代（割増賃金）についても整理していきます。

1 時間外労働・休日労働とは

一般に「残業」というと、定時を超えて働くこと全般を指すと思いますが、ここで注意が必要です。たとえば1日の**所定労働時間**（→前回を参照）が7時間30分の場合、30分残業しても合計は8時間で、1日8時間の**法定労働時間**を超えません。このような残業は**法内超勤**（法の内側の超過勤務）と呼ばれ、労働基準法（以下、労基法）上の問題は生じません（就業規則等に根拠があれば命じてかまいません）。問題になるのは、法定労働時間を超えて、または法定休日に労働させることであり、これらを法的に**時間外労働**、**休日労働**（以下、時間外・休日労働）と呼んでいるのです。

時間外・休日労働は、「あって当たり前」と受け止められている面もあるのですが、原則として違法です。法的に許されるのは、①大災害など非常事態の場合（労基法33条。ごく例外的な話で、労働基準監督署〈以下、労基署〉における手続きが必要です）か、②労使協定がある場合だけなのです（労基法36条に定めがあるので、**36協定**と呼ばれています）。

2 36協定と時間外・休日労働の上限

　第1章③で紹介したように、労働者の過半数代表と使用者の労使協定によって、労基法の例外が設定されます。具体的には、時間外・休日労働の具体的な理由、業務の種類や労働者の数、協定の有効期間、時間外労働の限度や休日労働が可能な日数などを36協定で定め、労基署の署長あてに届出を行います。そうすると、36協定で定めた範囲まで、時間外・休日労働が**法的に許される**ことになるのです。なお厳密には、時間外・休日労働を命令できる<u>労働契約上の根拠</u>も必要ですが、たいていの会社では就業規則に「会社は……時間外・休日労働を命じることができる」といった根拠規定があり、これが契約上の根拠となります（→第1章⑤も参照）。

　それでは、どこまで時間外・休日労働は許されるのでしょうか。この点、「働き方改革」（→第4章④）の前は、行政が**限度基準**と呼ばれる基準（「労働基準法第36条第1項の協定で定める労働時間の延長の限度等に関する基準」）を定め、基準を守るように指導を行うのみで、<u>法律上の絶対的な上限は存在しませんでした</u>。しかし、長時間労働の問題が深刻であったため、「働き方改革」によって労基法が改正され、法律上の絶対的な上限が初めて設けられたのです。

　まず、①時間外労働の**原則的な上限**（「限度時間」）は、**月45時間以内、年360時間以内**とされました（労基法36条3、4項。なお、36協定が必要なことに変わりはありません）。実は45、360といった数字自体は以前の「限度基準」と同水準なのですが、「行政の基準」から「法律」へ、いわば格上げとなったことで、規制としての重みもより大きくなったと考えてください。

　次に、②機械のトラブルへの対応や予算・決算など、一時的・突発的に時間外労働が必要になった場合、「特別の事情が生じた場合は<u>限</u>

度時間を超えて○時間まで労働時間を延長できる」旨の条項（**特別条項**）を36協定に盛り込むことで、その特別の事情が生じた場合には限度時間を超えてかまわないことになっているのですが（このような36協定を**特別条項付き労使協定**と呼んでいます）、特別条項の記載内容にも規制がなされました。具体的には、ⓐ特別条項を用いて限度時間を超えるのは各労働者につき**年間6カ月**まで、ⓑ時間外労働は**年間720時間以内**、（時間外労働と休日労働を合計して）**1カ月100時間未満**の範囲で定めることとされました（労基法36条5項）。ⓐは、毎月起きることは「特別」なことではないので、特別条項を使えるのは多くて1年の半分までということですね。なお、②の特別条項の仕組みやⓐの制限も、以前の「限度基準」にあったのですが（①と同じです）、改正で労基法に盛り込まれるとともに、ⓑが追加されました。

　最後に、以上①②に加えて、③実際に行われた**時間外労働と休日労働の合計**で、ⓒ**1カ月100時間未満**、かつ、ⓓ**2、3、4、5、6カ月の平均でいずれも月80時間以内**とされました（労基法36条6項）。まさに時間外労働等の**絶対的な上限**です。ⓒは上記ⓑと重なるようにみえますが、ある月の時間外労働が44時間（限度時間の範囲内）で特別条項が必要ない場合でも、休日労働が56時間で合計100時間に達してしまうと労働者の負担が大きすぎます。そこで、実際の労働時間についても合計の数値で規制することにしたわけですね。さらに、100時間近い時間外・休日労働が連続すると、もうそれだけで心身を壊すおそれがありますので、平均80時間以内という上限も設けられました。ある月の時間外・休日労働が合計で90時間であれば、翌月は多くとも70時間以内に抑える必要があります（一度80時間を超えると、それから半年間、労働時間管理に影響が生じることになりますね）。

　以上の規制に違反した場合、労基法違反で労働基準監督署の指導等

の対象になるほか、悪質な場合には刑事罰が科されます（労基法119条）。36協定については前記①～③を守って締結すること（守っていない36協定は法的に無効です）、そして、協定した時間数を超えないようにすることが必要です。

なお、上限規制に違反していないとしても、時間外・休日労働による疲労の蓄積で労働者が体調を崩した場合、使用者に安全配慮義務違反（労働契約法〈以下、労契法〉5条→第1章⑥）が成立しうることには注意が必要です。労基法と労契法は別々の法律ですから、労基法との関係で違反がなくとも、労契法との関係では責任が生じうるということです（この点は、労基法36条に関する行政の指針〈平成30.9.7厚生労働省告示323号〉にも明記されています）。

以上の上限規制には細かい例外もあります。たとえば、研究開発の業務には適用されませんし（労基法36条11項）、建設業や自動車の運転の業務、医師等には5年間猶予されます（労基法附則139条以下。2024年4月から規制が適用されます。詳細については厚生労働省ウェブサイト「働き方改革」の実現に向けて https:www.mhlw.go.jp/stf/seisakunitsuite/bunya/0000148322.htmlなども参照してください）。

3　割増賃金

時間外、休日、そして深夜（午後10時～午前5時）に労働をさせると、割増賃金の支払義務が生じます（労基法37条等→休日の割増については「ワード解説17」71頁も参照）。一般に残業代、休日手当、深夜手当などと呼ばれますが、法的には割増賃金と総称します。割増率の最低基準は時間外25％、休日35％、深夜25％で、時間外労働が深夜に行われた場合、深夜分25％を足して50％割増と計算します（休日労働が深夜になった場合は35＋25で60％割増です）。割増の基礎となる

１時間分の賃金は、月給制なら賃金の月額を所定労働時間で割って求めるのが基本ですが（詳細は労働基準法施行規則〈以下、労基則〉19条）、通勤手当や賞与など労基法37条５項・労基則21条に列挙されたものにかぎり、賃金額から除外して計算することが認められています（通勤費用の多い、少ないで残業代が違うのは変ですよね）。

　また、時間外労働の抑制のため、時間外労働のうち１カ月60時間を超えた部分は、割増率が50％に引上げられます（中小企業は2023年から対象となる予定です）。高い残業代が嫌なら時間外労働を一定の範囲に抑えなさい、という話です。

　なお、割増賃金を「○○手当」として毎月定額で支払ったり、基本給に月○時間分の割増賃金を含めたりすることを、**固定残業制**、**定額残業制**、（一定量の残業があったとみなすことから）**みなし残業制**などと呼ぶことがあります。これらは別に禁止ではありませんが、労基法等の最低基準はクリアする必要があるので、割増部分が（労基法等に基づき計算して）実際に必要な割増賃金を**下回らないこと**（**金額適格性**）、そしてそのことが確認できるように割増部分と通常の賃金が**判別できること**（**判別可能性**または**区分可能性**）が必要です（→「ワード解説18」71頁）。

　次回は労働時間のさまざまな制度を紹介します！

ワード解説16　労働時間適正把握ガイドライン

　正式名称は「労働時間の適正な把握のために使用者が講ずべき措置に関するガイドライン」です（2017年１月20日策定）。このガイドラインによれば、使用者は、労働時間を自ら現認する（たとえば管理職が部下の労働時間を直接確認する）、または、タイムカード、パソコンのログイン・ログアウトの時刻など、客観的な記録から把握するのが原則です。なお、労働者に自己申告させるという方法はあくまで例外と位置づけられており、適正な申告ができるように十分な説明を行うことや、実際の労働時間と合っているか、必要に応じて調査を行うことなども求められます。

ワード解説17　振替休日（振休）と代休

　振替休日（振休）と代休は、よく似ているようですが法的には明確に区別されます。振休は、休日労働が行われる「前」に休日を別の日に振り替えることです（振替先は、元の休日の前後どちらでもかまいません）。振替後も週休１日（→第４章1）を満たしていれば、法律上、休日労働は発生しないことになります（当然、割増賃金も不要です）。これに対し代休は、休日に労働をさせた「後」になって代休を与える旨を指示し、休ませることを意味します（代休日は必然的に元の休日の後になりますね）。この場合、休日労働が行われた事実は消えないので、割増賃金の支払義務が生じるというのがポイントです。休日労働１日分の賃金（100％＋割増35％）が必要となります（代休を１日与えることで、賃金の100％分〈通常の１日分の賃金〉は清算できるとしても、割増分〈35％〉の支払いは必須です）。以上の違いをよく確認しておきましょう。なお、どちらも会社が就業規則等で制度化することで実施が可能になる点は同じです（法律上、当然に振休や代休が必要になるということではありません）。

ワード解説18　固定残業制

　たとえ「我が社は固定残業制」であっても、固定額が法的に必要な割増賃金額に足りない場合は、差額を追加で支払わなければ違法なので、注意が必要です。また、「基本給25万円」と「基本給25万円（45時間分の割増賃金を含む）」では「25」の意味が全然違います。そこで求人（労働者の募集→第５章1）の際は、トラブル防止のため、2018年から固定残業制であることの明示が求められるようになりました（下記のウェブサイトで企業向けリーフレットなどを参照可能です）。
厚生労働省ウェブサイト「平成29年職業安定法の改正について」
http://www.mhlw.go.jp/stf/seisakunitsuite/bunya/0000172497.html

3　労働時間に関するさまざまな法制度

今回のポイント

労働時間に関するさまざまな法制度、具体的には、裁量労働制や変形労働時間制、管理監督者、および高度プロフェッショナル制度について概観します。制度や考え方のポイントをつかみ、詳しい内容を学ぶ基礎にしてください。

1　管理監督者

　労働基準法（以下、労基法）41条は「……監督若しくは管理の地位にある者又は機密の事務を取り扱う者」（長いので「**管理監督者**」と総称）などについて、労働時間、休憩、休日に関する労基法の規定を「適用しない」と定めています。つまり、管理監督者に対しては、法定労働時間の遵守や割増賃金（残業代や休日手当）の支払いの**必要がない**ということです。

　管理監督者の範囲は、ⓐ自分が部下を管理・監督している（労務管理上、使用者と一体といえる）、ⓑ自分が時間管理を受けていない（自分の判断で出勤・退勤の時刻を調整できる）、ⓒふさわしい待遇を受けている（割増賃金の代わりに管理職手当などを支給されている）、以上３点をすべて満たす労働者です（**日本マクドナルド事件**・東京地判平成20.1.28労判953号10頁等）。ひと言でいえば、かなり上級の管理職に限られます（朝来るのが遅い！とだれかに怒られているようでは、ⓑを満たしているとはいえませんよね）。

　管理職と管理監督者は、字面は似ていますが、ぴったり一致する概

念ではありません。<u>管理職には管理監督者に該当する人も、該当しない人もいます</u>。きっと一度は「管理職には残業代が不要」という話を聞いたことがあると思いますが、実は不正確です。<u>残業代が不要なのは管理職の一部だけ</u>ということをしっかり理解しておきましょう（→「ワード解説19」79頁も参照）。

2　変形労働時間制・フレックスタイム制

　変形労働時間制（変形制）とは、ひと言でいえば労働時間の「枠」を変形できる制度です。たとえば、A社では月末が忙しく月初めが暇で、いつも月末の週に時間外労働が発生していたとします。このとき、各週の所定労働時間を40/40/40/40から30/40/40/50と変形させて、4週目は週に50時間労働させても<u>時間外労働は発生しない</u>（割増賃金が不要）というのが変形制の基本的な考え方です。1週目の所定労働時間が30時間というのが要注目で、単に労働させられる時間が増えたわけではなく、4週を平均すれば週40時間（法定労働時間を超えない）というのがポイントです。あくまで<u>枠の変形であり、拡大ではない</u>ということですね。

　この変形制には1カ月単位（労基法32条の2）、1年単位（同法32条の4）、1週間単位（同法32条の5）があります。1カ月単位が基本で（上記ではイメージしやすいように4週としました）、1年単位がその応用、1週間単位はやや特殊なものと思ってください。

　変形のいわば究極的な形が**フレックスタイム制**で、1日単位での変形、つまり、日々の出勤・退勤時刻の決定を労働者に委ねる制度です（労基法32条の3）。**清算期間**（たとえば1カ月）を設定し、実際の労働時間の合計が、清算期間における週の法定労働時間の総枠を超えない限り、<u>時間外労働は発生しない</u>と扱います。総枠は、1カ月の日数

を7日で割って月を週に換算し、それに40を掛けて計算する（31日の月は177.1時間となる）のが基本です。自分の判断で1日8時間を超えて働いたとしても、直ちに割増賃金がもらえるわけではないということですね。なお、必ず勤務しなければならない時間帯（**コアタイム**）を設定することも可能です（全員が集まる会議などはコアタイムに行うとスムーズです）。

3　労働時間制のみなし制（裁量労働制など）

　前記2が労働時間の「枠」を柔軟化するのに対し、1日8時間・1週40時間の枠はそのままに、労働時間の**算定の仕方**を変える制度がいくつか存在します。具体的には、実際の労働時間にかかわらず、ある一定の時間だけ労働したものと「みなす」という、**みなし労働時間制**（**みなし制**）という考え方です。たとえば、1日8時間とみなすことにすれば、実労働時間が15時間と客観的に証明されたとしても、法的な意味での労働時間は8時間です（法的に「みなす」はとても強い意味で使われますので、覚えておきましょう）。

　いかなる場合に「みなす」か、パターンは大きく2つです。1つは、外回りの営業など、職場（事業場）の外で労働し、労働時間の算定が困難な場合です（**事業場外労働のみなし制**〈労基法38条の2〉）。実際に会社が労働時間を把握し難いという事情が必要なので、会社の建物の外で働いていれば常にみなし制を使ってよいというわけではありません。要注意ですね（→「テレワーク」について、「ワード解説20」79頁を参照）。もう1つはいわゆる「**裁量労働制**」で、労働者が大きな裁量を持って働いている場合です。研究開発など、法で決められた一定の専門業務に従事する場合に認められるタイプ（**専門業務型裁量労働制**〈労基法38条の3〉）、企画等の業務に従事する場合に認められ

るタイプ（**企画業務型裁量労働制**〈同法38条の４〉）があります。な
お、一般に「裁量労働制」と呼ばれますが、法的には何時間働いても
労働時間が一定の時間とみなされる点に意味があります。裁量ばかり
を強調するのは本質からややズレていますので、気をつけてください。

　今回の１〜３の制度に共通するのは、原則でいけば時間外労働が生
じるはずが、例外的に時間外労働と扱われなくなる、つまり割増賃金
も不要になるという点でした（特に２と３を合わせて「**柔軟な労働時
間制度**」と呼ぶこともあります）。名称やイメージにとらわれず本質
を理解することが重要なので、本書では各制度の細かい利用要件は省
きました。利用の要件を満たさないのに制度を利用していた場合は、
原則どおり、時間外労働などがあったものとして割増賃金を計算し直
す（不足分を支払う）必要がありますので、注意が必要です。

　なお、あくまで労基法上は時間外労働と扱わなくてよい、という話
にすぎないので、働かせすぎて心身に不調が出た場合は、労働契約法
５条の**安全配慮義務違反**（→第１章⑥）などの責任が使用者に生じま
す。たとえば管理監督者や裁量労働制適用者についても、実労働時間
等を把握して**働きすぎを防ぐように配慮する**ことは重要なので、くれ
ぐれも誤解のないようにしてください。

4　高度プロフェッショナル制度（高プロ制）

　高度プロフェッショナル制度（高プロ制）は、特定高度専門業務・
成果型労働制とも呼ばれます。制度を基本から理解していきましょう。

⑴　**概要**：高度プロフェッショナル制度（高プロ制）とは何か、簡単
にいえば、**一定の要件**を満たした労働者については、労基法の労働時
間の規制が適用されなくなるので、**残業代の支払いが不要になる**、と
いう制度です。ホワイトカラー労働者の仕事が高度化・専門化するな

かで、時間ではなく成果で人を評価・処遇する制度が必要だということで導入されました。実は「働き方改革」の議論が始まる前から検討が行われていたのですが、2018年に成立した働き方改革関連法で労基法に盛り込まれました。従来からの管理監督者（前記１、労基法41条）に加え、労働時間規制の新たな適用除外制度がつくられたことになります。なお、あくまで制度を導入してよい、というだけで、自動的に残業代がゼロになるわけではない点に注意が必要です。

(2)　**高プロ制を用いる要件**：主な条文は労基法41条の２および労基法施行規則34条の２ですが、かなり複雑なので、①対象業務、②対象労働者、③導入要件の３つに分けてポイントを整理していきます。

　①対象業務：金融商品の開発やディーリング（運用）、アナリスト、コンサルタント、研究開発に限られます。また、これらの業務に従事する時間について、使用者が具体的な指示を行わないことも必要です。

　②対象労働者：年収要件が特徴的で、労働者の平均給与額の３倍を相当程度上回る水準＝年収1,075万円以上であることが必要です。また、業務の内容や責任の程度、求められる成果など、自分の職務について使用者と書面で合意していることも求められます。

　③導入要件：さまざまなものが必要ですが、大きく@〜©の３つに整理できます。

　@**健康確保に関する措置の実施**：以下の㋐〜㋓のすべてが必須で、㋒、㋓はそれぞれいくつかの選択肢から１つ実施すればよいという仕組みです。

　㋐**健康管理時間**の把握：高プロ制で導入された概念で、事業場（職場）内にいた時間と、事業場外で労働した時間を合計したものが健康管理時間です。具体的な健康確保措置を行ういわば大前提として、この健康管理時間を把握する措置を取ることが求められます。

⑦**休日の確保**：<u>年間104日以上かつ４週４日以上の休日の確保が必須</u>とされます。確実に週２日休んだとすると、だいたいこれぐらいの日数になりますね。

⑦**選択的措置**：次のⅰ～ivの選択肢から１つ実施することが求められます。

ⅰ　勤務間インターバル制度＋深夜労働の制限：仕事と仕事の間に11時間以上の休息時間（インターバル）を確保するとともに、深夜労働（22時～５時）を１カ月４回以下とすることです。

ⅱ　健康管理時間の上限の設定：健康管理時間が週40時間を超える時間を、１カ月について100時間以内、または３カ月について240時間以内とすることです。

ⅲ　１年に１回以上、連続２週間の休日（本人が希望した場合は連続１週間×２回以上）を与えることです。

ⅳ　臨時の健康診断：健康管理時間が週40時間を超える時間が１カ月80時間を超えた労働者、または申出があった労働者に対して、臨時の健康診断を実施することです。

④**健康管理時間の状況に応じた健康・福祉確保措置**：医師による面接指導、代償休日または特別な休暇の付与、心とからだの健康問題についての相談窓口の設置、適切な部署への配置転換、産業医等による助言指導または保健指導、あるいは上記⑦のⅰ～ivのうち⑦として選ばなかった残り３つのうちの１つ、以上からいずれか１つを実施することが求められます。

ⓑ**労使委員会の設置・決議**：労使委員会（→「ワード解説21」80頁）を設置して制度の導入等を委員の５分の４以上の賛成で決議し、その決議を労働基準監督署（署長あて）に届け出ることが求められます。決議には、前記ⓐの具体的な内容や、苦情処理措置、決議の有効

期間等を盛り込む必要があります（期間満了後も高プロ制を継続したい場合は、再度、決議が必要です）。

　ⓒ**労働者本人の同意**：自分に高プロ制が適用されることについて、労働者本人の同意が必要です。この同意は、適用期間中の賃金の見込額等も明示された書面への**署名**によって行われなければなりません。なお、この同意は後から撤回できることとされています。

⑶　**高プロ制を用いる効果**：以上の要件をすべて満たした対象労働者については、労基法の労働時間、休憩、休日および深夜の割増賃金に関する規制が適用されません（**適用除外**）。その結果、残業代などの割増賃金が**不要**となりますが、だからといって働きすぎ（働かせすぎ）にならないように、労使委員会の手続きや手厚い健康確保措置が必要となるわけですね（要件が多すぎる…と感じられたとしても、それは当然のことといえます）。

　なお、高プロ制適用者は、働き方改革で新設された労働時間適正把握義務（→第4章④。労働安全衛生法〈以下、安衛法〉66条の8）の対象外です。ただ、その代わり、健康管理時間が週40時間を超えた時間の合計が月100時間を超えた場合、医師による面接指導（→第11章④）の実施が義務づけられます（安衛法66条の8の4）。

　また、高プロ制はあくまで労基法に関する適用除外なので、労働契約法（5条）に基づく**安全配慮義務**（→第1章⑥）がなくなるわけではありません。健康管理時間を把握しつつ、労働者が過労で健康を損ねることがないよう配慮する必要があることを忘れないでください。

　次回は、2018年に法律が成立した「働き方改革」について、その全体像や意義を整理します！

ワード解説19　管理監督者

　残業代を支給されていない管理職がその支払いを求める紛争を、「名ばかり管理職」の問題と呼ぶことがあります（本文にあげた日本マクドナルド事件では、店舗の店長が管理監督者性を否定され、残業代などの請求が一部認められました）。しかし、管理職と管理監督者は「別々の概念である」というのが重要なポイントです。問題なのは、法的に管理監督者に該当しないにもかかわらず、会社から管理監督者と扱われ残業代をもらえていない場合、すなわち、「名ばかり管理監督者」が存在することです。管理職かどうかは問題の本質ではありません。わかりやすさ優先で「名ばかり管理職」と呼ばれてはいますが、実はミスリーディングであり、かえって本質がわかりにくくなっているかもしれませんね。

ワード解説20　テレワーク

　テレワークとは、パソコン、スマートフォンなどの情報通信機器を使って、自宅など会社（事業場）以外の場所で働くことの総称です。テレワークも「労働」の１つの形であることに違いはありませんので、労働時間の把握・管理など、労働法のルールを守って行われる必要があります（ここが基本的かつ重要なポイントです）。なお、事業場外労働のみなし労働時間制（→第４章③）を適用するためには労働時間の算定が困難といえる必要があるため、テレワーク中に労働者が自分の判断でパソコン等から離れられること、随時（常に）使用者からの具体的な指示で仕事を行うわけではないことが求められます（パソコン等から離れられず、常に使用者の指示通りに作業している場合は、労働時間の算定が困難ではないということですね）。こうした点も含め、テレワークの導入・運用の実務については、行政によるガイドライン（※）を参考にするとよいでしょう。

※「テレワークの適切な導入及び実施の推進のためのガイドライン」（2021年策定）

https://www.mhlw.go.jp/stf/seisakunitsuite/bunya/koyou_roudou/roudoukijun/shigoto/guideline.html

ワード解説21　労使委員会

　労使委員会は、その職場（事業場）において労働者側・使用者側それ
ぞれ同数の委員で構成される委員会です。労働者側委員は、会社が指名
するのではなく、労働者の過半数代表（→「ワード解説３」14頁）に
よって指名される必要があり、議事録を一定期間保存することなども義
務づけられています（労基法41条の２のほか、38条の４等）。高プロ制
で求められる５分の４以上の賛成は、使用者側委員が全員賛成しても労
働者側委員の過半数が賛成しなければ実現しない数字です（たとえば、
労使各５人で計算してみてください）。労基法でよく用いられる労使協
定（→第１章③）と比較して、より慎重を期すために労使委員会の決議
が必要とされているわけですね。

4 「働き方改革」の全体像とその意義

今回のポイント

今回は、労働時間制度に大きくかかわる「働き方改革」について、あらためて、その全体像や意味などをまとめておくことにしましょう。

1 「働き方改革」とは（全体像）

「**働き方改革**」は、2016年に設置された「働き方改革実現会議」等を経て、2018年6月に成立した「**働き方改革関連法**」（働き方改革を推進するための関係法律の整備に関する法律）によって1つの形となりました。働き方改革関連法は労働基準法をはじめとする複数の法律の改正をパッケージにしたもので、2019年4月1日以降、各改正法が順次施行されました。なお、**施行**（法律が実際に効力を持つようになること）の時期は一律ではなく、特に、改正への対応に時間が掛かる中小企業に対しては、1年間の猶予期間が設けられました→「ワード解説22」84頁を参照。なお、現在では一部を除き基本的にすべての改正内容が施行されています）。

「働き方」を巡る課題にはさまざまなものがありますが、今回の改革で主要な課題とされたのは❶**長時間労働**と❷**正規・非正規の格差**です。❶では特に正社員の働きすぎが問題となっており、過労死や過労自殺の発生など、事態は深刻です。長時間労働を防ぎ労働者の健康を確保することが必要であるため、**時間外労働の上限規制**等が新たに行われました（→第4章②）。❷では非正社員が十分な賃金を得られな

い、格差に納得できず仕事への意欲が保てないなどの問題がみられます。正社員と非正社員の労働条件について不合理な違いを禁止するルールがすでにありましたが（改正前の労働契約法20条等）、これらを明確化し、実効性を高めることが行われました（いわゆる「**同一労働同一賃金**」）。❶についてはすでに第4章②で紹介しました（ほか、第4章⑤なども関係します）。❷については主に第9章で紹介します。以下では改革の意義について確認した上で、❶❷に関する補足的な情報を整理しておくことにします。

2　「働き方改革」の意義

「働き方改革」には、働きすぎや格差から労働者を保護する、すなわち**労働政策（社会政策）**という意義がありますが、実はそれだけではありません。長時間労働を是正することで、これまで長時間の労働は難しく十分に働けなかった人たち（たとえば女性や高齢者）の働く機会を増やすとともに、格差を是正することで非正規労働者の意欲や能力を引き出します。こうしたプロセスを通して、より多くの賃金を得られるようになった労働者が、そのお金を消費に使えるようにすることで、経済の活性化も目指されています。つまり、**経済政策（成長戦略）**という意義もあるということですね（そのようにうまく回っていくか、今後も注意してみていく必要がありそうです）。

3　労働時間の適正把握義務

前記❶の労働時間の問題に関連して、労働安全衛生法（以下、安衛法→詳細は第11章④）に関する改正内容を紹介します。使用者は、ごく一部の労働者（「高度プロフェッショナル制度」適用者→第4章③）を除く**全労働者**について、タイムカードやパソコンの利用記録な

どの客観的な方法、その他の適切な方法（適切な自己申告等）で労働時間の状況を把握しなければなりません（安衛法66条の8の3等。2019年4月1日施行）。

　これは、安衛法で設けられている**医師**による**面接指導**（→第11章④）を適切に実施するための義務で、直接的には安衛法の話です。しかし、たとえば把握を怠った場合、使用者の安全配慮義務違反〈労働契約法5条→第1章⑥〉の責任は従来よりも大きくなると予想されるなど、実務上、より広い範囲への影響も予想される点には注意が必要です。

4　非正規雇用に関する法改正

　前記❷の非正規雇用の問題については、法律名の変更も含む法改正が行われました。一般に「非正規」雇用とされる労働者の類型として、**パート労働者**（労働時間がフルタイムの労働者に比べて短い〈つまりパートタイムの〉労働者）、**有期労働者**（労働契約に期間が有る労働者）があげられます（→詳細はいずれも第9章①。なお、「パート」かつ「有期」の労働者も多数存在します）。「働き方改革」の前は、パート労働者については**パート法**（「短時間労働者の雇用管理の改善等に関する法律」）、有期労働者については労働契約法（以下、労契法）のいくつかの規定が保護等を定めていました。これが改革によって、有期労働者の同一労働同一賃金について定めた労契法20条が労契法から削除され、パート労働者の同一労働同一賃金に関するパート法8条に移されるとともに、パート法の名称が**パート・有期法**（「**短時間労働者及び有期雇用労働者の雇用管理の改善等に関する法律**」）に改められました。この改正によって、パート労働者と有期労働者（企業が直接雇用する非正規労働者）に関する総合的な法律が誕

生したことになります（なお、非正規雇用のもう１つの類型である派遣労働者についても法改正が行われました→詳細は第９章⑤、⑥）。

　以上、「働き方改革」に関する詳しい情報は、第４章②でも紹介した厚生労働省ウェブサイト「『働き方改革』の実現に向けて」が参考になります。

　次回は有給休暇の話で、働き方改革による改正のことも出てきます！

ワード解説22　「働き方改革」の年表

2015年10月～2016年６月：一億総活躍国民会議における議論

2016年９月～2017年３月：働き方改革実現会議における議論

2017年３月：「働き方改革実行計画」
　　　　　　　その後、労働政策審議会（→「ワード解説45」192頁）
　　　　　　　の審議等を経て、2018年４月に国会へ法案提出

2018年６月：働き方改革関連法（働き方改革を推進するための関係法律の整備に関する法律）成立（７月６日公布）

2019年４月：時間外労働の上限規制に関する改正労基法等が大企業に施行

2020年４月：時間外労働の上限規制に関する改正労基法等が中小企業（※）に施行
　　　　　　　パート・有期法が大企業に施行

2021年４月：パート・有期法が中小企業（※）に施行

※　中小企業の定義：資本金の額または出資の総額が３億円（小売業、サービス業なら5,000万円、卸売業なら１億円）以下、または、常時使用する労働者が300人（小売業なら50人、卸売業、サービス業なら100人）以下の企業（働き方改革関連法附則３条等）

5 年次有給休暇（年休）

今回のポイント

年次有給休暇（年休）について、基本的なルールを確認した後、「働き方改革」において会社の責任で最低5日間は取得させることになった点についてもみていきましょう。

1 年次有給休暇（年休）の基本ルール

労働基準法（以下、労基法）によって、休日とは別に、**自由に使える休暇が有給で保障されています**。一般に「有給休暇」や「有給」と呼ばれますが、法的には「**年次有給休暇**」略して「**年休**」です。年休取得日には、所定労働時間だけ働いた場合の通常の賃金が支払われるのが基本です（労基法39条9項）。

年休の仕組みは、2段階で考えるとわかりやすいです。(1)労基法上の要件を満たすと、○日分休めるという法律上の権利（「年休権」）が労働者に付与されます。次に、(2)いつ休むか（いつ使うか）を労働者が具体的に指定することになります。

(1)については、入社1年目は入社から6カ月継続して勤務し、出勤率（出勤しなければならない「全労働日」のうち何日出勤したか）が8割以上であれば、10日間の年休権が付与されます（労基法39条1項）。その後、出勤率8割以上をキープすれば、1年6カ月の時点で11日、2年6カ月の時点で12日というように、勤続年数に応じて1年あたりの付与日数が増えていきます（同条2項。6年6カ月以上勤務

していると、付与日数は1年あたり20日です）。

　なお、上記の日数は週5日または6日の勤務を想定したものです。週3日のパート勤務のように所定労働日数が少ない場合は、年休の日数もその分少なくなります（比例付与。同条3項）。非正規雇用でも年休の権利は認められますので、誤解しないでくださいね。

　また、年休を使うことを「消化」とも呼びますが、未消化年休は1年に限り繰り越して使うことができます。年休のような労基法上の権利は、使えるようになってから2年間ほうっておくと「時効」で消滅するため（労基法115条→第3章③）、付与された年の次の1年間は使える計算になるわけです。

　(2)については、労基法39条5項（下記）に注目です。

> 　使用者は、ⓐ前各項の規定による有給休暇を労働者の請求する時季に与えなければならない。ただし、ⓑ請求された時季に有給休暇を与えることが事業の正常な運営を妨げる場合においては、他の時季にこれを与えることができる。（ⓐ、ⓑ、太字は筆者）

　ⓐは労働者の「時季指定権」です。労働者には原則として指定（希望）したとおりに年休を取得する権利があるのです。しかし、使用者の許可が必要なのでは……というイメージもあるかもしれません。それは、ⓑのように、使用者には「時季変更権」という年休を拒否できる権利があるからなのです（名前は「変更権」ですが、使用者の方で年休取得日を○月×日から○月△日に変えられるわけではありません。その日はダメ、と言える拒否権のことだと考えてください。→「ワード解説23」89頁も参照）。

　時季変更権を行使できるのは、「事業の正常な運営を妨げる場合」、具体的には、仕事の調整や代替要員の確保など、労働者の指定どおり

に**年休を取得できるような配慮**を行ってもなお、その労働者が休むことで**業務上の支障**が生じる場合です。ここで注意したいのは、支障が生じることだけでなく、**使用者の配慮が必須とされている点**です。配慮なしでもよいとすると、もともと忙しい職場ではだれが休もうとしても（業務に支障が生じるでしょうから）時季変更権を行使でき、結局だれも休めません。そこで、判例によって「配慮」が時季変更権の要件とされました（**弘前電報電話局事件**・最二小判昭和62.7.10労判499号19頁等）。したがって、年休の申請に対し、上司が「忙しいからダメだ」と言ってなんの対応もしないような場合、法的には年休を取得できることになるわけですね。

　それから、以上みてきた年休の権利は労基法上の権利なので、就業規則の定めなどにかかわらず、最低限の権利として当然に発生します（法定年休）。ただ、労基法を上回る労働条件を設定することは当然許されますので（→第1章③）、労基法にはない**法定外年休**を設けることも可能です。たとえば付与日の前倒し（入社初日から年休を使えるようにするなど）、日数の上乗せ、バースデー休暇や勤続○年の人へのリフレッシュ休暇などがあげられます。

　なお、年休は法的には強い権利なのですが、実際にはなかなか取りたいと言い出せない場合もあるでしょう（年休の平均消化率は50％程度です）。そこで、年休消化率の向上のため、**計画年休**という制度が設けられています（労基法39条6項）。これは、労働者の過半数代表（→「ワード解説3」14頁）と使用者の**労使協定**で、だれがいつ休むか、具体的な年休日の特定等を行うと、そのとおりに年休日が確定するという制度です（労働者が個別に拒否することはできません）。個別に指定しなくていいので、気兼ねなく休めるだろう、という発想ですね。ただ、すべての年休を計画的に割り振ると自由に取れる分がな

くなるので、最低5日分は自分で指定できるように各人に残すことになっています。

2　使用者の年休付与義務

「働き方改革」（→前回）によって労基法が改正され、年休のうち年5日分については使用者に付与義務が定められました（労基法39条7項）。具体的には、労働者から聴取した意見（希望）を尊重しつつ、年休の付与日から1年のうちに使用者が5日分を時季指定し取得させることになります（2019年4月1日以降の年休の付与日から義務の対象となりました）。ただし、労働者が自ら指定して取得した日数や、計画年休で取得した日数については、この5日分に充当してよいとされています（同条8項。たとえば労働者が自分で5日以上指定したら、使用者の指定は不要です）。働きすぎへの対応策の1つとして、労働者側に主導権があるという年休の基本的な考え方を一部修正し、年5日は確実に取得させようということですね。

なお、対象者は年10日以上の年休が付与される労働者です。週5日以上の勤務なら入社1年目から対象ですが、週4日以下の場合は勤続年数の増加に伴い対象となります（→前記1も参照）。付与義務を確実に履行するためには、たとえば前記1で紹介した計画年休制度の活用なども考えられますね。

なお、上記の年休付与義務について留意すべきこととして、労働条件の不利益変更を行わない、ということがあります。典型例は、お盆や年末年始等をこれまで「休日」や「特別休暇（労基法上の休暇とは別の法定外年休）」などとしてきた企業が、休日扱いをやめて、その分、年休として時季指定を行い休ませることです。お盆等に休める点では一緒でも、休日等の廃止は労働条件を労働者に不利に変更するこ

とですから、**当然には許されません**。一定のルールが存在することに注意が必要です（→詳しくは第6章）。

　次回は育児・介護休業法についてです！

ワード解説23　時季指定権・時季変更権

　季節を含む時期という意味で「時季」と書かれますが、要は「時期」の話です。時季指定は原則として1日（以上の）単位ですが、就業規則等で制度化されていれば半日単位（半休）が可能ですし、労使協定の締結などの要件を満たせば時間単位も一部可能です（労基法39条4項）。なお、時季変更権の行使は、他の時期に年休を与えられることが前提です（同条5項の最後に「他の時季に…与えることができる」とあるからです）。したがって、退職時に残った年休を全部取得する場合のように、もはや他の時期に与える余地がない場合、使用者は年休取得を拒否できない（時季変更権を行使できない）点に注意が必要です。

6　育児・介護休業法

👆今回のポイント

育児・介護休業法（育児休業、介護休業等育児又は家族介護を行う労働者の福祉に関する法律）について、基本事項から最新の法改正まで整理しましょう。

1　育児休業、介護休業

　育児・介護休業法（以下、育介法）は、育児休業、介護休業の仕組みを中心に、育児介護ハラスメントの防止措置（→第10章１、２）、転勤の場合の配慮義務（→第５章２）などを定めています。なお、妊娠・出産に関する基本的な保護としては、労働基準法（以下、労基法）が、**産休**の制度や、妊娠中の労働者が請求（希望）した場合に軽易業務へ転換させる義務等を定めています（労基法65条。産休は、産前６週間は本人の請求が前提の任意的な休業、産後８週間は強制的な休業です〈産後７、８週は例外的に就業させてよい場合があります〉）。このほか、妊産婦が請求した場合、時間外・休日労働や深夜労働（→第４章２）をさせてはならないとされています（労基法66条）。

(1)　**育児休業（育休）**：父母ともに子が**１歳**になるまで取得できます。子が保育園に入れなかったなど一定の場合は、１歳半まで、２歳までと延長が可能です（育介法５条以下。分割しての取得については後記３を参照）。また、父母がともに育休を取得する場合には優遇措置が設けられています（→「ワード解説24」94頁）。

(2) **介護休業**：要介護状態（負傷、疾病、障害等で、２週間以上、常時介護が必要）の家族を持つ労働者が、対象家族１名につき通算**93**日まで、３回まで分割して取得できます（育介法６条以下）。育児休業に比べ短くみえるのは、介護は育児と異なりいつまで続くかわからないため、介護中、ずっと休み続けるという形ではなく、介護支援サービスの手続きを行うなど、その後の介護の態勢をつくるための休業と位置づけられるからです。

(3) **共通の要素**：育児休業、介護休業とも、使用者が原則として拒否できない強い権利です（仮に就業規則等に不備があって記載がなくとも、法律上の権利ですから取得が可能です）。休業の取得などを理由として解雇などの**不利益取扱い**を行うことも禁止です（育介法10、16条）。なお、例外的に、一定の場合（勤続が１年未満、あるいは、週の所定労働日数が２日以下など）に限り、使用者が労働者の過半数代表と**労使協定**（→第１章③）を締結し取得不可と定めることで、休業を拒否できるようになります（育介法６、12条等）。

　休業中の経済的な支援としては、**育児休業給付**、**介護休業給付**があります（以下の記述は雇用保険法61条の４以下を参照）。金額はいずれも休業前の賃金の67％（育児休業給付は、180日経過後からは50％）です。67％と聞くと少ないようですが、所得税が非課税のため、実際には休業前の手取りの80％程度というイメージになるようです。また、休業中はノーワーク・ノーペイの原則（→「ワード解説14」54頁）が当てはまり、賃金は基本的に不要ですが、育児や介護へ配慮することで人材を確保したいといった観点から、賃金を一部支払うことにしている会社もみられます（なお、賃金と給付の合計が休業前の80％を超える場合、超える分だけ給付額が調整されることになっています）。

2　勤務時間の短縮、看護休暇等

使用者は、労働者の希望に応じ、育児（3歳未満の子を養育する場合）のために**短時間勤務制度**を実施することや、介護のために短時間勤務制度やフレックスタイム制度（→第4章3）などから**1つ以上を**実施することが義務づけられます（育介法23条）。短時間とは1日6時間が基本ですが、その後に残業が続いては意味がないので、本人が希望する場合は**所定時間外労働の免除制度**も必要です（育介法16条の8以下。1日6時間だけ働くということが可能になるわけですね）。なお、これらの制度の例外や、他にもさまざまな支援を行うべきことなどについて、育介法で細かく定められています。詳細は今回の末尾に載せたウェブサイトを参照してください。

また、子の病気・ケガの看護や、家族の介護で通院に付き添うときなどのために、1年に5日まで、**看護休暇**、**介護休暇**を取得できます（育介法16条の2以下。子や対象家族が2名以上の場合はそれぞれ10日までとなります）。育児（介護）休業とは別の、いわば<u>単発で休める制度</u>と位置づけられますね。

3　2021年の育介法改正

育児、介護と仕事の両立は、社会的に大きな課題となっています。父親の育児への参加が難しく、母親ひとりに負担が掛かる状況（いわゆるワンオペ）も深刻です。そこで、父親の育児参加の促進などを盛り込んだ育介法の改正が2021年6月に成立し、<u>2022年4月から順次施行されます</u>（施行日は93、94頁の※を参照）。

(1)　**出生時育休、分割取得**：注目されるのは、男性の育休取得を促進するための、いわゆる**出生時育休**（産後パパ育休）の創設です（※1）。父親は、子の出生から8週間以内に、4週間までの休業を取得

できます。しかも、2回まで分割できる、（労使協定の締結を条件に）労働者が同意すれば休業中も一定の範囲で就業できるなど、柔軟な仕組みが用意されています。

　出生時育休とは別に、前記1でみた従来からの育休についても一部変更され、より柔軟な仕組みとなります（※1）。改正前は（例外を除き）分割不可だったのが、2回まで分割できるようになります。

(2)　**環境整備、意向確認等**：育休は、制度についてよく知らない、職場の雰囲気的に言い出しづらいといった理由で取得が進まないケースもまだまだみられます。そこで、育休に関する研修の実施など、いくつかの選択肢から1つ以上の措置を実施することが使用者に義務づけられます。そして、本人または配偶者の妊娠・出産について使用者に申し出た労働者に対しては、個別に育休制度の周知と取得意向の確認をすることも義務づけられます（以上※2）。

(3)　**有期労働者の取得要件緩和**：有期労働者については、改正前、㋐取得を申し出る時点で勤続1年以上、かつ、㋑育休は子が1歳6カ月までの間、介護休業は開始から93日経過した日から6カ月を経過するまでの間、契約の満了（更新がないこと）が確実ではない場合、休業取得が可能でした。改正によって㋐の要件が廃止され、より取得しやすくなります（※2。ただし、前記1(3)でみたように、労使協定で「勤続1年未満の場合は取得不可」と定めることは可能です）。

(4)　**取得状況の公表**：大企業（従業員1,000人超）は、男性の育休取得状況をインターネット等で年1回公表することが義務づけられます（※3）。

　次回からは人事に関するテーマを取り上げます！

※改正法の施行日　※1が2022年10月1日、※2が2022年4月1日、※3が

2023年 4 月 1 日です。

　育介法に関する制度の詳細や、法改正の情報については、下記の厚生労働省ウェブサイトが参考になります（リーフレットや資料等も利用可能です）。
https://www.mhlw.go.jp/stf/seisakunitsuite/bunya/0000130583.html

> **ワード解説24　パパ・ママ育休プラス**
>
> 　父母がともに育休を取得する場合、「パパ・ママ育休プラス」という特典を受けることができます。これは、育休は原則として子が 1 歳までのところ、子が 1 歳 2 カ月までの間の（最長） 1 年間、育休を取得できる仕組みです。たとえば、子の出生後 2 カ月の時点から父親が育休を取得すると、父親は子が 1 歳 2 カ月になるまで休むことができます。子が 1 歳の時点で母親が育休を終えて復職する場合、育休中の父親が集中的に育児や家事に取組み、母親の復職をサポートする、といった活用方法が考えられます。

第5章

採用・人事異動・懲戒・休職

$\boxed{1}$ 採用

☝今回のポイント───────────────

企業が人を採用する際、「内定」を出すことが多いですよね。今回は内定（採用内定）の法的な意味を中心に、募集や試用に関するルールもみていきましょう。

1　募集・採用

(1)　**採用の自由**：使用者側には原則として「採用の自由」が認められています（**三菱樹脂事件・**最大判昭和48.12.12労判189号16頁）。どのような人を雇うかは経営にとって重要なことですし、日本では解雇規制が厳しいため、いったん雇うと簡単に解雇はできません（→第7章$\boxed{2}$）。そこで、採用の段階では使用者側に広く自由を認めるという考え方がとられているのです。自由の具体的な中身としては、募集の自由、選択の自由があります（→「ワード解説25、26」100頁も参照）。

(2)　**募集の自由**：会社が従業員の募集（求人）を行う場合、会社側は**求人者**、働く側は（職を求める）**求職者**に当たります。募集（求人）は、会社による直接の実施、求人情報サイトや職業紹介の利用など、さまざまな方法が考えられますが、どういう方法をとるかは会社の自由です。ただ、**職業安定法**（以下、職安法）という法律が基本的なルールを定めており、たとえば求人者には求人の際に労働条件をあらかじめ明示することなどが義務づけられます（職安法5条の3→関連して「ワード解説27」100頁も参照）。

　なお、**職業紹介**とは、求人と求職の申込みを受けて労働契約の成立をあっせんすることで、公共職業安定所（**ハローワーク**）や民間の事業者等が行っています。また、求人情報サイトは、特に最近、さまざまな機能が搭載されるようになっており、上記の職業紹介に近い面もあるかもしれませんが、サイトの運営者は「**募集情報等提供事業者**」と呼ばれ、職業紹介の事業者とは区別されています。いずれについても職安法でルールが定められています（なお、さらにルールを整備するため、2022年に職安法が改正されました）。

(3)　**選択の自由**：募集に応募してきた人から誰を選択（採用）するかについて、選考の方法や基準等も会社の自由です。ただし、募集・採用における性差別の禁止（→第10章③〈男女雇用機会均等法5条〉）など、法律の制限がある場合は、選択の自由（採用の自由）も例外的に制限を受けます。違法な採用差別（差別禁止規定違反）を行った場合は、会社側に賠償責任などが生じることになります（→第10章③）。

2　採用内定・内定取消し

(1)　**内定とは**：採用が決まると、文書による通知や、採用を確約する発言などで、採用内定（内定）を出すことが多いですよね。一番のポイントは、内定によって内定者と会社の間に**労働契約が成立すること**です（**大日本印刷事件**・最二小判昭和54.7.20労判323号19頁）。ですから、**内定の取消し**は、労働契約を使用者側の意思で解約することであって、法的には「**解雇**」と同じことなのです。そのため、内定取消しの紛争には解雇のルール（労働契約法16条等）が適用されます。詳しくは第7章②で学びますが、合理的な理由がないなど濫用的な内定取消しは法的に**無効**であり、簡単にいえば内定者は入社を求めることが可能です（ただ、実際の紛争では、内定者が和解金を受け取って内

定の解消を認め、他の就職先を探すといった、話し合い〈和解〉による解決もみられます）。

　以上に対し、内定者が内定を**辞退**することは、労働契約を労働者側の意思で解約する「**辞職**」と同じことです。この場合、法規制はほとんど存在しません。たとえば正社員の場合、辞職の意思を使用者に伝えてから２週間で労働契約が終了するというルールがありますので、内定の辞退も同じように、遅くとも入社日の２週間前までには申し出る必要がある、といった程度です（民法627条→詳細は第７章[1]）。法的には辞退を制限するのは難しいといえるわけですね。

(2)　**内定期間中の法律関係**：内定の時点からすぐに働き始めるわけではありませんので、内定にはいつから働くかという「始期」があります（新卒採用であれば新年度からですね）。また、学校を卒業できなかった場合などのために、会社が内定の取消権（解約権）をキープ（留保）しておくのが一般的です（内定通知等にも明記されますよね）。これが「解約権留保」です。以上から、内定で成立しているのは「**始期付・解約権留保付労働契約**」であると説明されます（解約権の留保があっても権利の「濫用」はやはり許されないので〈→第１章[4]〉、濫用的な解約〈＝内定取消し〉は法的に無効です）。

　なお、内定期間中の内定者研修については、研修を実施する旨の説明に対し内定者が異議を述べていないなど、研修の実施に合意があったといえれば、内定者は研修に参加する義務があります。ただし、学業への支障（卒業試験等）のような合理的な理由を内定者が申し出た場合は、信義則（→第１章[6]）に基づき、会社は研修を免除する必要があるとされています（**宣伝会議事件**・東京地判平成17.1.28労判890号５頁）。

(3)　**内々定**：内定の前段階として「内々定」という言葉が使われるこ

とがあります。法的には、呼び方ではなく**実態**に基づいて判断されます。たとえば、採用を確信させるような言動や、他社への就職活動を終わらせてほしいといった要請があったと認められるのであれば、「内々定だからまだ労働契約は成立していない」とはいえないでしょう。こうした場合、たとえ内々定と呼んでいても、法的には労働契約が成立している（内定の段階にある）と解されます。

3　試用

　入社後、一定期間を**試用**（**試用期間**）と設定する会社も多いですね。まず、数年に及ぶなどあまりに長いものでなければ、仕事への適格性をみるために試用期間を設定することは認められます（3〜6カ月が多いでしょうか）。ただし、試用という言葉のイメージとは異なり、「お試し期間」（仕事ができなければ解雇できる）といった意味は<u>法的にほとんど**ありません**</u>。

　なぜなら、試用期間中でも労働契約に変わりはないので、内定取消しと同様に、試用期間中の解雇にも解雇のルールが適用されるからです（なお、試用期間を仮採用期間とし、期間満了時に「本採用しない」という扱いをしても、それは実質的に解雇と評価されます）。もちろん個々のケースごとに判断されますが、濫用的な解雇は試用期間中も許されないわけですね。言葉のイメージとの違いに注意が必要といえるでしょう。

　次回からは人事異動の話です！

※2022年の職安法改正については下記の厚生労働省ウェブサイトが参考になります。
https://www.mhlw.go.jp/stf/seisakunitsuite/bunya/0000172497_00003.html

ワード解説25　調査の自由／個人情報の尊重

　採用の自由の一環として、誰を採用するかを決めるために応募者について調査をすること（調査の自由）は認められるでしょうか。判例（前掲・三菱樹脂事件）は、比較的広く調査の自由を認めています（たとえば思想等の調査も違法ではないという立場です）。しかし、この判例は約半世紀前の事件であり、現在においては個人情報やプライバシーの尊重が必須といえます（選考や入社後の業務に関わりのない情報の収集は、そもそも控えるべきといえるでしょう）。また、労働関係の法律に加え、「個人情報保護法」の規制にも留意する必要があります（一言でいえば、個人情報を「勝手に使わない」という点がポイントですね）。採用選考の場面では、労働者が個人情報の提供を拒否するのは難しいことも多いです。情報の収集や管理について、会社側には慎重かつ丁寧な姿勢が求められますね。

ワード解説26　新卒者に対する採用活動の時期

　新卒採用の場合、企業の採用活動（学生からみれば就職活動）と在学中の学業とのバランスを考慮し、採用選考は卒業（修了）年度の6月1日以降、正式内定は10月1日以降（説明会など広報活動は卒業〈修了〉年度直前の3月1日以降）とすることを政府が経済団体等に要請しています（かつては経団連が「指針」として定めていましたが、2022年4月現在では政府からの要請という形になっています）。厳密な法規制ではありませんが、例年、採用活動（就職活動）の「解禁日」などと報じられることがありますね。

ワード解説27　労働条件の明示義務

　労働条件が明示されることは、労働者側にとって、安心して働くためにとても重要なことです。そこで、本文でみた募集（求人）時の明示義務だけでなく、実際に労働契約を締結する際にも、使用者には労働基準法（15条）に基づき労働条件の明示が義務づけられています。

2 配転・出向・転籍

今回のポイント

人事は会社の経営に直結することで、法の規制を受けるのはちょっと……という印象もあります。自由な経営と労働者保護のバランスがどのように確保されているのか、基本から学んでいきましょう。

1 人事の法規制に関する基本的な考え方

人事に関する紛争は、使用者が命じた転勤などの人事（人事異動）に対して、労働者に不服がある場合に生じますよね。このとき法的にポイントとなるのは、次の2点です。1点目は、使用者に、そのような人事（人事異動）を命じる権利があるか、すなわち、❶権利の有無です。2点目は、命じる権利が使用者にあったとして、権利の濫用はないか、すなわち、❷濫用の有無です。濫用であれば、その命令は法的に無効です。

人事は昇進や降格などタテ方向のものと配転や出向などヨコ方向のものに大きく分けられます。❶❷を意識しつつ、今回は後者についてみていきましょう。

2 配転

配転とは、同一の会社（使用者）内における職種・職務内容や勤務場所の長期間にわたる変更のことです。多くの職場を経験させることによる人材の育成や、雇用の調整のために行われています。転勤も配

転の一種で、勤務地に注目した言い方です。また、出張は日々の仕事の一環として業務命令（→第1章⑥）によって実施可能ですが、一般に所属自体は元の職場のまま変わらないのに対し、配転は異動先に所属が変わる点で区別できそうです（また、配転なら年単位、出張は長くても数週間〜数カ月程度でしょうか。実は配転や出張に法律上の厳密な定義はないので、あくまで一般的なイメージと考えてください）。

　さて、以下の設例について考えてみましょう。

> 【設例】　Y社の従業員Xは、会社の営業強化方針の一環として、東京本店から仙台支店への配転を命じられた。同社の就業規則には「会社は従業員に配転を命じることができる」と定められている。しかしXは、別会社で働く夫と、5歳の子どもと同居しており、この配転には応じたくないと思っている。

　設例の法的なポイント❶は、権利（ここでは**配転命令権**）の有無です。たいていの会社の就業規則には、設例のように配転命令権の根拠規定があります。この規定が労働契約の内容となるので（→第1章⑤）、会社は従業員に対し配転命令権を持つことになります。

　ただし、労働者のキャリアや家庭の事情等を考慮して、**職種や勤務地を限定する約束（合意）**をしている場合は話が別です。たとえば、勤務地の限定の合意は、全国転勤を定める就業規則の規定よりもその労働者にとって有利ですよね。この場合、就業規則よりも個別の合意が優先されますので（→第1章⑤）、使用者の配転命令権は合意の範囲に限定されます。もし設例で勤務地を東京に限定する合意があれば、この転勤は（Xが同意すれば別ですが）そもそも命令できません。

　ポイント❷は、配転命令権の**濫用**の有無です。配転には専用の条文がないため、権利濫用を禁止する一般的な規定である労働契約法（以

下、労契法）3条5項（「労働者及び使用者は、労働契約に基づく権利の行使に当たっては、それを濫用することがあってはならない」）を用います（→第1章④）。そうすると重要なのは濫用か否かの**判断要素**ですが、判例によると次の3つです（**東亜ペイント事件**・最二小判昭和61.7.14労判477号6頁）。まず、配転命令に@**業務上の必要性がない場合**、権利濫用で無効です。ただ、「余人をもって代えがたい」ほどの必要性は要求されませんので、設例の営業強化方針といった事情があれば、必要性は「ある」とされます。次に、必要性があるとしても、⑥**不当な動機・目的がある場合**、または©**労働者の不利益が大きすぎる場合**にあたれば、権利濫用です。⑥は、退職に追い込もうとするような**嫌がらせ目的**が典型例です。設例では特に出てこない話ですね。©については、職場が変わることで労働者に不利益が「ある」というレベルを超えて、不利益が「大きすぎる」というのがポイントです（判例は「通常甘受すべき程度を著しく超える不利益」と述べています）。実際には©で結論が決まる紛争が多いといえます。

　ただ、不利益がどの程度かは、まさにケースバイケースです（設例も、Xの不利益の大きさをどう評価するかで結論が決まります）。この点、勤務地が変わる配転（転勤）で育児や介護が困難になる場合は、使用者に**配慮**が義務づけられています（育児・介護休業法26条）。具体的には、労働者と**面談**を行って事情を聞くなど丁寧な対応が必要であり、配慮（面談）をせずに配転を命じた場合、©に該当するとして、権利濫用で配転命令が無効とされる可能性がとても高くなります。

3　出向

　出向とは、出向元の従業員の地位を維持しつつ（つまり**在籍**しつつ）、他の使用者つまり出向先の下で長期間にわたり働くことです。

だからフルネームは「**在籍出向**」です。企業グループ単位で労働者の育成や雇用調整を行う場合などに用いられます。なお、短期間であれば、出向ではなく出張や応援と呼ばれることが多いといえます。

　出向では、基本的な労働契約関係は出向元に残り、仕事を命じる権利などが出向先に移ると考えてください。たとえば賃金をどちらが負担するかは、法律の規定がないため、出向元と出向先の合意（協定など）によって決まります。労働基準法などの法規制も、実態に応じて出向元・先のどちらが責任を負うかが決まります。

　出向に関する紛争も、配転の設例のように、出向命令に労働者が応じたくない場合が典型例です。法規制も配転とほぼ同じであり、❶権利の有無と❷濫用の有無がポイントです。ただ、❶については1点だけ、配転と異なる点があります。**出向命令権**が認められるためには、就業規則の根拠規定に加えて、出向期間、出向中の地位や労働条件などに関して、**出向労働者の利益に配慮した出向のルール**が必要な点です（→「ワード解説28」105頁も参照）。また、❷の判断要素は、配転の場合（前記2の@〜©）と同じです。濫用にあたる出向命令を無効と定めた労契法14条は、判断要素として「その必要性、対象労働者の選定に係る事情その他の事情」をあげていますが、その必要性が@業務上の必要性、対象労働者の選定に係る事情が⑥不当な動機・目的、その他の事情が©不利益の大きさに対応します。

4　転籍

　転籍は、元の会社との契約関係が解消され、転籍先との契約関係に入ることをいいます（完全に「移籍」することです）。契約関係そのものの変更であるため、労働者本人の**個別の同意**が必要です。言い換えれば、一方的な転籍命令権は存在しません。なお、転籍命令を拒否

した場合に「ウチには君の仕事はないから」という理由で解雇が当然に許されるわけではなく、あくまで解雇のルール（→第7章②、③）に基づき判断されることになります。

　次回も人事の話の続きです！

ワード解説28　出向命令権

　出向に際し、出向元が「労働者に仕事を命じる権利」を出向先へ譲渡する場合、原則としてその労働者の同意が必要です（民法625条）。しかし、出向者の利益に配慮がなされていれば、会社が変わる不利益が軽減され、出向は配転と同視できます。そのような出向であれば、労働者があらかじめ同意しているものと考えてかまわないでしょう。このような考慮から、一方的な出向命令権を使用者に認めるためには出向者の利益への配慮があればよい、というのが判例の立場です（新日本製鐵〈日鐵運輸第2〉事件・最二小判平成15.4.18労判847号14頁）。

3 昇進・昇格・降格

👆今回のポイント

前回学んだ配転などヨコ方向の人事に続き、今回は昇進などタテ方向の人事について学びます。その前提知識として、人事制度の基本的な枠組みについても理解しましょう。

1　人事制度・人事考課

　「昇進」や「昇格」の意味を正確に理解するために、日本企業の代表的な人事制度である「**職能資格制度**」について説明します。これは「**役職**」と「**資格**」の２つの指標で人を管理する仕組みです。役職とは部長、課長、係長といった職位（要は肩書）のことで、これに基づき組織内における権限等が決まります。資格は「**職能資格**」の略で、能力の**格付け**のことをいいます（「○○を取り扱える資格」とは意味がちょっと違います）。職務遂行能力、つまり仕事をする能力を評価し格付けを行ったもので、これに基づき基本給が決まると考えてください（なお、役職者には基本給のほかに役職手当が付くかもしれませんが、基本給の額はあくまで資格に基づき決まります）。たとえば、全社員を４つに区分して（上から参与、参事、主事、社員）、資格ごとに１～５級など細かい「級」を設けるといった例がみられます。

　ここでのポイントは、役職と資格が**緩やかに結び付いている**という点です。どういう意味かというと、ある役職に就くには一定以上の資格が必要とされるのですが、一定以上の資格に到達したからといっ

て、必ずその役職に就けるわけではないからです。たとえば、係長になるには主事の資格が必要だとしても、主事の有資格者全員が係長になれるわけではありません（そんなにたくさん「係」はありません）。

　なお、基本給を決める際、仕事（職務）に対応して、この職務なら〇円と定める「**職務給制度**」、職務を等級（グレード）に分類し、等級ごとに〇円〜〇円と定める「**職務等級制度**」などもみられます。ただ、そうすると、配転（→前回）など人事異動の際に、いちいち基本給も変更ということになって、人事管理が煩雑になる可能性があります。この点、職能資格制度であれば、異動の前後で資格が変わるわけではありませんから、賃金の主要部分は変わりません（異動を命じやすいわけですね）。このように、職能資格制度は、解雇をあまり行わずに、社内で人事異動などを駆使して柔軟に調整していくという日本企業の傾向（→第1章①）に合っているため、多くの企業（特に大企業）で採用されてきたといえます（賃金とのかかわりについて、第3章③も参照してみてください）。

　また、以上の役職や資格は、使用者が（具体的には上司が）労働者を評価する**人事考課**（**査定**）に基づき決められます。何を評価のポイントにするかはさまざまですが、ざっくりいえば、**能力・情意**（勤務態度、要は「やる気」）・**業績**の3項目を柱に、さらに細かく項目分けがなされていることが多いでしょう。

　人事考課は就業規則等で制度化されることによって労働契約の内容となるため（→第1章⑤）、使用者は人事考課を行う権利を持つことになります。人事考課は企業の経営にまさに直結することでもありますので、基本的に使用者に**広い裁量**が認められています。ただ、なんでもあり、というわけではなく、会社が自ら定めた制度に反した場合、たとえば、評価対象期間外に起こったことを考慮してその期の査定を

行った場合は、さすがに違法とされます（**マナック事件**・広島高判平成13.5.23労判811号21頁。具体的には、不法行為〈民法709条〉にあたるとして損害賠償の対象となります）。また、権利の濫用は当然許されませんので、嫌がらせ目的で低い評価を付けた場合なども権利の濫用で違法とされることがあります（労働契約法〈以下、労契法〉3条5項→第1章④）。

2　昇進・昇格・降格

　以上を前提に、用語の意味を確認します。**昇進**は企業組織における役職の上昇、**昇格**（昇級）は職能資格制度における資格（級）の上昇、**降格**は役職か資格のいずれかを（あるいは両方を同時に）低下させることです。たとえば、「Ａさんが課長から部長に昇格した」という表現は、一般にはもちろん使われますが、法的な文脈では使わないわけですね（この場合は「昇進」です）。

　次にルール（法規制）の基本的な枠組みは、前回学んだ**❶権利の有無**と**❷濫用の有無**です。ただ、昇進と昇格については、原則として使用者に広い裁量が認められることをおさえておけば十分です（昇進が嫌で会社を訴えるという紛争は考えにくいですよね。ただ、昇進や昇格の差別は法的な問題となりえますので、「ワード解説29」114頁をご覧ください）。

　降格については、ⓐ役職を低下させる場合とⓑ資格を低下させる場合で分けて考えるのがポイントです。ⓐの場合は使用者の裁量の幅が**広く**、ⓑの場合は**狭い**のが特徴です。ⓐの役職の人事、つまりだれをどのポジションに就けるかについては、経営との結び付きが特に強いため、法的な規制はそれだけゆるいわけです（もちろん、実際にだれかがⓐの降格を命じられれば、「いったい何があったんだ」と社内で

騒ぎになるかもしれませんが…）。業務上の必要性があり、権利濫用にあたらない限り可能で、濫用とされる例も多くありません。これに対し、⑥は、経営との結び付きというより、各人の基本給と直結しうる問題です。労働契約に与える影響が大きいわけですね。しかも、「能力がある」としていったん上げた格付けを引き下げるわけです。したがって、就業規則の降格規定など、労働契約上の明確な根拠があることが必要となります。それを前提に、降格に値するような職務能力の低下が本当にあったのか、行き過ぎ（権利の濫用）ではないのか、といった点が厳しく検討されることになります（権利濫用であったり、能力低下が認められなかったりすれば、その降格は無効とされます。なお、降格に伴う減給については第3章3も参照）。

　以上のように「人事」の一環として行われる降格には、育児や介護等との関係で仕事の負担を減らすために役職から外れる場合（⑧の例）、病気やケガによって職務遂行能力が低下して資格が下がる場合（⑥の例）など、さまざまなものがあるので、ケースごとに丁寧に判断する必要があります。なお、明確な罰、すなわち、「懲戒処分」として降格が行われるときもありますが、その場合は懲戒処分に関するルール（→第5章4）に従って判断しますので、混同しないようにしてください。

　次回は懲戒について取り上げます！

4 懲戒

今回のポイント

使用者が労働者に与える「罰」が懲戒です。懲戒ができるのはどのような場合か、どのように規制されるのかについて整理しましょう。

1 懲戒処分とは何か

労働者と使用者は、労働契約を締結した、その意味では対等な関係です。たとえば売買のような他の契約類型では、契約の解除や損害賠償の話は別として、相手方に対し「罰を与える」という話はまず出てきません。なぜ労働契約では懲戒の話が出てくるのかというと、使用者には企業としての秩序（**企業秩序**）を守る必要があるからです。そのため、ルール違反のような悪いことをして企業秩序を乱した労働者に対し、懲戒という罰を科すことができると考えるわけです。

懲戒として行われる処分（懲戒処分）の典型例は、処分として軽い順に、戒告、けん責（譴責）、減給、出勤停止、諭旨解雇、懲戒解雇の6つがあります。実は処分の種類は法律で定められているわけではないので、会社によってさまざまです（この6つより少ない場合も、また多い場合もありうるでしょう）。

一般に、戒告は厳重な注意、けん責は注意に加えて始末書を提出させることです。減給はその名のとおり賃金を減らすこと、出勤停止は一定期間出勤をさせず、その間の賃金も支払わないことです（→「ワード解説30」114頁も参照）。諭旨解雇、**懲戒解雇**は、どちらも罰

として解雇することですが、懲戒解雇では退職金を全額不支給とする扱いが一般的なのに対し、諭旨解雇では退職金の全部または一部を支給することが多いです。よって、懲戒解雇が最も重く、諭旨解雇はそれより一段階軽い処分と位置づけられます（なお、退職金の不支給や減額が許されるかについては→第3章②）。また、諭旨退職という処分を設けている会社もあります。これは、労働者に退職（辞表の提出）を勧告し、応じない場合には懲戒解雇とするものです。諭旨解雇と同じく、懲戒解雇より一段階軽い処分といえます。

2 懲戒処分の法規制

> 【設例】 Y社が「兼業」について許可制としているのに、社員のXが無許可で仕事の後に飲食店でアルバイトをしていたことが判明した。就業規則所定の懲戒事由（無許可で兼業をしたこと）にあたるとして行われた懲戒解雇処分は法的に有効だろうか?

　上記のような設例で、労働者が「懲戒処分は法的に無効」と主張するのが紛争の典型例です。懲戒処分が有効か無効かのチェックポイントは、以下の4つです。

(1)　**懲戒規定**：あらかじめ、就業規則で懲戒の**事由**（「事」柄の理「由」つまり理由）と処分の**種類**を規定しておく必要があります（**フジ興産事件**・最二小判平成15.10.10労判861号5頁）。これは、何をしたら（＝事由）、どのような罰があるのか（＝種類）、わからないと労働者が不安なので、懲戒の事由と種類をルール化しておく必要があるということです。ただ、設例でも懲戒規定はあるようですし、実際には(1)を理由に処分が無効とされる例はほとんどありません。

(2)　**懲戒事由**：懲戒をするには、**懲戒事由**が本当の意味で存在してい

ることが必要です（懲戒事由がなければ、そもそも懲戒する権利〈懲戒権〉を行使できません）。懲戒事由の有無は、就業規則の規定を「**限定解釈**」して判断します。「限定」とは、形式的には懲戒事由が「ある」としても、実質的には企業秩序を乱すと認められない場合、そもそも懲戒事由は「ない」と解釈する、という意味です。設例でも、夜遅くまでアルバイトをして、昼間、Ｙ社の仕事でミスや居眠りばかりしていれば、企業秩序を実際に乱しており、懲戒事由はあるといえます。他方で、アルバイトをしたのは事実でも、仕事に影響がなかったのであれば、実質的に企業秩序は乱れておらず、懲戒事由にはあたらないと考えます。もちろん、形式的には懲戒事由にあたるわけですが、限定解釈によって、形式的な（軽微な）違反を理由とする処分は否定されるわけですね。

(3)　**懲戒権の濫用**：(1)の懲戒規定があり、(2)の懲戒事由があったとしても、**懲戒権の濫用**は許されません。労働契約法15条が、ⓐ「客観的に**合理的な理由**を欠き」、ⓑ「社会通念上**相当であると認められない**」懲戒処分を権利の濫用で無効と定めているからです。ただ、上記(2)の懲戒事由（懲戒の理由）が認められるのであれば、要は同じ「理由」に関する話ですから、ⓐの合理的な理由を欠くことはないと考えてよいでしょう。そこで、ⓑの相当かどうか（相当性の有無）が問題となります。ひと言でいえば、処分が**重すぎれば相当性がなく、重すぎるといえなければ相当性がある**と考えてください（→第7章２の解雇権濫用法理も参照）。重すぎるかどうかは、労働者の行為の内容や、前例などと照らし合わせて検討すればよいでしょう。設例でも、仮にＸの兼業が懲戒事由にあたるとしても、その行為だけで懲戒解雇とするのは、他によほどの事情でもなければ重すぎて無効といえそうですね。

(4) **懲戒の手続き**：懲戒処分には刑罰と似ている面がありますので、手続き的に適正であることが求められます。具体的には、労働者の**弁明の機会**が必要です（どんな犯罪者も裁判手続きなしに刑罰を科されることがないのと同じです）。懲戒委員会を設置して弁明させる例や、個別の事情聴取の際に弁明させる例などがあります。弁明の機会を欠く問答無用の処分は、たとえ前記(1)～(3)に照らして有効でも、公序良俗違反（民法90条→「ワード解説7」30頁））などの理由で無効とされます。

3　懲戒事由の典型例

　懲戒事由の典型的なもの（下記㋐～㋒）について、処分の可否を検討する際のポイントを整理します。

　㋐業務命令違反：もともとの業務命令（→第1章⑥）が無効であれば懲戒処分も当然無効なので、まず、その業務命令が適法か否かの判断が必要です。適法な業務命令に違反した場合、一般には懲戒事由が認められますので、後は処分の相当性が主に問題となります。

　㋑服務規律（職場規律）違反：職場におけるさまざまなルール（規律）違反が処分の理由となることも多いです。ここでは、実質的に企業の秩序を乱し、懲戒に値する（懲戒事由がある）といえるのか、慎重に検討することが必要です（懲戒規定の限定解釈）。

　㋒私生活上の非行：私生活のことであっても、企業の社会的な評価に重大な悪影響があれば、懲戒処分の対象となりうることがポイントです。「非行」の内容や広く報道されたか否かなどが問題になりますね。

　次回は休職の話です！

ワード解説29　昇進・昇格差別

　昇進・昇格の決定については原則として使用者に裁量が認められますが、差別が行われた場合など、例外的に違法となることもあります。具体的には、まず、労働者の思想を理由に昇進・昇格させなかった場合など、差別を禁止する法律の規定に違反した場合があげられます（思想による差別を禁じた労働基準法3条違反）。また、ほかの人が「えこひいき」されたことで昇進・昇格できなかった場合のように、裁量権が濫用された場合（労契法3条5項）も違法です。ただ、こうした差別があったことを法的に証明するのは、なかなか難しいといえるでしょう。また、仮に証明できたとしても、法的な救済は損害賠償であって、昇進・昇格そのもの（昇進・昇格した地位にあることの確認請求）は基本的に認められません。簡単にいえば、そこまでは法が介入できないということですね。

ワード解説30　減給・出勤停止

　懲戒処分としての減給は、本来は支払義務がある賃金について、罰として支払わない（控除する）ことを意味します（→第3章③の減給〈降給〉とは区別する必要があります）。労働者の生活に影響するため、むやみに多額の減給をすることはできません（労働基準法91条で、1回の額が平均賃金〈ボーナスを除く直前3カ月間の賃金総額を平均した1日分→「ワード解説35」143頁〉の半額を超えてはいけないなどと定められています）。他方、出勤停止によって出勤（つまり労働）していない期間は、ノーワーク・ノーペイ（→「ワード解説14」54頁）の考え方で、そもそも賃金の支払義務が発生しないことになります。減給と出勤停止の違いに注意しましょう。なお、出勤停止処分が懲戒権の濫用などで無効とされた場合、出勤させなかったことに使用者の帰責事由があるとして、後から民法536条2項に基づき賃金の支払いが必要になると考えられます（→第3章②）。

5 休職

👆今回のポイント─────────────

休職については、特に精神的な不調の場合など、復職の可否の判断が難しく、多くの紛争が起こっています。休職の法的な位置づけ、復職判断の法的なポイントなどについて理解を深めましょう。

1　休職（私傷病休職）の法的な位置づけ

休職は、その名のとおり「仕事を休ませる」ことで、法的には、労働契約を存続させたまま、働く義務（労働義務）を一時的に消滅させることをいいます。実は法律上の制度ではなく、就業規則等で定められることによって会社ごとに制度化されています。制度がない会社もありますし、休職期間中を有給とするか無給とするかなど、細かい点は会社によって異なります。

休職の種類には、刑事事件で起訴されて出勤できない（会社としても出勤されては困る）場合の「起訴休職」、労働組合の役員に専念させるための「組合専従休職」、その他、労働者の都合による「自己都合休職」など、さまざまなものがあります。ただ、最も重要なのは「**私傷病休職**」（病気休職、傷病休職）です。多くの企業で導入されており、法的な紛争も多いです。そこで以下では、私傷病休職に絞って解説します。

まず、私傷病休職の「私」とは、仕事を原因とする傷病では**ない**という意味です。仕事が原因（業務上の傷病）であれば**労災（労働災**

害）の問題（→第11章）となり、話が変わってきます（たとえば、休職から解雇や退職に進むことは、労働基準法19条を根拠として原則許されません→第7章②）。働けないから即解雇、とするのではなく、休職という解雇を猶予（回避）する措置があることで、労働者は安心して療養できますし、使用者も育成してきた従業員を失わなくて済むわけですね。

　次に、休職から復職に至る一般的な流れをみてみましょう。まず、私傷病の種類や勤続年数等に基づき、休職期間（3カ月、1年等）を設定しておき、私傷病で欠勤が続くなど働けなくなった場合に、使用者からの命令で休職が始まります。そして、所定の休職期間満了までに私傷病が治ったこと（治癒）が使用者によって確認されれば、**復職**が命じられることになります。制度の設計にもよりますが、復職の可否は使用者が判断するのが基本です。労働者は、復職を求める際、就業規則等の定めに従って、医師の診断書を提出したり、会社で面談を受けたりするなど、判断の材料を提供することになります。

　ここで、休職期間満了時に私傷病が治癒していない（復職できない）場合、どうなるのでしょうか。復職は無理と会社が判断した場合、就業規則の規定としては、休職者を「解雇するものとする」「退職するものとする（自動退職とする）」、どちらの定め方も見かけます。ただ、実は本質的な違いはありません。なぜなら、仮に復職が可能であるならば、解雇でも自動退職でも法的に許されないのは当然だからです。言い換えれば、休職制度では、**復職の可否（治癒の有無）**が正面から問題になります。仮に、法的にみて復職可能性がまったくないとすれば、解雇は解雇権濫用にあたらないでしょうし（→第7章②）、自動退職も許容される（労働契約を終了させてよい）と考えられるからです。

2 復職の可否の判断

それでは、以下の設例をみてください。

> 【設例】　私傷病で休職中の社員が、休職期間の満了直前に「就労
> は可能」と書かれた主治医の診断書を提出し、復職を申請してき
> た。しかし、本人の状態を確認したところ、休職前の業務に就く
> ことは難しいと思われる。復職を拒否し、就業規則の規定に沿っ
> て退職扱いとすることは認められるだろうか？

　まず、原則からいうと、復職の条件は休職前の業務を支障なく行え
る状態に回復することです。当たり前というか、「治癒」の一般的な
語感のとおりですね。設例でも、元の仕事はできない＝治っていない
＝残念ながら復職は……と会社が考えたとしても、言葉の意味どおり
の解釈で、それはそれで無理はありません。

　しかし、ここでおさえておくべきは判例の考え方です。判例は**雇用
の継続**を重視する傾向にあり、休職期間満了時に元の仕事ができるま
で回復していなくとも、労働契約の終了を認めないことがあるのです
（**東海旅客鉄道〈退職〉事件**・大阪地判平成11.10.4労判771号25頁等）。
具体的には、使用者は信義則（労働契約法３条４項→第１章⑥）に基
づき、㋐相当期間内に（つまり、もう少しだけ待てば）治癒が見込ま
れる場合には、もう少しだけ待つ（短期間の復帰準備期間を提供す
る）こと、㋑従来の業務より負担の軽い業務（軽易業務）には就くこ
とができ、かつ、**現実に配置可能な軽易業務が存在する場合には、そ
の業務での復職を認めること**が求められるのです。

　特に㋑が重要で、この場合、私傷病は治っていないわけです（㋐と
異なり、もう少し待てば……という話でもありません）。治っていな
いのですが、別の軽易な仕事で復職させなければならないわけです。

使用者側にとっては「なぜ？」という話かもしれませんが、先ほども述べたように、雇用の継続を重視した判断といえるわけですね。なお、その休職者のために軽易業務を<u>新しく作り出す義務まではありませんが</u>、特に大企業であれば、会社中を探せば何かあったはず（だから退職扱いは許されない）と判断される例もみられます。

　以上からすると、設例でも、元の仕事ができないことだけを理由に退職扱いとすることは認められません（裁判では、退職扱いは無効で、労働契約が存続していると判断されることになります）。<u>本人にできる仕事はないのか、その仕事に配置することは可能か</u>、といった点からの検討が不可欠です。なお、傷病のために従来よりも能力が低下したといえる場合は、たとえば職能資格を降格して賃金を下げる、といった待遇面の調整は認められうるでしょう（→第3章③、第5章③）。

　最近、精神的な不調や疾患による休職が増えていると思われます。精神疾患の場合は、身体的なケガや病気と比べると、「治った」かどうかの判断が難しく、また、同じ症状や類似の症状で「再発」するケースも多いという、悩ましい面があります。スムーズな復帰のために、最初は「リハビリ勤務」で徐々に慣らすといった試みもよくみられますね（厚生労働省ウェブサイト「心の健康問題により休業した労働者の職場復帰支援の手引き」https://www.mhlw.go.jp/stf/seisakunitsuite/bunya/0000055195_00005.htmlも参考になります）。いずれにしても、会社の担当者だけで判断することには限界もあるので、専門家（医師）の判断を活用する必要があるといえます（産業医の役割も重要です。「ワード解説31」119頁もご覧ください）。

　次回から労働条件の変更について解説します！

ワード解説31　産業医

　産業医は、労働者の健康管理に関する助言や指導を行うために、事業場の規模に応じて会社が選任することとされています（労働安全衛生法13条等→第11章④）。復職判断の際に主治医と産業医で意見に食い違いが生じた場合、主治医は基本的に本人の話を通じてしか職場の状況を把握できないのに対し、産業医は職務を通して職場の状況を把握し、それに加えて本人を診断していることから、産業医の判断が妥当とされる例がしばしばみられます（カントラ事件・大阪高判平成14.6.19労判839号47頁等）。

第6章

労働条件の変更

1 不利益変更と労働者の同意

👆今回のポイント

労働条件の変更は、労働者に不利な変更（不利益変更）について数多くの紛争が生じています。どのようなルールがあるのか、基本から整理していきましょう。

1 不利益変更の問題の特徴

まず確認すべきは、労働条件の変更は、どの会社でも、だれにでも生じうるということです。労働契約は場合によって20〜30年も続くことがあるなど、継続的な性格を持った契約です。そこで、その途中における柔軟な変更が不可欠になるからです（入社時の制度が定年まで変わらないなんて、ありえませんよね）。

ただ、労働契約も一種の「約束」ですから、労働条件（法的にいえば契約内容）を変更するには、原則として労働者と使用者の**合意**が必要です（約束を変えるわけですから、どちらかが一方的に変えられるとするのは変ですよね）。つまり、一方的な不利益変更は**認められない**というのが大原則です。しかし、労働者との合意がなければ何も変更できないという原則を貫くと、使用者側も経営に困ってしまうかもしれません。そこにはどのようなルールがあるのでしょうか。

労働条件を設定する最も一般的な手段は就業規則（→第1章⑤）ですから、労働条件の変更は就業規則の変更によって行うことが多いです。なお、労働者に有利な変更も理屈のうえでは契約内容の変更です

が、まず紛争にはなりませんので、以下では労働者に不利な「**不利益変更**」に絞って考えます。就業規則の不利益変更を歓迎する労働者はだれもいないと思いますが、使用者から経営状況などを聞き、「会社を建て直すためなら……」などと受け入れる（同意する）ケースも実際には少なくありません。そこで、労働者の同意の有無で場合分けをして考えるのがポイントです。

2　労働者の同意がある場合

> 【設例】Ｙ社は就業規則を変更して全従業員の基本給を引き下げた。従業員のＸは、Ｙ社が配付した変更の同意書に署名したものの、後になってやはり基本給の減額は認められないと主張し、Ｙ社に減額分の差額を請求した。

　結論からいうと、就業規則の不利益変更に労働者が**同意**すれば、その同意に基づき、変更後の就業規則に法的拘束力が認められます（**山梨県民信用組合事件**・最二小判平成28.2.19労判1136号6頁）。つまり、変更後（引下げ後）の労働条件でかまわないということです。労働契約法（以下、労契法）9条は、「労働者と合意することなく、就業規則を変更することにより、労働者の不利益に……労働条件を変更することはできない」と定めていますが、合意がなければ変更できないということは、その反対に、合意があれば変更できるという解釈になるわけですね（→「反対解釈」と呼びます。「ワード解説32」130頁も参照）。

　なお、条文では「合意」という表現ですが、使用者が変更を望み、労働者がそれに「同意」すれば合意が成立することになります（「合意」も「同意」も両者の意思が一致している点では同じで、「合意」

は当事者の双方に、「同意」は当事者の一方に〈ここでは労働者に〉着目した表現と考えればよいでしょう）。

　実務的にポイントとなるのは、「どのような場合に労働者の同意があったといえるか」です。実は前掲・**山梨県民信用組合事件**では、退職金の算定方法が変わり最終的に0円となるような不利益変更について、労働者の署名と押印が同意書にあったのですが、労働者の同意は「ない」と判断されました。裁判では署名等があれば同意があったと認められるのが通常ですから、その意味ではびっくりするような結論かもしれません。

　この点、裁判所（最高裁）は、労働者が使用者より立場が**弱く**、情報収集などにも限界があることなどを前提に、**慎重な判断**が必要と述べています。具体的には、不利益の内容や、使用者から労働者への**情報提供・説明**などに照らし、労働者が**自由な意思**に基づき同意書への署名や押印などを行ったといえるか、要するに労働者の同意が本当の意味で「ある」といえるかを判断すべきという枠組みを示しました。

　この枠組みに沿って考えると、ⓐ不利益変更の実施を発表し、異議がある場合は人事部等に申し出てほしいなどとしておいて、異議が出なかったから社員全員の同意があったと扱うことは、到底、認められません（異議を出せる労働者の方が珍しいからです）。「異議が出ない＝同意がある」という扱いがあらゆる場面で禁止ということではありませんが、少なくとも不利益変更の場面ではダメということです。

　また、ⓑ使用者が不利益変更の内容についてきちんと説明せずに、同意書への署名や押印を求めたことが明らかになった場合も、労働者の同意はないと扱われます。前掲・**山梨県民信用組合事件**でも、退職金が0円となる可能性が高いことの説明がないなど、説明が不十分であったことが判断の決め手になりました。

　そうすると、労働者の同意が認められるのは、ⓒ使用者が十分な説明を行い、労働者が理解したうえで同意書への署名等を行ったといえる場合です。なお、不利益の内容が大きい場合は、労働者が本当に自分の意思で署名したのか、同意の強制はなかったのかなども慎重にチェックされることになります。

　ルールをまとめると、使用者としては、署名や押印があるからといって、必ずしも労働者の同意があるとは認められない点に注意が必要です。「不利益変更に労働者の同意がある」と主張するには、十分な説明を行ったことを**証明**する必要があるわけですね（変更に関する説明会や個別面談等の**記録**をしっかり残すことも証拠〈→第1章②〉として重要な意味を持ちます）。設例でも、Y社の説明の有無がポイントになります。もし説明が十分に行われていれば、後からやっぱり……というXの主張は通らないことになるわけですね。

3　労働者の同意がない場合

　不利益変更に労働者の同意がない場合、変更に拘束力がないとして、設例でいえばXによる差額分の請求が認められそうです。しかし、実は必ずしもそうではありません。労契法10条が、変更が**合理的**で、変更後の就業規則が労働者に**周知**されていれば、不利益変更に同意のない労働者に対しても変更後の就業規則が拘束力を持つと定めているからです。周知とは、就業規則の規定を労働者が知ろうと思えば知ることができる状態におくことなので（→第1章⑤）、使用者がこれをクリアすることは容易です。よって、問題は変更が合理的か否かに絞られます。その判断のポイントは……続きは次回をご覧ください！

2 労働者の同意がない場合の不利益変更

☞ 今回のポイント

前回に続き、就業規則を労働者に不利に変更する「就業規則の不利益変更」について学びましょう。労働者が変更に反対している場合はどうなるのでしょうか。

1　労働者の同意がない不利益変更

　前回は、就業規則の不利益変更に労働者が本当の意味で同意すれば、その同意を根拠に不利益変更が認められることを確認しました（労働契約法〈以下、労契法〉9条）。今回は変更に労働者の同意がない場合のルールをみていきます。

> 【設例】Y社は経営難のため、同社の労働組合と協議を行ったうえで、○○手当を廃止する旨の就業規則の変更を行った。なお、半年間は手当の半額分を支給する経過措置を設けた。変更に同意できない同社のXは、○○手当の支払いを請求できるだろうか。

　前回の最後に学んだとおり、この設例では、変更が労契法10条に照らして**合理的**といえるか否かで結論が決まります。変更が合理的、つまり変更に**合理性**があるといえれば、不利益変更に同意のない労働者に対しても、変更後の就業規則が拘束力を持つからです。

　合理性の判断では、同法10条に書かれた、ⓐ労働者の受ける**不利益**の程度、ⓑ労働条件の変更の**必要性**、ⓒ変更後の就業規則の内容の**相**

当性、ⓓ労働組合等との**交渉の状況**、以上４点を総合的に考慮します。

ⓐは具体的な賃下げ額といった不利益の大きさです。設例では手当の金額が問題となります。なお、手当の廃止はわかりやすい例ですが、たとえば成果給を導入して賃金減額の可能性が生じる場合など、<u>不利益が生じる可能性も「不利益」と考えます</u>。「成果次第では賃金が増えるから不利益変更ではない」とはいえません。賃金が減った労働者が会社を訴えた場合、不利益変更の問題として判断されます（減額の可能性がどの程度だったかなども考慮されることになるでしょう）。

ⓑは、その企業として変更がどの程度必要か、という視点です。賃金、退職金のような特に重要な労働条件については、変更に「<u>高度の必要性</u>」が必要というのが判例の立場です（**第四銀行事件**・最二小判平成9.2.28労判710号12頁）。要は、並みの必要性では足りないということですね。設例でも、経営難というのが具体的にどの程度か、手当を廃止する高度の必要性があるといえるかが検討の対象となります。

ⓒは一見わかりにくいので、**変更の「妥当性」**と置き換えて理解するとよいでしょう。たとえば、変更の実施まで移行期間を設けるなどの経過措置（労働者の不利益を緩和する措置）が変更後の規則に盛り込まれている、変更後の待遇が地域や業界の状況と比較して低すぎるわけではない、などといえれば、そうした変更はまずまず妥当と解釈できます。設例でも、経過措置（不利益緩和措置）の存在は、変更の合理性を基礎づける１つの材料となりますね。

最後にⓓは、労働組合等の「**等**」に要注意です。会社に労働組合がある場合にその組合と交渉するのは当然ですし、組合の同意が得られることが望ましいでしょう（→「ワード解説33」130頁も参照）。しかし、組合に入っていない労働者（非組合員）に対しても、丁寧に説明や話し合いを行うことが求められます。設例でも組合との協議はあり

ましたが、非組合員への対応がどうだったか、確認する必要がありますね。

　最終的に、変更に合理性があればXの請求は否定され、合理性がなければXは変更に拘束されませんので、○○手当の支払いを請求できることになります。

　なお、変更の合理性は、就業規則を労基署に届け出るとき（→第1章⑤）にチェックされるといったことはありません（裁判などで問題になるのは、Xのように変更に納得しない労働者がいたときです）。ただ実務的には、変更前に合理性を検討・予測することが望ましいです。不利益変更の事例では、労働者の大半は変更に同意し、Xなど一部のみが同意しないという形が少なくありませんが、仮に設例で合理性が否定されても、変更に同意した労働者は労契法9条に基づき変更に拘束されるため、法的にはXにのみ変更を適用できなくなるだけです（○○手当の支払いが必要なのはXだけです）。しかし、変更に同意していた労働者は、「自分たちは裁判所がNOというような変更に同意させられていたのか」と疑問や不満を持つでしょう。合理性のない変更は、こうしたトラブルに発展する危険があるわけですね。

　以上の労契法10条のルールは、判例法理（前掲・**第四銀行事件**等）を条文にしたものです。契約つまり約束であるにもかかわらず、合意なしに変更できることに、不思議な印象もあるかもしれません。これは、前回も述べた労働契約の継続的な性格（**継続性**）を考えれば、途中で柔軟に変更できるという**柔軟性**が企業経営にとって不可欠であるけれども、どんな変更も自由とすると行き過ぎなので、合理的な変更に限って認めるということだと理解してください。

2 就業規則以外の不利益変更

　就業規則以外の方法で労働条件を変更する場合のルールについて、簡単にまとめておきます。

　第一に、労働条件が就業規則ではなく契約書など**個別の合意**で定められている場合は、「労働者及び使用者は、その合意により、労働契約の内容である労働条件を変更…できる」と定めた労契法8条の問題となります。要は労働者が同意すれば変更は可能ですが、同意の有無については**慎重**に判断する必要があります（前回の労契法9条の話と似ています）。たとえば使用者が一方的に賃金を引き下げ、労働者が異議を述べずに受け取っていたからといって、同意があったと解釈するのは妥当ではありません。使用者側の十分な説明、そして、労働者側の納得が必要と考えられます。

　なお、労契法8条は、労働条件の変更に関する一般的なルールのようにみえますが、実は出番は多くありません。就業規則の変更の場合は専用につくられた労契法9条・10条があるため、一般的なルールの8条は使わないからです。また、既存の就業規則を変えずに、労働条件を就業規則の水準より下げる合意（たとえば就業規則では5,000円と書かれた手当を4,000円に下げる合意）ができたとしても、その合意はそもそも無効です（労契法12条）。したがって、同法8条を直接使うのは、小規模で作成義務がなく就業規則が存在しない場合（労働条件は個々の契約書等で設定されます）、就業規則より有利な労働条件を個別に合意（設定）している場合などに限られます（以上、この段落の内容については第1章⑤も参照）。

　第二に、労働組合が会社と**労働協約**という組合員の労働条件等に関するルールをつくっている場合、労働協約の変更が問題となります。この点は、第12章④で学びます。

　次回からは退職や解雇など「労働契約の終了」の話です！

ワード解説32　反対解釈

　法律の条文を読み解く（解釈する）ときは、もちろん書かれた言葉の
とおりに解釈するのが基本です（「文理解釈」）。ただ、重要な手法とし
て、書かれていることの反対を取って解釈する「反対解釈」も押さえて
おきましょう。たとえば、「馬は通行禁止」というルールがあったとき、
牛は通行可能というのが反対解釈です（「馬以外は通行可能」という
ルールが含まれていると解釈するわけですね）。なお、牛も馬も家畜と
して似た面があることに注目し、馬がダメなら（それとよく似た）牛も
通行禁止と解釈するのが「類推解釈」です。どう解釈するか、条文をみ
ただけでは判断ができない場合も多いので、ある条文を初めて解釈する
（使う）場合は、判例や行政の解釈なども確認すると安心ですね。

ワード解説33　労働組合の同意（就業規則の不利益変更）

　就業規則の不利益変更の合理性判断において、労働組合の同意は特に
重要な考慮要素です。前掲・第四銀行事件は、多数の労働者が加入して
いる労働組合が不利益変更に同意している場合、その変更は労使間の利
益調整を経た合理的なものと推測できる、としています。「推測」です
から、ほかの判断要素の状況によって結論がひっくり返ることもありま
すが、労働組合の同意が合理性を基礎づけるポイントになることは否定
できません。組合に対する真摯な対応が重要ということですね。

第7章

労働契約の終了

1 辞職、退職勧奨

今回のポイント

解雇など労働契約の「終了」の場面では、とても紛争が生じやすいといえます。今回は、まず辞職と退職勧奨について理解を深めましょう。

1 辞職

使用者と労働者の労働契約が終了する場面として、法的に重要なものは、次の5つです。

①辞職　②合意解約　③解雇　④定年　⑤期間満了

①**辞職**とは、「私、辞めます」というふうに、<u>労働者が一方的な意思で労働契約を解約すること</u>です。辞職には法規制がとても少なく、<u>労働者の「**辞める自由**」は尊重されているといえます</u>。法規制は、労働基準法など労働関係の法律には見当たらず、一般的なルールである民法にあります。労働契約に3カ月、1年といった<u>期間が有るか無いか</u>（有期か無期か）で規制が異なります（差しあたり、正社員は無期契約、非正社員は有期契約とイメージしてください→詳細は第9章 1）。

労働契約が**無期**の場合、民法627条1項（次頁）により、辞める意思を表明後（たとえば辞表の提出後）、**2週間**たつと労働契約が終了します。自分の意向で今日すぐにというのはダメで、2週間前の予告が必要ということですね。

> 民法627条1項　当事者が雇用の期間を定めなかったときは、各当事者は、いつでも解約の申入れをすることができる。この場合において、<u>雇用は、解約の申入れの日から2週間を経過することによって終了する。</u>

　なお、就業規則等で「辞職の場合には1カ月前までに届け出る」など、<u>2週間を超える予告期間を定めることは可能でしょうか。</u>実は最高裁の判例も見当たらず、研究者の意見も分かれているのですが、民法627条はそれに反する契約を許さない「強行規定」であり（→第1章③も参照）、2週間を超える予告期間は無効である（<u>就業規則の規定にかかわらず、2週間前に申し出ればよい</u>）という立場が有力です。実務では、労働者が2週間での退職を強く望んでいる場合、それを認めるほうが安全といえそうです。

　対して、労働契約が有期の場合、民法628条により、「**やむを得ない事由（＝理由）**」が必要とされます。期間を約束している以上、その期間は働き続けるのが原則ですが、例外として、どうしても必要がある場合は、即座に契約を解除する（辞める）ことが可能です。

> 民法628条　当事者が雇用の期間を定めた場合であっても、やむを得ない事由があるときは、各当事者は、<u>直ちに契約の解除をすることができる。</u>この場合において、<u>その事由が当事者の一方の過失によって生じたものであるときは、相手方に対して損害賠償の責任を負う。</u>

　考えてみると、本人の辞める意思が固いのに、働き続けることを法的に強制することは難しいでしょう。この点、628条の波線部は、辞職の理由が労働者側の過失（落ち度）で生じた場合は、使用者が労働

者に損害賠償を請求できる、と読めます。

　確かに理屈はそうですが、実際に賠償請求が認められた判例は見当たりませんので、注意が必要です。ここでは、辞める必要もないのに、わざと会社に損害を与えようとたくらんだ、といった悪質な場合ならともかく、何かきちんと理由があって辞めるのであれば、賠償責任が生じることはないでしょう。逆に、「辞めるのならお金を置いていけ」と言わんばかりに裁判を起こし、負けたりすれば、会社の評判の方が心配ですね。

　もちろん、期間途中の辞職は褒められたことではないのかもしれませんが、会社は受け入れざるを得ないといえます。やはり、労働者の辞める自由は尊重されているということですね。

2　合意解約（退職勧奨）

　②**合意解約**とは、その名のとおり、<u>労働契約の解約につき合意が成立するということ</u>です。典型例は「君には辞めてほしい」という会社の**退職勧奨**に労働者が応じた場合なので、退職勧奨の場合に絞って説明します。

　<u>退職勧奨は、原則として違法ではありません</u>。労働契約も「契約」である以上、「そろそろ終わりにしたい」と言い出すこと自体が違法となるわけではないのです。ですから、「リストラ」の手段として用いられることも少なくないでしょう（いわゆる「肩たたき」）。

　しかし、退職勧奨のやり方があまりに度を越えている場合は、話が別です。たとえば、怒鳴りつけるなど暴言によって行ったり、口調は丁寧でも執拗に退職を迫ったりした場合には、対象者の**人格**に対する過度の攻撃として、会社に法的責任が生じる場合があります。

　具体的には、そのような退職勧奨行為が不法行為（民法709条）に

あたるとして、損害賠償（慰謝料など）の支払いが必要になることがあります。また、執拗な繰返しの果てに労働者が「辞めます」と答えても、退職の意思は真意ではなかったとして、退職が法的に取消し可能とされる可能性もあります（民法95、96条など）。判例にも、教員に対する退職勧奨が回数にして10回を超え、長いと２時間に及ぶなどあまりに執拗なもので不法行為にあたるとして、学校側（市の教育委員会）の賠償責任を認めたものがあります（**下関商業高校事件**・最一小判昭和55.7.10労判345号20頁）。

　企業としては、この原則と例外をよく確認し、無理な退職勧奨は慎むようにするべきでしょう。

3　解雇

　③**解雇**とは、要は社員をクビにすることですが、法的には、使用者が一方的な意思で労働契約を解約することです。一方的な解約という点では、辞職と共通です（言い出すのが労使のどちらかで区別されます）。法規制も辞職と同じく、労働契約が有期か無期かで異なります。まずは無期契約の解雇（イメージとしては正社員の解雇）について、紛争も多く重要なところですので、次回で詳しくみていくことにしましょう（④定年、⑤期間満了は下の「ワード解説34」をご覧ください）。

ワード解説34　定年、雇止め

　定年（定年退職）は、その年齢になると自動的に労働契約が終了するという制度で、定年を定めることは法的にかまわない（有効である）とされています（→第８章①）。期間満了は、有期契約の期間満了時に更新がなされないことによる終了で、使用者側による更新拒否を特に「雇止め（やといどめ）」と呼んでいます（→第９章①）。

2 解雇

今回のポイント

今回は、まず「解雇」に関する法規制の全体像を整理し、続いて解雇の最も重要なルールである「解雇権濫用法理」について理解を深めましょう。

1 はじめに（解雇規制の全体像）

解雇は、労働者にとっては働く場所がなくなるという重大な局面なので、法規制が山ほどあります。大きく整理すると、「手続き・時期」に関する規制と、「理由」に関する規制に分けられます。

2 解雇の「手続き・時期」に関する規制

まず、比較的有名なものに、**解雇予告義務**があります（労働基準法〈以下、労基法〉20条）。使用者は、解雇の少なくとも30日前に労働者へ予告することが義務づけられます。労働者が辞職する場合は2週間前の予告でよいのですが（前回を参照）、使用者は労働者より強いので、予告期間が長くなっています。また、ものすごく悪いことをしたなど、労働者に相当重大な責任が認められる場合は、例外的に予告が不要とされます（労基法20条1項ただし書。そのような場合にまで予告して待っていなければならないというのも変だからです）。

なお、**解雇予告手当**といって、日数分の**平均賃金**（「ワード解説35」143頁を参照）を支払うことで、予告期間をその分だけ短縮できます。たとえば、15日分を手当として払えば、予告は15日前でOKです。

　ということは、30日分を手当として払えば、予告は０日、つまり、「今日、解雇します」と言っても、<u>予告義務との関係</u>では問題がないわけです。要は、手当と予告を足して30日分であればいいわけですね。

　これは、労基法が、解雇時には賃金30日分ぐらいのお金が（転職その他の費用として）必要だと考えているからです。予告があれば、労働者側が節約するなどして解雇に備えることができます。予告しないのであれば、その分をお金で渡しなさいということです。

　次に、**特別に解雇が制限される時期**があります（労基法19条１項）。仕事が原因でケガや病気になって療養するために休んでいる期間と、産休（労基法65条）の期間について、「休業期間＋その後30日間」は解雇が原則**禁止（無効）**とされています。こうした期間に解雇することは、<u>あまりにひどすぎる</u>からです（おちおち休んでいられませんよね）。

　なお、最近は、精神疾患の事案で労基法19条の適用が主張される例が増えています（**東芝〈うつ病・解雇〉事件**・東京高判平成23.2.23労判1022号５頁等）。精神疾患は、たとえば工場で機械に挟まれるといったケガに比べ、原因がわかりにくい面がありますので、企業は安易に「業務外」であって「19条は関係ない」と判断しないように注意するべきでしょう。

3　解雇の「理由」に関する規制

　大きく「ピンポイント」の規制と「一般的」な規制に分けて考えることができます。たとえば、女性労働者の妊娠や出産を理由とする解雇を野放しにしていては、男女雇用機会均等法（「雇用の分野における男女の均等な機会及び待遇の確保等に関する法律」。以下、均等法）の存在する意味がありません。そこで、労基法にも労働契約法（以下、労契法）にも任せずに、均等法自身が、９条で妊娠等を理由とする差

別的な解雇を禁止しています。このように、いわばピンポイントの解雇規制がかなりたくさん存在します。整理すると、(1)「差別」的な解雇として、前記の均等法のほか、労働組合への所属（労働組合法7条）など、(2)労働者への「報復」的な解雇として、育児休業や介護休業の取得（育児・介護休業法10条、16条）、労基法違反の通報（労基法104条）などを理由とする解雇が禁止されています。

　以上に対し、より一般的な、能力不足や問題行動等を理由とする解雇については、**解雇権濫用法理（労契法16条）**という規制があります。もとは判例法理で（代表例に、アナウンサーが寝坊で放送事故を起こしたことを理由とする解雇を無効とした**高知放送事件**・最二小判昭和52.1.31労判268号17頁）、そのルールが労契法16条に立法化されたものです。

4　解雇権濫用法理のポイント

> 労契法16条　解雇は、ⓐ客観的に合理的な理由を欠き、ⓑ社会通念上相当であると認められない場合は、ⓒその権利を濫用したものとして、無効とする。

　労契法16条の下線部ⓐを「**合理性**」の有無、下線部ⓑを「**相当性**」の有無と短く言い換えると、解雇は合理性と相当性の2つの要件を両方とも満たしていないと、**解雇権の濫用で無効**、とまとめられます。

　ⓐ合理性とは、条文の言葉どおり、解雇には**きちんとした理由があるのか**、という視点です（きちんとした理由あり＝合理性あり、ということです）。具体的には、労働者に能力や適格性（仕事に対応する力）がない、問題行動（ルール違反等）があった、といった事情があれば、解雇に合理性があるとされます。

　ⓑ相当性は、ⓐに比べるとわかりにくい概念なので、要注意です。

これは、解雇は（その労働者にとって）**厳しすぎるのではないか**、という視点です（厳しすぎるといえる＝相当性なし、ということです）。判例では、相当性はなかなか認められない傾向にあり（認められなければ、解雇は無効とされるわけですね）、日本の解雇規制の厳しさを特徴づける１つのポイントとなっています。簡単にいうと、労働者の問題行動には注意や指導を、能力不足には研修や他の業務の適性を試すための配転を、というように、使用者側が**改善のための努力**を行ったにもかかわらず、どうしても労働者に**改善可能性**がない、といえなければ、相当性を否定するというのが判例の傾向です。条文にはまったく出てこないのですが、キーワードは「改善可能性」です。ぜひ、覚えておいてください。

　以上の合理性と相当性がなければ解雇は無効ですが、解雇の際、たとえば行政が濫用か否かをチェックする、ということはありません（→第１章4参照）。たとえ濫用的な解雇であっても、労働者が争わなければ、特に紛争が生じるわけではないのです。あくまで、労働者が解雇に異議を唱え、訴訟等で解雇権濫用を主張した場合に、合理性と相当性が認められなければ解雇は無効になる、という話です（もちろん、企業としては解雇の前に合理性・相当性の有無を検討することが重要でしょう）。

　解雇（労働契約の解約）が無効であることは、**労働契約関係の継続**を意味します（→「ワード解説36」144頁も参照）。ただ、訴訟で解雇無効という結論となっても、使用者が和解金（解決金）を支払い、労働者が円満に退職するものとする、という内容の話し合い（**和解**）がまとまり、**金銭的な解決**がなされる例も多いです。訴訟を行った労働者が復職するのは、実際には難しい面があるということでしょう。

　次回も解雇の話が続きます！

3 整理解雇

POINT 今回のポイント

今回は、いわゆる「リストラ」として行われる「整理解雇」について、どのようなルールがあるのかを理解しましょう。

1　整理解雇とは

　「**整理解雇**」とは、企業が不況や経営難等で人員削減の必要に迫られて行う解雇のことです。人員削減は人員整理とも呼ばれるので、その整理の２文字を取って整理解雇です。なお、前回出てきた、能力不足や問題行動といった労働者側の事情を直接の理由とした解雇を、整理解雇に対し「**普通解雇**」と呼んでいます。

　整理解雇も解雇に違いはありませんので、解雇権濫用（労働契約法〈以下、労契法〉16条）にあたれば無効です。考え方のポイントは、整理解雇は労働者側の事情を直接の理由としたものではないので、その効力が<u>**より厳しく**チェックされる</u>という点です。具体的には、濫用か否かの判断を前回学んだ「合理性」「相当性」の２つではなく、「**整理解雇の４要件（４要素）**」と呼ばれる４つの判断要素を用いて行います（園児の減少に伴う保母〈保育士〉の整理解雇を無効とした**あさひ保育園事件**・最一小判昭和58.10.27労判427号63頁等）。この判例法理（判例のルール）のことを、整理解雇法理と呼んでいます。

　なお、４「要件」と４「要素」、どちらの表記も見かけます。なぜかというと、この４つは、<u>理論的には</u>整理解雇が濫用的か否かを判断

する判断要素なので、その意味では4要素です。しかし、4つのうち1つでも満たしていなければ、例外なく整理解雇は無効と判断されています。3つは満たしていて1つは満たしていないという場合に、「それでも総合評価で整理解雇は有効」とした例はありません。つまり実務的には、整理解雇が有効と判断されるための4要件なのです（細かい議論もありますが、どちらの呼び方でもルールの内容は基本的に同じと考えてください）。実務的な観点から、本書では要件と呼ぶことにします。

2 整理解雇の4要件

4要件は次のとおりです。①→②→③が論理的につながっていて、④だけ少し異なる視点に立っています。

---

①人員削減の必要性
②解雇の必要性（解雇回避努力）
③人選の合理性
④手続きの妥当性

---

①**人員削減の必要性**とは、そもそも、その会社において人を減らす必要はあるのか、という視点です。これは経営判断が尊重される傾向にあり、たとえば赤字が複数年続いているといった事情があれば、この要件を満たすと判断されるのが一般的です。他方、利益を上げているのに、利益をさらに増やすために整理解雇によって人員を減らす場合は、必要性なし（満たさない）と判断される傾向にあります。

②**解雇の必要性**とは、①があったとしても、解雇という手段で人を減らす必要はあるのか、という視点です。ここでは、解雇以外の手段、たとえば、配転や出向（→第5章②）、新規採用の停止（定年退職に

よる自然減）、一時休業、希望退職の募集などによって人員（人件費）を削減しようと努力したか、つまり**解雇回避努力**を尽くしたのかが問われます。判例では、辞めるにしても解雇よりは「まし」という意味で、希望退職の募集を行ったかどうかが重視される傾向にあります。ただ、企業の規模や状況によって、できることは異なりますので、真摯にできることを尽くしたかどうか、まさに「努力」の有無が問われると考えてください。

③**人選の合理性**とは、①と②を前提に、解雇対象者が合理的な基準に基づき選ばれたのか、という視点です。たとえ②で解雇による削減が必要とされたとしても、使用者が恣意的に（適当に）選ぶのはダメだ、ということですね。ただ、何が合理的といえるのか、実は難しい面があります。たとえば「勤務成績が高い順」という基準は、一見、不合理に決まっているようですが、勤務成績が抜群であれば再就職しやすい（＝その労働者が受けるダメージは相対的に小さい）ともいえそうです。意外に合理的な面もあるわけですね。そこで判例では、**客観性**が高ければ、合理的と認められやすい傾向があります。たとえば、勤務成績、勤続年数、生活上の打撃（扶養家族の有無）などを組み合わせた基準であれば、合理性が肯定されやすいでしょう。他方、「協調性」や「責任感」といった抽象的な基準は、まさに恣意的な選定を許すもので、合理性を否定される可能性が高いです。

④**手続きの妥当性**は、①〜③とは少し違う話で、整理解雇について、労働者側の納得を得られるように、話し合いを誠実に行ったか、という視点です。話し合いの回数や、情報開示の内容が十分かどうかなどが問われます。なお、企業に労働組合がある場合、その組合と話をすることはもちろん重要ですが、組合員・非組合員を問わず、解雇対象となりうる労働者について丁寧に説明することが重要です。「組合と

話してそれで終わり」ではない点には、注意が必要です。

　以上の４つのうち１つでも満たさないものがあれば、その整理解雇は解雇権濫用で無効です（なお、たまに誤解がみられますが、４要件の①②が労契法16条の合理性、③④が相当性に対応するといった関係は特にありません。①〜④すべてを用いて濫用か否かを判定するというイメージです）。裁判所の判断のポイントをひと言でいえば、**安易な整理解雇は認められない**ということです。確かに、企業の経営上、人員の削減が必要な場合もあるでしょう。しかし、それを「解雇（クビ切り）」という方法でやることについては、よほど慎重でなければならないということですね。

　なお、普通解雇、整理解雇を問わず、解雇に納得がいかない労働者は、会社に対し「労働契約上の権利を有する地位にあることの確認請求（地位確認請求）」と「解雇期間中の未払い賃金請求（→「ワード解説36」144頁を参照）」を提起するのが一般的です。裁判で、解雇が無効であって自分と会社の関係が切れていないことを認めてもらうわけです。その際、就業規則に書かれた解雇理由に該当するだけで解雇が有効とされるわけではなく、前回・今回と学んだように**解雇権濫用か否か**などが法的に問われることになりますので、誤解のないようにしてくださいね。

　解雇の話は以上です。次回から「高齢者雇用」です！

ワード解説35　平均賃金

　平均賃金とは、賞与を除く直前３カ月間の賃金総額を平均した１日分です。詳しい計算方法は労基法12条で定められています。解雇予告手当や休業手当（労基法26条→第３章②）の計算など、いくつかの場面で使われています。

ワード解説36　解雇期間中の未払い賃金

　訴訟で解雇「無効」の判決が出た場合、労働契約はずっと継続していたことになります。もちろん、解雇後に会社へ行っても、「君はウチの社員じゃない」と言われ、実際に働くことはないでしょう。しかし、その人が働けなかったのは、無効な解雇を行った会社に責任があります。そこで、民法536条2項（→第3章②）のルールが当てはまるため、会社は解雇期間中の賃金を支払わなければなりません。訴訟や和解を考える際は、こうした賃金の問題も考慮する必要があるでしょう。

（参考）民法536条2項（この場面で具体的に何を指すのか〈　〉で補足）：「債権者〈＝使用者〉の責めに帰すべき事由によって債務を履行することができなくなったとき〈＝働けなくなったとき〉は、債権者〈＝使用者〉は、反対給付の履行〈＝賃金の支払い〉を拒むことができない（以下略）」。

第 8 章

高齢者雇用

1　高齢者雇用の基本的なルール

👆今回のポイント

「人生100年時代」に向けて、高齢者の就労に関心が高まっています。まず今回は高齢者雇用の基本的なルールをみていきましょう。

1　高年法の基本的な枠組み

　高齢者の雇用については、**高年齢者等の雇用の安定等に関する法律**（以下、**高年法**）が基本的なルールを定めています。

(1)　**定年**：定年（定年退職制）とは、60歳など<u>定年年齢に到達したときに労働契約が終了する</u>という定めです。就業規則などで定年を定めるとそれが労働契約の内容となり、定年年齢への到達によって自動的に労働契約が終了するわけですね（理論的には労働契約の合意解約〈→第7章①〉の一種と位置づけられます）。契約の具体的な終了日は、定年年齢となる誕生日、その年度末など、さまざまな定め方があります。

　高年法は、定年を定める場合、その年齢を<u>60歳以上</u>としなければならないとしています（高年法8条）。ですから、55歳定年制や50歳定年制は違法です（なお、一定年齢になったら部長などの役職から外れるという「役職定年制」はまったく別の話です）。また、実は定年制を設ける「義務」はありませんので、定年がない会社もみられます。

(2)　**高年齢者雇用確保措置**：かつては定年が60歳で、年金（厚生年金）も60歳から支給されていました。しかし現在では、年金の支給開

始年齢は（経過措置などの例外もあるものの）原則65歳に引上げられています。つまり、60歳で定年後、65歳までは無収入という、５年間の空白期間ができる可能性があります。そこで、そうした空白期間をなくし、雇用（賃金）と年金を切れ目なく接続するなどの目的で、高年法は65歳までの**高年齢者雇用確保措置**を使用者に義務づけています（高年法９条）。

　具体的には、ⓐ定年後、65歳までの継続雇用制度の導入、ⓑ定年制の廃止、ⓒ65歳への定年年齢の引上げ、このいずれかを行う義務です。最も多いのはⓐで、現在、約８割の会社が継続雇用制度を導入しています（厚生労働省「令和２年『高年齢者の雇用状況』」によると、導入割合はⓐ76.4％、ⓑ2.7％、ⓒ20.9％です）。そこで、以下ではⓐを詳しくみていきます。

2　継続雇用制度（再雇用制度）

(1)　**制度の概要**：継続雇用制度は、定年後「**再雇用**」制度と呼んだほうがイメージしやすいと思います（「嘱託」制度などと呼ばれることもあります）。希望者を定年後も引き続き雇用するわけですが、定年でそれまでの労働契約は終了します。よって、仮に仕事内容や職場が変わらなくとも、法的には継続雇用としての労働契約を新たに締結することになるのです。期間１年の定めがある労働契約（有期労働契約）を締結し、65歳まで更新するという例が多くみられます（→更新が長期にわたる場合について、「ワード解説37」150頁も参照）。

　このように定年前と定年後の継続雇用は「別」の契約ですから、仕事内容や賃金といった労働条件を設定し直すことが可能です（この点が、労働契約が切れずに続いていく定年の引上げや廃止と異なります）。なお、継続雇用先は、それまでの会社だけではなく、子会社な

どのグループ企業も認められることになっています（「特殊関係事業主」と呼ばれており、具体的には高年法の施行規則4条の3で定められています）。

⑵　**対象者**：継続雇用制度の大きなポイントは、定年退職者が継続雇用を希望する場合、<u>使用者が一方的に拒否する</u>ことは**できない**という<u>こと</u>です。つまり、継続雇用を希望する**全員**を対象とする必要があります。希望者に対しては少なくとも何らかの雇用（労働条件）を提示する必要がある、というイメージですね。

　この点、かつては「勤務成績が一定以上」といった客観的な**継続雇用基準**を労働者の過半数代表との「労使協定」（→第1章③）で定めることで、基準に満たない定年退職者を<u>継続雇用の対象外とする（継続雇用を断る）</u>扱いが認められていました。この扱いは2012年の高年法の改正（2013年4月1日施行）で廃止されたのですが、現在も経過措置が設けられています。

　改正で上記の扱いが廃止された理由は、前記1であげた**雇用と年金の接続**、すなわち、本人が希望すれば年金がもらえるまでは働き続けられるようにしよう、というものです。ただ、年金の支給開始年齢は、原則65歳ではあるものの、60歳から65歳へ引上げる経過措置として、年金の一部（厳密には「老齢厚生年金」の「報酬比例部分」）は特別<u>支給として65歳より早く受給を開始できます</u>。生まれた年によって細かく定められているのですが、まとめると、男性は、2021年度までは63歳から、2022年度以降は64歳から可能で、2025年度以降は措置が終わり65歳からとなります（なお、女性は引上げ・経過措置とも5年遅れのスケジュールです）。また、少々ややこしいのですが、以上は任意に年金受給開始の繰上げ・繰下げを行い、繰上げなら1カ月あたりの額が減額、繰下げなら増額となる仕組みとは別の話なので、注意し

てください。

　そうすると、たとえば2022年度においては、64歳以降の人は年金を
もらえるので、仮に雇用が継続しないとしても年金を生活費にできま
す。つまり、64歳になると、雇用と年金の接続が実現可能です（年金
といっても一部なので、金額的に十分かどうかは別ですが…）。そこ
で、2012年の高年法改正の前から継続雇用基準を設けていた会社につ
いては、経過措置として、64歳以降の高齢者を継続雇用基準によって
継続雇用の**対象外**とすることが認められているのです（基準に満たな
いことを理由に継続雇用を拒否しても、高年法違反にはなりません）。
なお、この経過措置は、2021年度までは63歳から、2022年度以降は64
歳が対象で、2025年度以降は終了します（先に年金の支給開始年齢が
上がる男性に合わせて、この経過措置については男女とも同じスケ
ジュールとなっています）。

(3)　**労働条件の内容**：上記の経過措置を除けば希望者全員が対象です
から、継続雇用としてどのような労働条件をオファーするかが問題と
なります。まず確認すべきは、使用者には定年退職者の希望どおりの
労働条件を用意する義務は**ない**ということです。どのような労働条件
を提示するかについては、高年法には具体的な規定がなく、使用者に
裁量が認められています（**九州惣菜事件**・福岡高判平成29.9.7労判
1167号49頁）。

　たとえば複数の定年退職者がいる場合に、勤務成績等に応じて異な
る労働条件を提示することも可能です。また、労働者側が「そのよう
な条件なら継続雇用はやめてほかを探す」などと断った場合は、継続
雇用の機会を提供した以上、高年法違反とは扱われないことになって
います。逆に、労働者が使用者の提示を受け入れる限り、65歳までは
働き続けることができるわけですから、雇用と年金の接続が実現する

わけですね。

　そうすると、裁量があるからどのような労働条件でもいいのか、たとえばあまりに低すぎる提示はどうか、といったことが次の問題となります。ここから先は次回取り上げることにしましょう！

ワード解説37　継続雇用と無期転換

　定年後の継続雇用であっても、それが有期労働契約であり、更新が続くなどして通算5年を超えれば、労働契約法18条の「無期転換」の対象となります（→第9章②。有期労働契約が更新等で通算5年を超えた労働者が希望すれば、期間のない「無期労働契約」に転換できる仕組みです）。たとえば、60歳で定年後、65歳までの予定であるところ、人手不足などの事情でさらに更新を続けた場合、無期転換の対象となりえます。ただ、定年後にまた無期というのも…という面がありますので、使用者が所定の手続きを行うことで、定年後については例外的に無期転換の対象外とできる仕組みが設けられています（有期特措法〈「専門的知識等を有する有期雇用労働者等に関する特別措置法」〉という法律で定められています）。例外とする手続きを取らなければ、原則どおり無期転換の対象になるということですね。

今回のポイント

定年後の継続雇用で労働条件が低下することから生じる紛争について、ポイントを確認しましょう。また、2020年の高年法の改正についても紹介します。

1 継続雇用における法的な紛争

(1) **基本の確認**：前回学んだように、使用者には65歳までの**高年齢者雇用確保措置**が義務づけられます（高年齢者等の雇用の安定等に関する法律〈以下、高年法〉9条）。定年が60歳でも年金は65歳からなので、無収入となる空白期間をなくし、雇用（賃金収入）と年金を「**接続**」するための仕組みでしたね。定年の廃止や引上げも措置の選択肢に含まれますが、定年後の**継続雇用制度**を設ける会社が大半でした。

継続雇用の労働条件については、高年法に具体的な規制がなく、どのような内容を提示するかについて使用者に裁量があります。しかし、だからといってなんでもありというわけではなく、継続雇用の労働条件が低すぎるなどの理由で紛争が生じています。法的には以下の(2)(3)の2つの類型があります。

(2)**「不法行為」が問題となるケース**：まず、使用者が提示する労働条件が、ひと言でいえばあまりにひどすぎる場合、法律問題となります。判例（前回も紹介した**九州惣菜事件**・福岡高判平成29.9.7労判1167号49頁）によると、労働者が到底受け入れないような**仕事内容**や**賃金額**を提示することは、高年法の具体的な条文に違反するわけではないの

ですが、定年後の雇用を実現するという継続雇用制度の趣旨（目的）に反しており、65歳までの安定的な雇用を享受できるという<u>労働者の利益を侵害する**不法行為**</u>（民法709条）に該当します。よって、使用者は慰謝料などの損害賠償を労働者に支払う必要があるわけです。

　前記の**九州惣菜事件**では、賃金が定年前の25％（75％の減額）となる提示をしたことが不法行為にあたるとされて、慰謝料100万円の支払い等が命じられました。ただ、使用者にこうした賠償責任が認められるのは、あくまで極端な、ひどすぎる提示に限られると思ってください。典型的には、<u>労働者が自分から継続雇用を拒否（辞退）することをねらった</u>、その意味で悪意のある提示が当てはまると考えられます。

(3)　**「同一労働同一賃金」が問題となるケース**：次に、前記(2)のような低い待遇ではなくとも、いわゆる同一労働同一賃金（→第9章④）の観点から問題となることがあります。継続雇用では一般に期間1年などの有期労働契約が締結・更新されますが、契約が有期である以上、定年前の無期労働契約の正社員と比較し、<u>労働条件の**不合理な相違**は許されない</u>というルールが適用されるわけです（大企業には2020年4月から、中小企業には2021年4月から適用された**短時間労働者及び有期雇用労働者の雇用管理の改善等に関する法律**〈以下、**パート・有期法**〉8条、および、同条の前身である労働契約法〈以下、労契法〉旧20条）。

　代表的な判例である**長澤運輸事件**・最二小判平成30.6.1労判1179号34頁は、運送会社において、定年後継続雇用の有期労働者（タンク車の運転手）が、無期雇用である定年前と比べて基本給が減る、各種手当がなくなるといった労働条件の相違は不合理であると訴えた事件です。定年の前後で業務内容や責任、人事異動の状況などが変わらず、

基本給に相当する賃金は定年前の2〜12％減額、年収ベースでは定年前の約21％減額というケースでした。

　最高裁は、定年後の継続雇用であるという事情は労契法20条（現パート・有期法8条）における「**その他の事情**」にあたる、つまり、不合理か否かの判断要素になるとしたうえで、ほとんどの相違を不合理ではないと判断しました。ごく簡単にいえば、「定年後である」という事情は、不合理性を否定する要素として位置づけられるわけです（→「ワード解説38」155頁も参照）。

　ただし、定年後だからどんな相違もOKということではなく、**説明**がつかないような相違は許されません（→第9章④）。長澤運輸事件では、精勤手当（皆勤手当）の不支給のみが不合理とされました。運転手がそろわないと仕事が回らない運送会社では、皆勤してほしいことに定年後も前も変わりはないので、定年後を理由に不支給とすることには説明がつかないということですね。なお、この事件では定年後も年収が約8割と高めに設定されるなど、さまざまな配慮があったことも見逃せません。説明がつく相違かどうか、一つひとつ丁寧にみていく必要があると考えてください。

2　2020年の高年法改正

　2020年に高年法が改正され、2021年4月1日から、70歳までの**高年齢者就業確保措置**が使用者の努力義務となりました（「努力義務」とはその名のとおり努力をする義務です→「ワード解説39」155頁）。「雇用」確保ではなく「就業」確保なので、雇用の形にこだわらない選択肢が用意されるのがポイントです。具体的には、ⓐ70歳までの継続雇用制度、ⓑ定年の廃止、ⓒ70歳への定年の引上げ（ここまでは高年齢者雇用確保措置と同じやり方です）に加え、70歳まで継続的に、

ⓓ「業務委託」契約の形で仕事を依頼する制度や、ⓔ（会社自身や会社の委託した団体が行う）社会貢献事業に従事できる制度を導入することも選択肢となります（高年法10条の2）。

　ⓔは要するにボランティア活動で、まさに雇用だけでなくさまざまな形で社会とかかわり続けることを実現しようということです。また、ⓓは高齢者がフリーランスとして起業（創業）するというイメージです。そこで、ⓓとⓔをまとめて「**創業支援等措置**」と総称します。なお、雇用にこだわらないといっても、ⓓⓔは雇用に比べれば会社との結びつきが弱くなりますので、ⓓⓔの選択肢を実施する場合は所定の計画を定め、労働者の過半数代表（→第1章③）の同意を得る必要があるとされています。

　2021年4月1日以降も、義務はあくまで65歳までの「雇用」確保措置で、それ以降の70歳までの「就業」確保措置はあくまで努力義務です。したがって、70歳までの措置を実施できなくとも法律違反ではありません。ただ、企業は努力する必要があり、努力してもらうために行政もさまざまなサポートを用意するでしょうから、それらも活用しながら、各企業が事情の許す範囲で70歳までの措置を検討していくことが望ましいと思われます。

　次回からはいわゆる非正規雇用の問題を取り上げます！

※高年法改正の詳細やパンフレット等は下記の厚生労働省ウェブサイトでみることができます。
https://www.mhlw.go.jp/stf/seisakunitsuite/bunya/koyou_roudou/koyou/koureisha/topics/tp120903-1_00001.html

ワード解説38　定年後の公的な給付

　定年後の労働条件を考える際は、公的な給付も考慮に入れる必要があります。

　まず、「年金（老齢厚生年金）」には働きながら受給できる仕組みがあります（「在職老齢年金」）。ただし、賃金と年金の合計額が一定額（47万円）を超える場合、賃金が高くなるにつれて年金が減額されることになっています（計算方法はかなり複雑ですし、細かい変更等も少なくないので、詳細は日本年金機構のウェブサイト等をご覧ください）。

　そしてもう1つ、「雇用保険」に「高年齢雇用継続給付」があります。60歳以上〜65歳未満の雇用保険加入者（被保険者）について、賃金が60歳時点の75％未満に下がった場合に支給されます（75％以上の場合は支給はありません）。支給額は60歳以降の賃金額の最大15％です（賃金額が60歳時点の61％以下なら満額の15％で、61％超〜75％未満だと減額されます。これも、詳細は厚生労働省ウェブサイト等をご覧ください。なお、雇用保険法の改正によって、2025年からは給付額が減額される予定です）。

ワード解説39　努力義務

　「努力義務」とは努力することが義務ですから、結果として実現できなくとも違法ではありません。しかし、努力義務があることで、行政が企業等に努力を求める法的根拠ができますし、努力を促すことで企業や労働者の意識が変わることも期待できます。まず「努力義務」として定められ、社会にそのルールが浸透したころに「義務」へ変更されるケースもしばしばみられます。このように、努力義務にもさまざまな意義があるわけですね。

第9章

有期・パート・派遣
などによる雇用

1　有期労働者①
（有期労働者の解雇・雇止め）

今回のポイント

今回から、いわゆる「非正規雇用」の問題についてみていきます。まず、非正規雇用とは何かをあらためて確認した後、有期労働者の解雇や雇止めの問題についてポイントを整理しましょう。

1　非正規雇用とは

正規雇用に非正規雇用、どちらもよく使われる用語ですが、実は法律上の定義は存在しません。ただ一般に、正規雇用は①労働契約に期間の定めがなく、定年まで雇用されうること（**無期労働契約〈無期契約〉**）、②自分が働いている会社に直接雇われていること（**直接雇用**）、③所定労働時間が１日８時間、１週40時間程度であること（**フルタイム勤務**）、この**３点をすべて満たす労働者**と理解されています。まさに「正社員」のイメージです。

これに対し、非正規雇用は❶労働契約に３カ月、１年といった期間の定めがある（**有期労働契約〈有期契約〉**）、❷自分が働いている会社に直接雇われているのではなく、別の会社に雇われて、そこから派遣されてきている（**間接雇用**）、❸所定労働時間が１日６時間などと正社員より短い（**パートタイム勤務**）、この**３点のうち１点以上に該当する労働者**と理解されています。

非正規労働者（非正社員）も労働者ですから、当然、労働基準法（以下、労基法）などで保護されます。しかし、保護や処遇が十分で

ないことも多いので、❶の有期労働者は労働契約法（以下、労契法）およびパート・有期法※1（→第4章④も参照）が、❷の派遣労働者は派遣法※2、❸のパート労働者はパート・有期法が、それぞれ保護を加える形になっています。ただ実際には、❷も❸も有期契約であることが多いので、有期か否かが正規と非正規を分ける大きなポイントになっています。そこで、有期契約の特徴からみていきましょう。

※1　短時間労働者及び有期雇用労働者の雇用管理の改善等に関する法律
※2　労働者派遣事業の適正な運営の確保及び派遣労働者の就業条件の整備等に関する法律

2　有期契約の基本ルール

⑴　**解雇規制**：有期労働者を期間途中で解雇する場合、**やむを得ない事由（理由）**が必要です（民法628条および労契法17条1項）。このことは、有期労働者の解雇が正社員など無期労働者の解雇（労契法16条→第7章②）よりも**理論的に厳しく規制される**ことを意味します。イメージとしては、解雇における㋐合理性（きちんとした理由）、㋑相当性（解雇しても厳しすぎないといえる事情）に加え、㋒**期間満了まで待てないような事情**がなければ、やむを得ない事由があるとはいえないと考えてください。たとえば、多額の金銭を横領しており、もう1日たりとも会社にいてもらうわけにはいかない、といえれば、㋐㋑㋒すべてを満たし解雇は有効であるとされそうですね。

　有期の非正社員を解雇するほうが難しいと聞くと、意外に感じるかもしれません。労働契約で期間を約束した以上、その期間は解雇しないのが原則ということです。ただ、裁判のコスト（費用や時間）に見合わないという理由で、労働者が争うことをあきらめるケースも多いようです。そのため、有期労働者の解雇の判例は、無期労働者の場合

に比べ非常に少ないという状況です（**プレミアライン〈仮処分〉事件**・宇都宮地栃木支決平成21.4.28労判982号5頁など）。

⑵　**期間の上限**：前記⑴でもみたように、労働契約に期間を定めることには重みがあります。労働者側の期間途中の辞職は、実際問題として制限することは難しいものの、条文上は（いわば建前としては）やむを得ない事由が必要でした（民法628条→第7章[1]）。そこで、期間があまりに長いと当事者を拘束しすぎるということで、**上限の定め**があります。**原則3年**で、いくつか例外があります（労基法14条。たとえば60歳以上の場合は5年が上限です）。なお、下限はないので、いわゆる日雇いの労働契約も違法ではありません。

⑶　**雇止め（やといどめ）の制限**：雇止めとは、有期契約の期間満了時に**使用者が更新を拒否する**ことです。注意したいのが解雇との違いです。雇止めの場合、契約は期間満了で終了しており、その終了した契約を更新しないというだけなので、実は雇止めは原則として自由です。ただ、雇用が失われるという点では両者はよく似ているので、**雇止めを制限するルール**が存在します。判例法理（雇止め法理）が2012年の法改正で労契法19条となったものです。

　具体的には、労働者が雇止めに異議を述べた場合（つまり更新を希望している場合）、次の①②のいずれかに当てはまるのであれば、自由なはずの雇止めが制限される可能性があります。①は、実質的にみて、無期契約が結ばれているのと同じといってよい場合です（**実質無期契約型**。労契法19条1号）。有期契約のはずが、更新手続きもないままずっと働き続けている場合などです。②は、契約の更新を労働者が期待し、その期待が**法的保護に値する**（＝更新の期待に**合理的な理由〈合理性〉がある**）場合です（**期待保護型**。同条2号）。実際には①のように手続きがずさんな例はさすがに少なく、②にあたるかどう

かがポイントとなります。

さて、「期待」を保護すべきかどうかの判断要素は次の3点です。まず、ⓐ**業務内容**が臨時的か恒常的かです。たとえば、夏季限定の仕事と明示されていたのに、秋以降の継続を期待されても、保護はちょっと…ということですね。次に、ⓑ**当事者の言動や認識**です。たとえば、上司など使用者側から「あなたは頑張っているからずっと会社にいてほしい」「まじめにやっていれば更新は大丈夫」などと言われていれば、だれしも更新を期待するでしょう。その期待は自分勝手なものではなく、保護に値しますよね。最後はⓒ**更新の手続き**で、希望者に対し更新を拒否した前例があるか、更新が繰り返されているかといった事情です。以上を総合考慮して、期待の合理性を判断します（→「ワード解説40」164頁も参照）。

以上①②のどちらにも該当しなければ、原則どおり契約関係は終了です。①か②に該当する場合、その雇止めが**濫用的か否か**の判断を行います。この判断は、解雇権濫用法理（労契法16条）と同じ枠組みで、雇止めの合理性、相当性を検討します（人員整理が目的の〈つまり整理解雇類似の〉雇止めであれば、整理解雇の4要件を用います。以上、第7章②、③）。そして、雇止めが濫用的でなければ契約関係は終了ですが、雇止めが濫用的な場合、契約は**更新**されます。雇止めが制限され、有期雇用が保護されるわけですね。法的には、労働者側からの契約更新の希望（すなわち更新の申込み）を、使用者側が承諾したものとみなすと定められています（労契法19条。「みなす」の意味は→第4章③）。

次回も有期雇用の話の続きです！

2　有期労働者②（無期転換）

🖐今回のポイント

今回は、いわゆる無期転換制度（有期契約から無期契約への転換の仕組み）についてみていきます。

1　無期転換

(1)　**制度の目的**：有期契約には、期間満了に伴う更新が付きものです。雇止めのルール（→前回）はあるにしても、更新されないと困るため、有期労働者には職場の不満などについて使用者にいいにくい面があります。つまり、契約が有期ということは、構造的に不安定な立場にあるということですね。そこで、**有期契約から無期契約への転換**を認めることで有期労働者を保護しようというのが、労働契約法（以下、労契法）18条の無期転換制度です（2012年の法改正で労契法に盛り込まれました）。

(2)　**無期転換の要件**：同一の使用者の下で、更新等により**2つ以上の有期契約の通算期間が5年を超える**ことです（次頁の図）。この要件を満たすと、原則としてだれもが無期契約への転換申込権を取得します（→「ワード解説41」164頁も参照）。また、通算といっても、たとえば3年ほど勤めて退職し、何年かたって同じ会社で2年勤めた場合に無期転換というのも変な話なので、契約と契約の間に一定期間が空いた場合には通算しないという「**クーリング期間**」が設けられています（労契法18条2項。基本は6カ月で、契約期間が短い場合は短くな

ります）。逆に、クーリング期間に満たない短い空白期間があっても
契約は通算されるので、その点は注意が必要ですね。

(3) **無期転換申込みの効果**：労働者が無期転換を申し込んだときの最
大のポイントは、**使用者は転換を拒否できない**という点です。労働者
の能力や成績などを考慮し、「あなたはOK」「あなたはダメ」などと
個別に対応することはできません（使用者は転換の申込みを承諾した
ものとみなされます）。使用者が作った任意的な制度であれば話は別
ですが、法律に基づく一律的な制度だからですね。具体的には、転換
を申し込んだ時点の（つまり最後の）有期契約が終了した翌日から、
無期契約に切り替わることになります（図）。

(4) **無期転換後の労働条件**：ここも大きなポイントで、無期転換後の
労働条件は、原則として**有期のときの労働条件と同じです**（→「ワー
ド解説41」164頁も参照）。たとえば時給1,200円の有期労働者が無期
転換しても、時給は1,200円のままです。「正社員化が求められる制度」
ではありませんので、注意してください。

2　労契法（旧）20条について

「働き方改革」による改正前は、労契法20条が、有期労働者と無期

図　無期転換の要件（契約期間が１年の場合）

5回目の更新後の１年間に無期転換の申込権が発生します。（無期転換申込権発生）

（厚生労働省「有期契約労働者の無期転換ポータルサイト」を参考に作成）

労働者の労働条件について不合理な相違は許されないことを定めていました。第4章④で述べたとおり、このルールはパート・有期法（8条）に統合されており、第9章④で取り上げます。なお、現在（改正後）の労契法20条は1つ後の条文が繰り上がり、船員に関する特例の規定となっています。

　次回はパート労働者の話です！

ワード解説40　期待の合理性と有期契約の更新限度

　有期契約に「更新は4回まで」などと「更新限度」がつけられることがあります。使用者がきちんと説明し、労働者も理解していたのであれば、更新限度を超えた雇用継続の期待に「合理性」を認めるのは難しいでしょう。他方、実際には徹底されておらず、限度を超える更新もしばしばあったというのなら、ほかの事情（当事者の言動など）を考慮し、期待の合理性が肯定されることもありえます。つまり、更新限度の存在によって、それを超えた期待の合理性が絶対的に否定されるわけではありません。その労働者に期待の合理性を認めてよいか、更新限度があるという事情も考慮しながら、総合的に判断することが求められます。

ワード解説41　無期転換ポータルサイト

　無期転換にはいろいろと細かい話もあるので、厚生労働省は「有期契約労働者の無期転換ポータルサイト」（https://muki.mhlw.go.jp/）を立ち上げて、情報の周知に努めています。たとえば、転換後の労働条件について、労働者と使用者で合意したり、就業規則で定めたりすることで、有期のときの労働条件から変えることも可能です。実務的な情報については、このポータルサイトを参照してみてください。

③ パート労働者

今回のポイント

パート労働者については、「働き方改革」で誕生したパート・有期法がさまざまな保護を行っています。まずは基本的な枠組みや考え方を理解しましょう。

1 パート労働者の定義

　パート労働者については、「短時間労働者及び有期雇用労働者の雇用管理の改善等に関する法律」が定められています（以下、パート・有期法。「働き方改革」によって、パート法〈「短時間労働者の雇用管理の改善等に関する法律」〉がパート・有期法に改正されました〈→第4章④〉）。パート・有期法によると、パート労働者の法律上の名称は「短時間労働者」で、「通常の労働者」（要はフルタイムの正社員）より1週間の所定労働時間が短い労働者がすべて含まれます（同法2条1項。以下、「パート労働者」と表記）。

　したがって、会社が「パート」と呼んでいるか否かにかかわらず、たとえば学生アルバイトや定年後の嘱託社員なども、週の所定労働時間が正社員より短ければ、「パート労働者」としてパート・有期法の適用があります。いわゆる主婦パートだけが対象ではありませんので、注意してくださいね。

　なお、パート労働者も労働者ですから、労働基準法、労働契約法（以下、労基法、労契法）などが当然適用されます。ただ、「パート」と

いうことで雇用の管理や権利の保護が十分でないことも少なくないため、これらの法律に加えて、パート・有期法がさまざまな保護を行っているのだと考えてください。

2　パート労働者の待遇に関する法規制

　パート・有期法で最も重要なのは、パート労働者（および有期労働者）と、通常の労働者（正社員）の待遇が相違する場合、その相違は不合理なものであってはならないというルールです（いわゆる「同一労働同一賃金」のルールです）。ただ、このルールについては、有期労働者と合わせて次回詳しく説明することにします。

　パート労働者の待遇に関するその他の規制として、パート・有期法10～12条があります。賃金の決定、教育訓練（研修）の実施に際し、正社員との**均衡**を考慮するように努力する義務（**努力義務**→「ワード解説39」155頁）が課されています（パート・有期法10条、11条2項）。均衡とは**バランス**のことです。次回紹介する、正社員との相違が不合理となる場合（または、正社員と同視すべき場合）を除けば、賃金の決定や研修については基本的に使用者に裁量があります。しかしそうした場合でも、バランスが悪すぎる、といえるほどの大きな違いにはならないよう努力する義務があるということです。

　なお、業務と責任が正社員と同じパート労働者（あるいは有期労働者）に対しては、正社員に対する研修をそのパート労働者（有期労働者）に対しても実施しなければなりません（パート・有期法11条1項。すでに能力があって研修が必要なければ、例外的に実施は不要です）。

　また、食堂や休憩室、更衣室といった、正社員が利用する**福利厚生施設**については、パート労働者（および有期労働者）にも利用の機会

を与えなければならないとされています（パート・有期法12条）。

3　パート・有期法のその他の規制

　以上のほか、パート・有期法で知っておくべき規定を概観しておきましょう。

　まず、雇用管理があいまいにならないように、労働条件を明確にさせたり、説明をさせたりする規定があります。労働者を採用する際は、労働条件を明示する一般的な義務があるのですが（労基法15条→「ワード解説27」100頁）、パート労働者（あるいは有期労働者）に対しては、これに上乗せする形で、「**特定事項**」と呼ばれる昇給、退職金、賞与それぞれの有無を文書等で明示することが必要です（パート・有期法6条）。そして、採用のときやパート労働者（有期労働者）から求められたときに、それぞれ一定の事項について**説明**をする義務（同法14条）や、相談窓口等を整備する義務（同法16条）も使用者（パート・有期法上は「事業主」→「ワード解説42」168頁を参照）に課されています。

　なお、パート労働者（有期労働者）のままで雇用を改善することには限界もあるので、**正社員への転換**を推進するため、正社員への登用試験制度を設ける、正社員の募集情報を周知するなどの選択肢のなかからいずれかを実施することも必要です（パート・有期法13条）。

　最後に、行政は、使用者に対し、報告を求めたり、助言・指導・勧告といった働きかけ（助言が一番ソフトで、順に強めになります）を行ったりすることができます（パート・有期法18条、24条等）。違反の是正や紛争解決のために、行政が動けるわけですね（実務を担うのは、労働基準監督署の上部組織である労働局です）。なお、「働き方改革」による改正前は、行政による働きかけの根拠規定が（パート法に

はありましたが）労働契約法になかったため、フルタイムの有期労働者は対象外でした。それがパート・有期法によって、有期労働者に関することも行政の働きかけが可能になりました。違反の是正や紛争解決が一層期待されます。

　次回はこの続きで、いわゆる「同一労働同一賃金」の話です！

ワード解説42　事業主

　パート・有期法などいくつかの法律は、使用者のことを「事業主」と表記しています。事業主とは、個人経営であればその個人、会社など法人であればその法人であり、第2章③で学んだ「労契法上の使用者」（要は雇い主）と考えてください。同じく第2章③で出てきた「労基法上の使用者」には管理職なども含まれるのですが、「事業主」には管理職などが含まれないというのがポイントになります。

4 いわゆる「同一労働同一賃金」

🖑今回のポイント────────────────

今回は、一般に「同一労働同一賃金」と呼ばれているルールについて、正確に理解しましょう。

1 不合理な相違の禁止

(1) **概要**：パート・有期法（短時間労働者及び有期雇用労働者の雇用管理の改善等に関する法律）で最も重要なのは、正社員との不合理な相違を禁止する8条です。有期労働者やパート労働者と、無期フルタイムの正社員を比べたとき、労働条件に違い（相違）があることを否定するわけではありません。しかし、**その相違が不合理であってはならない**と定めています。簡単にいえば、有期やパートであることを理由として、労働条件に「不合理」といえるほどの差をつけることは認められない（違法である）ということです。

> パート・有期法8条：事業主は、その雇用する短時間・有期雇用労働者の⒜基本給、賞与その他の待遇のそれぞれについて、当該待遇に対応する通常の労働者の待遇との間において、当該短時間・有期雇用労働者及び通常の労働者の①**業務の内容及び当該業務に伴う責任の程度**（以下「職務の内容」という。）、②**当該職務の内容及び配置の変更の範囲**③**その他の事情**のうち、⒝当該待遇の性質及び当該待遇を行う目的に照らして適切と認められるもの

を考慮して、不合理と認められる相違を設けてはならない。

(2) **不合理性の判断**：労働条件の相違が不合理かどうかは、**具体的な労働条件**ごとに、つまり、賃金でいえば年収の総額ではなく○○手当や賞与といった賃金項目ごとに、パート・有期法8条に書かれた以下の判断要素を総合考慮して判断します（労働条件〈待遇〉ごとに判断することは、前頁に載せた条文の下線部ⓐでも明記されていますね）。

> ① 業務 の内容および当該業務に伴う 責任 の程度（「職務の内容」と総称されます）
> ② 人事異動 の有無と範囲（条文では「職務の内容及び配置の変更の範囲」とされており、一見わかりにくいです。要は人事異動のことです）
> ③ その他 の事情（労使の話し合いの有無など、さまざまな事情が含まれます）

不合理かどうかを判断する最も基本的なポイントは、**なぜそのような相違があるのか、きちんと説明できるかどうか**です。条文には書かれていないのですが、キーワードは「**説明**」です。手当の有無の話なら、その手当の目的や、仕事内容や人事異動とどう関係するかなどに照らして、なぜ正社員にだけ手当が支給されるのか、理由をきちんと説明できなければ、不合理な相違とされることになります。このポイントは必ず覚えてくださいね。

具体例として、**ハマキョウレックス（差戻審）事件**（最二小判平成30.6.1労判1179号20頁）を紹介します（労働契約法の旧20条に関する判例ですが、同条を引き継いだパート・有期法8条でも先例として重要な意味を持ちます→第4章④も参照）。この事件では、トラックの

運転手について、各種手当のほとんどが無期の正社員のみを対象としていたため、その相違が不合理か否かについて争われました。正社員と有期の非正社員で①業務と責任が同じ、②人事異動は正社員にのみ全国転勤があったのですが、最高裁は無事故手当、作業手当、給食手当、皆勤手当、通勤手当の相違は不合理であり、住宅手当の相違は不合理ではないと判断しました。業務や責任が同じですから、無事故、作業、皆勤の各手当に差をつけることには説明がつきません。また、通勤や食事が必要になる点では有期も無期も同じですから、通勤、給食手当の相違にも説明がつきません。他方、転勤がある正社員は、持ち家があっても転勤先で部屋を借りるなど住宅費用がかかるので、正社員にのみ住宅手当があることには説明がつく、ということですね。

　ここで、上記の住宅手当の話について、たとえば正社員の方が有期労働者やパート労働者よりも難しい業務を担当しており、責任も重い、といった事実があったとしても、その事実は基本的に**考慮しません**。パート・有期法８条（前掲）の下線部ⓑは、不合理か否かが問題とされた労働条件が何かによって、考慮する（判断に使う）要素が**変わること**を示しています。住宅手当の性質は住宅費用の補填にあると考えられますから、判断要素①②③のうち、①の業務・責任は基本的に考慮せず、専ら②の転勤の有無を考慮します。業務の内容や責任の重さは、家賃などの住宅費用とまったく関係ありませんが、転勤の有無は、持ち家があっても転勤先で賃貸の必要が生じるなど、住宅費用と関係するからですね。よって、「適切と認められる」考慮要素は主に②の人事異動ということになるわけです。常に①②③のすべてを考慮するわけではないことに注意が必要です。

　なお、パート・有期法８条で下線を引いたⓐⓑは、改正前の労働契約法20条やパート法（短時間労働者の雇用管理の改善等に関する法

律）8条には明記されていませんでした。そのため、条文だけみているとルールに変更があったようにも思えますが、実は最高裁の判例の内容（前掲・ハマキョウレックス（差戻審）事件、**長澤運輸事件**・最二小判平成30.6.1労判1179号34頁）を法律に明記しただけなのです。つまり、**実質的なルールの変更はありません**。ただ、判例の形で存在するよりも、法律に書いてあったほうがわかりやすいですから、「働き方改革」においてルールの「**明確化**」がなされたと考えることができます。

2　差別的取扱いの禁止

パート・有期法9条は、正社員と「**同視すべき**」パート労働者や有期労働者について、正社員と差別的に取り扱うこと（簡単にいえば、差をつけることそのもの）を禁止しています。

> パート・有期法9条：事業主は、❶職務の内容が通常の労働者と同一の短時間・有期雇用労働者…中略…であって、当該事業所における慣行その他の事情からみて、当該事業主との雇用関係が終了するまでの全期間において、❷その職務の内容及び配置が当該通常の労働者の職務の内容及び配置の変更の範囲と同一の範囲で変更されることが見込まれるもの（次条及び同項において「通常の労働者と同視すべき短時間・有期雇用労働者」という。）については、短時間・有期雇用労働者であることを理由として、基本給、賞与その他の待遇のそれぞれについて、**差別的取扱いをしてはならない**。

この規定は、以下の❶と❷が**正社員と同一のパート労働者や有期労働者**は、正社員と同視すべきであるとして、賃金その他のあらゆる待

遇について、パートや有期というだけで正社員と差をつけることを禁止しているわけですね。

> ❶ 業務 の内容および当該業務に伴う 責任 の程度（条文では「職務の内容」と略記）
>
> ❷ 人事異動 の有無と範囲（条文では「職務の内容及び配置の変更の範囲」）

パート・有期法8条の判断要素と似ていますが、❶❷が正社員と「同一」であることが求められる点、そして、「その他の事情」という判断要素がない点が異なります。業務・責任、人事異動のすべてが同一となると、対象となる有期労働者やパート労働者はかなり限られますが、もし当てはまれば、パートや有期であることを理由に差別的に取り扱ってはならない、という強い法規制です。

なお、パート・有期法9条の枠組みは、改正前のパート法9条と基本的に同じです。ただ、改正前のパート法においては、対象者はパート労働者、つまり所定労働時間が正社員より短い労働者にしか適用されませんでした（当然ですね）。それがパート・有期法になったことで、フルタイムかつ有期の労働者、つまり、いわゆる「契約社員」にも適用範囲が拡大したことになります。もちろん会社ごとにさまざまですが、パート労働者に比べ、契約社員の方が正社員により近い働き方であることが多いのではないでしょうか。あくまで❶❷が同一という要件は変わりませんが、「働き方改革」によって適用対象者が増加したことになりますので、実務的には注意が必要ですね。

3　使用者の説明義務

パート労働者や有期労働者が希望する場合は、正社員との待遇の相

違について、なぜ相違するのかという**理由**を説明することが使用者に義務づけられます（パート・有期法14条2項）。改正前のパート法においてもさまざまな説明義務が使用者に課されていたのですが、相違の「理由」に関する説明義務はパート・有期法で新設されたものです。もちろん「説明」義務ですから、労働者の同意を得る必要まではありません。しかし、理由が説明できないような違いであれば、「不合理な違いではないか」という予測が成り立ちます。つまり、裁判につながる可能性があります。このルールは、単に説明が必要という話ではなく、パート・有期法8条や9条の**実効性**を高めようとする規定と位置づけられますので、注意が必要です。なお、当然のことですが、説明を求めたことを理由とする不利益取扱いは禁止です（同法14条3項）。

　次回からは派遣労働者について取り上げます！

ワード解説43　同一労働同一賃金

　「働き方改革」における、非正規雇用に関する法改正（パート・有期法8条等）を「同一労働同一賃金（の実現）」と呼ぶことがあります。しかし、改正の内容は「労働が同一なら同一の賃金を払え」という文字通りの意味にとどまりません。賃金に限らず労働条件の全般が対象ですし、労働が同一でない場合であっても、他の要素から相違が不合理といえればそれは許されません。「同一労働同一賃金」はいわばキャッチフレーズのようなものと考えるとよいでしょう。なお、「同一労働同一賃金ガイドライン」（平成30年厚生労働省告示430号）は、待遇の相違が不合理になるか否かについて、原則となる考え方と具体例を示したもので、パート・有期法の施行とともに適用されています。実務的に必見の資料といえますね。

5 派遣労働者①
（労働者派遣法の基本的な枠組み）

👆今回のポイント

今回は「労働者派遣」に関する法的なルールを学びます。派遣会社、派遣先、そして派遣労働者の３者が登場するのが労働者派遣の特徴です。

1 労働者派遣の基本的な枠組み

労働者派遣とは、派遣会社（派遣元）が派遣労働者を雇用し、さまざまなユーザー企業（派遣先）に派遣するという形態です（次頁の図）。「労働者派遣事業の適正な運営の確保及び派遣労働者の保護等に関する法律」（以下、派遣法）で規制されています。

ポイントは、派遣労働者が労働契約を締結するのは<u>派遣元</u>であるという点です。ですから、<u>使用者としての法的な責任（いわゆる雇用責任）を負うのは原則として派遣元です</u>。ただ、事柄に応じて、ハラスメントの防止など派遣元・派遣先の両方が責任を負うもの、労働時間規制など派遣先のみが責任を負うものも一部あります（派遣法44条以下）。

派遣先は、派遣元と締結した**労働者派遣契約**の範囲内で、派遣労働者に仕事の指示（指揮命令）ができます。このように、指揮命令を行う会社と雇用責任を負う会社が異なる「**間接雇用**」であること（一致するのが「直接雇用」です）が労働者派遣の特徴です。間接雇用であるがゆえに生じるトラブルを防止するため、派遣法の規制はとても細かいものになっています。

図　労働者派遣の枠組み

2　労働者派遣に関する法規制

(1)　**対象業務**：労働者派遣は、一部の業務（港湾運送、建設、警備、医療関係）を除き、すべての業務で可能です（派遣法4条）。派遣できないものをリストアップしていることから、「ネガティブ・リスト」方式と呼ばれます（なお、医療関係については例外的に派遣可能な場合がいくつかあります）。また、労働者派遣を事業として行う場合は、行政（厚生労働大臣）の許可が必要です（派遣法5条）。

(2)　**派遣可能期間**：派遣先が自社の社員を派遣労働者に置き換えて、雇用責任を免れようとすることを防ぐため（「常用代替の防止」という言い方もします）、労働者派遣を利用できる期間には制限があります。

　まず、「**個人単位の期間制限**」として、同じ人が派遣先の同一の「組織単位」（要は同じ「課」）で働ける上限は3年です（派遣法40条の3）。たとえばAさんがB社の経理課に3年派遣されたら、総務課など別の課へ移ればまた3年まで働けますが、B社の経理課で派遣労働者として働き続けることはできません。

　もう1つ、「**事業所単位の期間制限**」として、派遣先が同一の事業所で派遣労働者を受け入れることも3年が上限です（派遣法40条の2）。ただ、派遣先がその事業所の労働者の過半数代表から意見聴取をすれば、3年単位で何回でも更新が可能なので、実質的には制限になっていない面もあります。

　なお、以上の期間制限は、派遣労働者が、①60歳以上の場合、②労

働契約が無期の場合は適用されません（①は雇用の促進が必要なため、②は雇用が安定しているため、それぞれ期間制限の必要がないとされています）。

(3) **雇用の保護**：派遣労働者の労働契約は、派遣先への派遣期間と同じ長さに設定される（つまり有期である）のが一般的です。派遣先が仕事量の減少などを理由に労働者派遣契約を解約した場合、それを理由に派遣元は派遣労働者を解雇（中途解雇）できるでしょうか？（いわゆる「派遣切り」）。理由がもっともであるようにも思えますが、実は違います。ここで重要なのは、労働者派遣契約が終了したからといって、中途解雇（→第9章①）が**当然に正当化されるわけではなく**、あくまで事案ごとに適法性が判断されるということです。解雇が許されず労働契約が存続すれば、派遣元は残りの期間につき休業手当（労働基準法26条→第3章②）など経済的な保障を行わなければならない可能性があります。

なお、派遣先にも、自社の都合で労働者派遣契約を解約する場合は、新たな派遣先の確保などの措置が義務づけられます（派遣法29条の2）。

(4) **雇用安定措置**：派遣元は、有期契約の派遣労働者が派遣先の同一の組織単位（「課」）に3年間継続して派遣される見込みのある場合、**「雇用安定措置」**が義務づけられます。具体的には、①派遣先への直接雇用の依頼、②新たな派遣先の提供、③派遣元による無期雇用、④その他、新たな派遣先が見つかるまでの有給の研修等、以上のいずれかが求められます（なお、①で形式的に依頼をしてお茶を濁すことを防ぐため、直接雇用が実現されない場合は、さらに②〜④のいずれかの措置が必要とされます）。

また、派遣期間の見込みが1年以上3年未満の場合は、雇用安定措

置の実施は義務ではなく努力義務です。このほか、派遣元での通算雇用期間が1年以上の場合は、前記②〜④のいずれかを行う努力義務を負います。正直、かなり複雑ですが、派遣労働者が安心して働けるように、派遣元に責任を課しているわけですね。

(5)　**直接雇用の申込みみなし制度**：派遣法に違反して派遣労働者を受け入れた場合、派遣先が派遣労働者に**直接雇用の申込み**を行ったとみなされます（派遣法40条の6）。具体的には、派遣が禁止されている業務への派遣、無許可の派遣元からの派遣、派遣可能期間を超過した派遣、そしていわゆる**偽装請負**（→「ワード解説44」182頁を参照）の4つの場合です。

　「みなす」とは法的に強い意味を持ちますから、派遣先がたとえ拒否しても、派遣労働者に対し、派遣先の社員になってほしいと申し込んだことになります。ですから、派遣労働者が承諾すれば（派遣先の社員になることを希望すれば）、派遣先と派遣労働者の間に労働契約が成立します。これは、派遣先に対し雇用責任を負う可能性を突きつけることによって、悪質な派遣法違反をなくしていこうという制度です。そのため、派遣先が違法な派遣であることを知らず（善意）、かつ知らなかったことに落ち度がなければ（無過失）、この制度は適用されないことになっています。

　次回は、労働者派遣に関する働き方改革の話です！

6 派遣労働者② （派遣における「同一労働同一賃金」）

今回のポイント

今回は、働き方改革における労働者派遣法の改正について学びましょう。いわゆる「同一労働同一賃金」の考え方が労働者派遣にも導入されたと考えることができます。

1 派遣労働者の処遇の原則

「働き方改革」において、「労働者派遣事業の適正な運営の確保及び派遣労働者の保護等に関する法律」（以下、派遣法）も改正されました。改正の中心は、第9章④で学んだ、正社員との不合理な相違の禁止等を派遣労働者にも適用するというものです（派遣法30条の3。2020年4月1日から施行されました）。

具体的には、①派遣会社（派遣元）は、派遣先の通常の労働者（つまり派遣先の正社員）と派遣労働者を比較して、賃金等の待遇に**不合理な相違を設けてはならない**とされています。また、②派遣元は、派遣先の正社員と業務・責任が同一で、人事異動の有無と範囲も同一と見込まれる派遣労働者については、正当な理由なく、待遇をその正社員より不利なものとしてはならないとされます。要するに、①はパート・有期法8条、②は同法9条（→第9章④）に対応した法規制です。

①は、派遣労働者と派遣先の正社員を比較し、ⓐ業務・責任（条文では「職務の内容」と総称）、ⓑ人事異動の有無と範囲（条文では「職務の内容及び配置の変更の範囲」）、ⓒその他の事情の3つを考慮

して、**説明**がつかないような相違は許されないということです。判断要素や考え方はパート・有期法8条とまったく同じですね。基本は正社員と派遣労働者のバランス、つまり「**均衡**」の取れた処遇が求められますが（説明がつかないような違いはバランスが悪く許されません）、そもそも差をつけること自体に説明がつかないような場合は、「**均等**」に、つまり「等しく」扱うことが必要です。

　また、②はまさに「**均等**」を求めるものですが、パート・有期法9条のような「差別的取扱いをしてはならない」という表現ではなく、「不利なものとしてはならない」となっています。これは、派遣労働者は正社員よりも待遇が高く設定されていることもあるため、均等待遇を前提としつつ、有利な扱いが禁止されるわけではないことを明確に示したものです。

　以上、①②を合わせて、派遣労働者の処遇の原則を「**派遣先均等・均衡方式**」と呼びます。この原則の下では、派遣元が派遣労働者との比較を行うために、**派遣先の労働者に関する情報**が不可欠です。そこで、派遣先は、労働者派遣契約の締結に際し、派遣労働者と待遇を比較すべき労働者（比較対象労働者）の待遇に関する情報を派遣元に提供することが義務づけられました（情報提供義務。派遣法26条7項、10項）。

　比較対象労働者は、基本は派遣労働者と業務・責任や人事異動が同一と見込まれる労働者になりますが、そうした労働者がいない場合は、業務・責任だけでも同一、またはそれらに準じる労働者となります（派遣法施行規則24条の5）。また、基本給、諸手当、賞与、福利厚生などすべての待遇に関する情報が情報提供義務の対象です（派遣法施行規則24条の4）。派遣先にとっては負担となりますが、派遣元が均等・均衡というルールを守るには不可欠のことですね。

なお、パート・有期法14条と同様に、派遣労働者が希望した場合、派遣先の労働者（比較対象労働者）との待遇の相違について、その内容や**理由**を説明することが派遣元に義務づけられます（派遣法31条の２）。理由を説明させるという点が、ルールの**実効性**を高めるための重要なポイントでしたね（→第９章④）。

2　派遣労働者の処遇の例外

以上みてきた原則（派遣先均衡・均等方式）には、派遣先が変わるたびに均等・均衡を新たに確認しなければならなかったり、派遣先が賃金の低い会社に変わると、派遣労働者の能力等にかかわらず賃金が下がったりするという弱点があります。そこで、例外として、派遣元が労働者（派遣労働者＋派遣元の社員）の過半数代表と**労使協定**（→第１章③）を締結し、それを実際に守ることによって、派遣先均等・均衡方式の適用が除外されることになっています（派遣法30条の４）。この例外を「**労使協定方式**」と呼んでいます。

労使協定においては、㋐派遣労働者と同種の業務に従事する一般労働者の賃金水準と同等以上の賃金を支払うこと、㋑派遣労働者の能力等が向上した場合には賃金も上げること、㋒上記㋐、㋑による賃金決定の際、派遣労働者の意欲や能力を公正に評価して賃金を決定すること、㋓賃金以外の待遇について、派遣元の正社員と不合理な相違が生じないようにすることなどを定め、かつ、実際に守らなければなりません。特に㋐がポイントで、厚生労働省が各種の統計を基に、一般労働者の平均的な賃金額を職種別に毎年公表することになっています。派遣労働者ではなく一般労働者の賃金額ですから、現在、派遣労働者の賃金が低く抑えられている業種（たとえば製造業）については、**賃金の引上げ**が必要になるわけです。

　以上から、「働き方改革」による改正では、派遣元についてだけでなく、派遣先にとって、原則では情報提供義務、例外では賃金の引上げに必然的に伴う派遣料金の引上げ、いずれにしても**負担**が生じることがわかります。労働者派遣制度への影響は小さくありませんが、派遣労働者の公正な処遇を実現し、より納得して働けるようになることが目指されているわけですね。

　次回からはハラスメントの問題をみていきます！

ワード解説44　業務処理請負／偽装請負

　「業務処理請負」とは、労働者派遣と似ているのですが、注文会社が請負会社に仕事を発注し、その仕事を請負会社が自社で雇用している労働者（請負労働者）に行わせるという形態です（下図）。こうした業務処理請負も、1つの事業（ビジネス）の形として否定されるわけではありません。

　ただし、注文会社が請負労働者に対して指揮命令を直接行っている場合は、実態は労働者派遣です（当然、派遣法の規制を守る必要があります）。このように、派遣法の細かい法規制を嫌って、実態は労働者派遣であるにもかかわらず、よく似た形態である業務処理請負であると嘘をつく（偽装する）ことを「偽装請負」と呼んでいます。特に「偽装請負禁止法」といった法律があるわけではありませんが、派遣法違反が生じていることが偽装請負の法的な問題点ということですね。

図　業務処理請負の枠組み

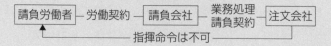

第10章

ハラスメント・雇用差別

1 ハラスメントの基礎知識

今回のポイント
職場におけるハラスメントの問題は非常に深刻な状況にあります。まずはハラスメント全般に関する法律問題について基礎から学びましょう。

1　職場のハラスメントの典型例

　職場で起こるハラスメントには、さまざまなものがあります。(1)相手の意に反する不快な性的言動である**セクシュアルハラスメント（セクハラ）**、(2)妊娠・出産を理由とする**マタニティハラスメント（マタハラ）**、(3)育児や介護に関する制度の利用を理由とする**育児介護ハラスメント**（以下では「**育介ハラ**」と略します）、そして、(4)立場や権限（要するに「パワー」）を用いた**パワーハラスメント（パワハラ）**、以上4つが典型例です。なお、父親が育児をすることに対するハラスメントは、「父性」＝「パタニティ」なので**パタニティハラスメント（パタハラ）**と呼ばれ、(3)に含まれます。

　これらのハラスメントによって被害者がうつ病などの精神疾患にかかり、自殺に至るようなケースもあります。被害者をつくらないために、ハラスメントの防止が不可欠です。また、ハラスメントがまん延する企業では生産性の低下や人材の流出が生じるでしょうし、ハラスメント事件の発生が報道されればイメージの低下も避けられません。加えて、後で紹介する損害賠償責任も生じます。よって、企業（組織）にとっても、ハラスメントの防止は不可欠であるといえます。

2　ハラスメントの防止措置

　ハラスメントを防止するために、(1)セクハラ、(2)マタハラ、(3)育介ハラの３つについて、ⓐ**周知・啓発**（研修の実施など）、ⓑ**相談体制の整備**（相談窓口の設置など）、ⓒ**発生した場合の迅速かつ適切な対応**（事実確認、事後対応など）、以上大きく３つの**防止措置**が以前から使用者に義務づけられてきました。研修等で労働者に正しい知識を持ってもらうとともに、相談への対応や事後的な対応を行う必要があるわけです。

　また、マタハラと育介ハラについては、ⓐ～ⓒに加え、ⓓ**業務体制の整備**（業務分担の見直しなど）も求められます。これは、出産や育児、介護のために仕事を抜けるしわ寄せが周囲にいくと、「あの人のせいで自分が残業だなんて……」などとハラスメントが発生しやすくなることを考慮しています。育児や介護で仕事を抜ける人がいる場合に、残ったメンバーに「頑張れ」と言うだけでは不十分ということですね。

　これらの防止措置を行わない使用者は、措置義務違反として、行政（労働局）から**助言**、**指導**や**勧告**といった働きかけを受けることになります（勧告は指導より強めのイメージで、従わない場合は企業名の公表もありえます。また、紛争に関する調停手続きなども定められています）。措置義務や働きかけの根拠となる法律の規定は次頁の表のとおりです。また、措置の具体的な内容は厚生労働省の指針で定められています（「セクハラ指針」などで検索するとすぐに見つかります）。

セクハラ	**防止措置**：均等法11条 **働きかけ**：均等法29条以下など
マタハラ	**防止措置**：均等法11条の3 **働きかけ**：均等法29条以下など
育介ハラ	**防止措置**：育介法25条 **働きかけ**：育介法56条以下など

均等法：雇用の分野における男女の均等な機会及び待遇の確保等に関する法律
育介法：育児休業、介護休業等育児又は家族介護を行う労働者の福祉に関する法律

3　パワハラ防止措置の法制化

　以上に対し、パワハラについては、防止措置の義務づけなど具体的な法整備が従来は行われていませんでした。しかし、パワハラに関する労働相談の数はとても多く、厚生労働省が毎年公表する「個別労働紛争解決制度の施行状況」では、「いじめ・嫌がらせ」に関する相談数が全相談項目のなかで最も多くなっています。また、同省による2020年度の実態調査（※）でも、約3割の労働者が過去3年間にパワハラを受けたことがあると回答するなど、非常に深刻な状況です（パワハラ事件の報道も後を絶ちません）。そこで、「働き方改革」の一環として有識者会議や**審議会**（→「ワード解説45」192頁を参照）で検討が行われ、2019年の法改正で防止措置の義務づけが決まりました。

　具体的には、「労働施策の総合的な推進並びに労働者の雇用の安定及び職業生活の充実等に関する法律」（労働施策総合推進法）が改正され、その30条の2以下に盛り込まれました。詳しくは次回取り上げますが、差しあたり、セクハラ等と同じく②周知・啓発、⑥相談体制の整備、⑥発生した場合の迅速かつ適切な対応の3つが柱になると考えておいてください。

※　厚生労働省「職場のハラスメントに関する実態調査について」
https://www.mhlw.go.jp/stf/seisakunitsuite/bunya/0000165756.html

4　ハラスメントに関する損害賠償責任

　ハラスメントによって被害者に精神疾患や自殺といった事態が生じた場合、被害者や遺族に対して、慰謝料その他の損害を賠償する責任が生じます。

　まず、加害者には、ハラスメントが被害者の**人格**を損なう（法的にいえば「人格的利益」を侵害する）**不法行為**にあたるため、賠償責任が生じます（民法709条）。また、賠償責任とは別に、社内で懲戒処分の対象となることも多いでしょうし、ハラスメントが暴行罪などの犯罪にあたる場合は刑事責任も生じます。

　次に、<u>使用者も賠償責任を負う</u>ということが大きなポイントです。法的な根拠としては、まず、不法行為責任の一種である**使用者責任**があります（民法715条）。使用者は、労働者が「事業の執行について第三者に加えた損害を賠償する責任を負う」からです（ここでは被害者が「第三者」にあたります）。要は加害者の雇い主としての責任ですね。もう１つは**債務不履行責任**です（民法415条）。使用者は、労働者と労働契約を締結している以上、信義則を根拠として労働者の職場の環境に配慮する義務（**職場環境配慮義務**）を負っていますし、安全や健康に配慮する**安全配慮義務**（労働契約法５条）も負っています（→第１章[6]）。ハラスメントが起きた場合、使用者にこれらの義務の違反（債務の不履行）があったと考えるわけですね。

　以上の賠償責任は、前記２、３の防止措置の対象か否かにかかわらず、さまざまなハラスメントについて生じます。また、被害者が自殺等で亡くなっていれば、賠償額が億単位となることもあります。企業としては、ハラスメント問題の重大さをあらためて認識すべきといえますね。

　次回はパワハラについて掘り下げます！

2 パワハラの防止（パワハラの法制化）

👆 今回のポイント

パワーハラスメント（パワハラ）防止のために行われた法改正について、ポイントを整理しましょう。大企業が先行して対象となり、2022年4月1日から、中小企業も含めて全面的に適用されるようになりました。

1　法制化のポイント

(1)　**概要**：パワハラについては、被害者が加害者や使用者に損害賠償を請求できることは別として、研修や相談対応といった防止措置が法律で定められていない状態が続いていました（→前回）。そこで、「**労働施策の総合的な推進並びに労働者の雇用の安定及び職業生活の充実等に関する法律**」（以下、**労働施策総合推進法**。条文番号を紹介するときは「法」〇条とします）に改正で盛り込まれたのです。通称で「パワハラ防止法」と呼ばれることもありますね。なお、具体的なことは改正を受けて出されたいわゆる**パワハラ指針**（令和2年厚生労働省告示5号）で定められています（→「ワード解説46」192頁も参照）。

(2)　**防止措置の義務化**：パワハラについて、ⓐ**周知・啓発**（研修の実施など）、ⓑ**相談体制の整備**（相談窓口の設置など）、ⓒ**発生した場合の迅速かつ適切な対応**（事実確認、事後対応など）、以上大きく**3点**の防止措置が企業などの使用者（条文上は事業主→「ワード解説42」168頁）に義務づけられました（「法」30条の2第1項）。ⓐ〜ⓒはセクハラ等に関する防止措置義務の内容（→前回）と基本的に同じです

ね。

　大企業については2020年6月1日から施行されました（措置が義務づけられました）が、中小企業（次頁の※1）については、2022年3月末までは、措置を行うように努力すればよい（行えなくとも違反とならない）という「努力義務」（→「ワード解説39」155頁）にとどめられていました。義務化へすぐに対応するのは難しい場合もあることを考慮した経過措置です（努力義務の期間を使って対応を進めてほしいということですね）。そして2022年4月1日から、中小企業にも施行され、企業規模を問わずパワハラの防止措置が義務となりました。

(3)　**不利益取扱いの禁止**：パワハラを受けたことを会社に相談したり、会社が行う調査に協力したりしたことを理由として、解雇その他の**不利益な取扱い**を行うことが、法律で禁止されました（「法」30条の2第2項）。もちろん、相談や調査への協力を理由とした不利益な取扱いは、これまでも許されませんでした（たとえば、解雇なら労働契約法16条〈→第7章②〉で無効とされたはずです）。しかし、法律で明確に禁止すれば、行政も動きやすくなりますし、より一層、不利益取扱いが抑止されることになるわけですね。また、不利益を恐れて労働者が相談できずにいると、延々とパワハラが続き、ますます深刻な状況になります。労働者がパワハラについて隠さずに、**安心して相談できる環境**をつくることが重要ということです。

(4)　**経営者や労働者の責務**：国、企業（使用者）、企業の経営者や役員、労働者、以上4者について、**心構え**や**姿勢**が努力義務（責務）として定められました（「法」30条の3）。たとえば労働者は、パワハラ問題への理解と関心を深め、パワハラをしないように注意を払うとともに、防止措置に協力するよう努めるものとされます。強制力のない努力義務であっても、法律で定めることには重みがあります。広くパ

ワハラ問題への理解を進めるねらいがあると考えてください。

　なお、前記(3)(4)については、均等法、育介法（※２）も同時に改正され、セクハラ、マタハラ、育児介護ハラスメントについても同じ内容の規定が設けられました（均等法11条以下、育介法25条以下）。

(5)　**その他の改正**：パワハラに関する紛争解決のルールも整備されました（「法」30条の４以下）。防止措置義務違反に対する労働局の<u>助言、指導、勧告</u>や<u>企業名の公表</u>、紛争に関する<u>調停手続き</u>など、セクハラ等について実施されている制度と基本的に同じものが導入されました。なお、パワハラ、セクハラ等に共通のこととして、措置義務に違反しても刑事罰はありません。行政による指導などの働きかけによって、法違反をなくそうという枠組みが取られています。

※１　資本金の額または出資の総額が３億円（小売業、サービス業なら5,000万円、卸売業なら１億円）以下、または常時使用する労働者が300人（小売業なら50人、卸売業、サービス業なら100人）以下の企業

※２　均等法：雇用の分野における男女の均等な機会及び待遇の確保等に関する法律、育介法：育児休業、介護休業等育児又は家族介護を行う労働者の福祉に関する法律

2　パワハラの定義とパワハラ６類型

　以上の法制化によって、企業にはパワハラ防止の取組みが求められます。しかし、パワハラには、それ自体は仕事上の「指導」「注意」などとして行われたことがときにパワハラと扱われるという、独特のわかりにくさがあります。そこで、パワハラの定義づけや具体例が重要な意味を持ちます。

　この点、労働施策総合推進法は、パワハラをⓐ「<u>職場において行われる優越的な関係を背景とした言動</u>」で、ⓑ「<u>業務上必要かつ相当な範囲を超えたもの</u>」によって、ⓒ「<u>労働者の就業環境が害される</u>こ

<u>と</u>」と定義しました（「法」30条の2第1項。ⓐ〜ⓒは筆者）。

　ⓐの優越的な関係とは、もちろん上司と部下の関係が典型例ですが、部下が集団となって上司に優越する場合や、豊富な知識や経験によって非正社員が正社員に優越する場合なども含まれることに注意が必要です。

　ⓑでは、たとえば販売のノルマのように、それ自体は仕事（業務）に関する事柄であっても、ノルマがあまりに多すぎるなど「必要かつ相当」といえなければ、パワハラにあたりうることを確認しましょう。

　ⓒは比較的わかりやすいですね。メンタルの不調など、さまざまなケースがありえます。

　この定義に当てはまるものの典型例が、パワハラ指針が示す以下の6つの類型（**パワハラ6類型**）です。

---

① **身体的な攻撃**（暴行・傷害）

② **精神的な攻撃**（脅迫・名誉毀損・侮辱・ひどい暴言）

③ **人間関係からの切り離し**（隔離・仲間外し・無視）

④ **過大な要求**（業務上明らかに不要なことや遂行不可能なことの強制、仕事の妨害）

⑤ **過小な要求**（業務上の合理性なく、能力や経験とかけ離れた程度の低い仕事を命じる）

⑥ **個の侵害**（私的なことに過度に立ち入る）

---

　①は説明不要ですね。暴力は当然許されません。②がまさにパワハラの中心的なものであり、最も重要です。指針では、**人格を否定するような言動**を行うことなどが例示されています。また、怒鳴るわけではなくとも、③もパワハラとなりえます。④、⑤は仕事に直結するもので、求める内容が上記のノルマの例のように過大でも、わざと仕事

を与えない場合のように過小でも、どちらもダメです。そして、プライベートに踏み込む⑥もパワハラにあたるわけですね。

　なお、以上の定義や類型は、これまでの議論や取組み（厚生労働省ウェブサイト「あかるい職場応援団」https:www.no-harassment. mhlw.go.jpなど）のいわば集大成です。法制化を機に、一層、パワハラ防止の取組みを前に進めていきましょう。

　次回は雇用における差別の問題について取り上げます！

ワード解説45　審議会（労働政策審議会）

　労働関係の立法や法改正は、労働政策審議会（労政審）の議論を経て行われます。労政審は、公・労・使の三者で構成されており、公益の代表（研究者や弁護士）、労働者の代表（全国レベルや産業レベルの労働組合〈→第12章①〉の役員等）、使用者の代表（経営者や経営者団体の関係者等）が委員として任命されています（内部には労働条件分科会や雇用環境・均等分科会のような分科会等がおかれています）。この三者構成という仕組みは、国際労働機関（ILO）の条約等でも定められており、世界的にも採用されています。労働に関するルールは、まさに当事者である労使が参加して決めることが重要であるということですね。

ワード解説46　パワハラ指針

　パワハラ指針は、使用者の措置義務の内容を具体的に示すほか、「望ましい取組」として、カスタマーハラスメント（顧客〈カスタマー〉から自社の従業員への嫌がらせ）への対応や、社外の個人事業主、就職活動中の学生等に対するハラスメントへの対応などをあげています。現時点では義務とされていませんが、今後、こうしたハラスメントにも注意を広げていく必要がありますね。

3 雇用差別

今回は、職場におけるさまざまな「差別」の問題について、男女雇用機会均等法など関係する法律のポイントを整理していきましょう。

1 性差別

性別による差別については、労働基準法（以下、労基法）と**男女雇用機会均等法**（「雇用の分野における男女の均等な機会及び待遇の確保等に関する法律」。以下、**均等法**）が規制しています（なお、均等法はセクハラの防止についても規定していましたね→第10章①）。

(1) **労基法**：最も基本的な労働条件である**賃金**について、女性であることを理由とする差別を禁止しています（労基法4条。違反した場合については→「ワード解説47」197頁）。なお、「担当している仕事が違う」という理由で賃金が違う場合、性別が直接の理由ではないため労基法違反とはなりませんが、仕事（「配置」）に関する差別として均等法に違反する可能性はあります。

(2) **均等法（差別の禁止）**：入社から退職に至る、雇用のさまざまな場面（次頁）について、性差別をまさに網羅的に禁止しています（均等法5、6条。なお、総合職・一般職のコース別雇用は基本的に性差別ではありませんが、実態が例外なく男女別になっている場合等は違法とされる可能性もあります）。

> 募集・採用、労働者の配置・昇進・降格・教育訓練、
>
> 福利厚生、職種及び雇用形態の変更、
>
> 退職勧奨・定年・解雇・労働契約の更新

　均等法は、女性に対する差別はもちろんですが、男性に対する差別（女性の優遇）も禁止しています。性別を問わず、差別を受けることがない社会が目指されているわけですね（もちろん生物学的な性別だけでなく、たとえばトランスジェンダーの方々の権利を尊重して守っていくことも今後の社会の重要な課題といえます）。

　また、一見、労働者の性別は関係ない話のようであっても、実質的には性差別にあたる**おそれ**があるようなことを「**間接差別**」と呼んでいます（これに対し、性別を理由に昇進させないといったことは「直接差別」ですね）。ただ、「おそれ」でよいとするとわかりにくい面もあるので、次の3点について、**合理的な理由**がない限り、条件として求めてはいけないと定められています（均等法7条、均等法施行規則2条）。

> ❶募集・採用時、一定の身長・体重・体力があること
> ❷募集・採用、昇進、職種の変更にあたって、転居を伴う転勤に応じること
> ❸昇進にあたり、別の事業場への転勤経験があること

　❶は、事務職の募集で「身長175cm以上」などと条件を付ける例がわかりやすいですね。身長が条件を満たせば性別を問わず応募できますが、どう考えても女性に不利です。❷❸は、女性が家事や育児、介護といったいわゆる**家庭責任**を負う例がまだまだ多く、転勤に応じるのが難しいことが背景にあります。

　なお、前述したように、合理的な理由がある場合は<u>間接差別とはなりません</u>。たとえば全国に展開している企業で、さまざまな地域で働き経験を積むことが不可欠であるのなら、❷❸は合理的といえそうです（ただし、本当に各地を転勤してまわることが不可欠かどうかは、ICT化なども進んでいますし、あらためて考える必要があるかもしれません）。

(3)　**均等法（女性の保護）**：以上の差別禁止のルールに加え、日本の社会ではまだまだ女性が不利益を受けることも少なくないので、以下のように女性の保護を中心とした2つのルールが置かれています。

　1つは「**ポジティブ・アクション**」です（均等法8条等）。一定の場合に**女性の優遇**を認め、男性差別（均等法違反）とは<u>扱わない</u>ということです。たとえば、職場に女性労働者が少なければ、そもそも男女の平等を考えること自体難しいですよね。そのような場合、まずは女性を優先して採用、配置することを認めるということです（→詳細は次頁のウェブサイト①を参照）。

　もう1つは結婚・妊娠・出産等を理由とする**不利益取扱いの禁止**です（均等法9条）。たとえば、妊娠中と出産後1年以内の解雇は<u>原則として**無効**</u>です。安心して出産できるように、強力な保護がなされているわけですね（なお、解雇と妊娠等に関係がないことを使用者が証明した場合は、この保護の対象外です）。

2　障害者差別

　障害者については、**障害者雇用促進法**（「障害者の雇用の促進等に関する法律」。以下、促進法）が、障害者であることを理由とする**差別を禁止**しています（促進法34、35条）。このことを当然の前提として、使用者は障害者である労働者に対し<u>**「合理的配慮」を提供する義**</u>

務があります（促進法36条の２以下）。合理的配慮とは、たとえば車椅子でも移動しやすいようにスロープを設置すること、知的障害がある場合に図や絵を併用して説明することなどが挙げられます。費用などの面で使用者に「**過重な負担**」となるときは、例外的に提供義務を負わないとされますが、配慮が原則として義務づけられていることがポイントです。実際には、障害を持つ労働者とよく話し合い、何が必要な配慮か、検討していくことになりますね。このほか、促進法は使用者に一定の割合まで障害者を雇用することも義務づけています（**法定雇用率制度**→「ワード解説48」197頁を参照）。

3　思想差別等

労基法は、**国籍、信条、社会的身分**を理由として労働者を差別することを禁止しています（労基法３条）。信条とは**思想や考え方**のことで、ある特定の思想を持っていることを理由に差別的に扱うことは労基法違反ということですね。社会的身分とは出身地などの**属性**で生まれつきのものをいいます（「非正社員」は身分のようにもみえますが、生まれつきの非正社員という人はいませんから、社会的身分には含まれません）。労基法３条は、差別を禁止する最も基本的なルールの１つといえますね。

次回からは労働災害について取り上げます！

※均等法については①、障害者雇用については②が参考になります（いずれも厚生労働省ウェブサイト）。
①https://www.mhlw.go.jp/stf/seisakunitsuite/bunya/koyou_roudou/koyoukintou/danjokintou/index.html
②https://www.mhlw.go.jp/stf/seisakunitsuite/bunya/koyou_roudou/koyou/shougaishakoyou/index.html

ワード解説47　差別禁止規定に違反した場合

　労基法や均等法の差別禁止規定に違反した場合（つまり、違法な差別を行った場合）、法的には２つのポイントがあります。１つは、違反に対して行政（労基法の場合は労働基準監督署、均等法の場合は労働局）が指導などを行うことができます。行政からの働きかけによって、差別の解消を目指すわけですね（なお、均等法に違反しても刑事罰はありませんが、労基法違反には刑事罰の可能性があります〈→第１章③〉）。もう１つは、違法な差別が不法行為にあたるとして、損害賠償責任が生じます（民法709条）。労働者は、差別によって精神的に傷付けられたことへの慰謝料などを請求できるわけですね。

ワード解説48　法定雇用率制度

　法定雇用率制度とは、一定規模以上の企業等は法定雇用率に達するまで障害者を雇用しなければならず、達成できない場合は障害者雇用納付金を国（実務を担うのは独立行政法人高齢・障害・求職者雇用支援機構）に納め、上回った場合には障害者雇用調整金等を受給できるという仕組みです（促進法43条等。詳細は前頁のウェブサイト②を参照）。直接的に障害者の雇用を義務づけるというよりも、納付金制度を通して、雇用の促進を図っていこうというものですね。なお、法定雇用率は近年少しずつ引上げられており、2022年４月時点では国・自治体などで2.6％、民間企業は2.3％です。

第11章

労災保険・安全衛生

1　労災保険の基礎知識

今回のポイント
仕事が原因でケガや病気をした場合、どのような補償を受けられるのでしょうか。今回から「労災」の問題について学んでいきましょう。

1　そもそも「労災」とは何か

　まず、「労災」とは、略さずにいうと「**労働災害**」です。災害といっても地震や津波に限る話ではなく、労働者が仕事のうえでケガをしたり、病気になったり、最悪のケースとして死亡したりすることを労働災害と呼びます（なお、地震によるケガ等も、仕事中の地震であれば労災にあたる可能性があります→次回）。

　次に、労働災害に対しては、**労災補償義務**といって使用者は過失の有無を問わず治療費などを補償しなければなりません（労働基準法〈以下、労基法〉75条以下）。法的な責任を負う場合、通常は過失（落ち度）や故意（「わざと」ということ）の存在が大前提です。しかし、労働災害については、たとえ使用者に落ち度がなくとも、つまり「無過失」でも補償しなければならない点が大きな特徴です（この場合は「保障」ではなく「補償」ですね）。つまり使用者は「**無過失責任**」を負っています。したがって、「今回の従業員のケガは大変遺憾だが、会社の予防対策に落ち度はないので、補償は行わない」とはいえないことになります。

　そこで整備されているのが、**労災保険**です。労災保険は、使用者の

労災補償義務をカバーする保険であり、**労働者災害補償保険法**（以下、**労災保険法**。条文紹介時は労災法）によって定められています。労災補償義務は無過失責任なので、使用者がどんなに予防に努めても、労働災害が起こってしまえば責任が生じます。しかし、「使用者にお金（資力）がなくて補償できない」では困ります。そこで公的な保険（**社会保険**）として、労働者を雇っている会社および個人経営の経営者（つまりすべての事業主）に強制的に適用されるのが労災保険なのです（なお、細かい例外が若干あります）。使用者の責任をカバーすることを通して、労働者を保護するという枠組みが取られています。

　ですから、一般に社会保険料は労働者と使用者がそれぞれ負担するものが多いのですが、労災保険料は全額が使用者負担です。また、「**メリット制**」といって、過去３年間の給付額に応じて保険料率が増減します。要するに、労災が発生したら保険料が上がる仕組みなので、労災の防止に努めるインセンティブとなるわけです。もともとの保険料率は、仕事の危険度に応じ、製造業、建設業など事業ごとに細かく定められています（見直しも行われることがあり、最新の数値は厚生労働省のウェブサイトで確認できます）。

　なお、先に述べたように、労災補償義務はもともと労基法に根拠があり、それをカバーするために労災保険法があるのですが、労災保険法によって治療費などの保険給付が行われるべき場合、労基法上の補償責任はなくなります（労基法84条１項）。言い換えれば、労災補償の中心は労基法ではなく労災保険法が担っているということですね。

2　労災保険給付が行われるまで

　労災保険法によってなされる給付（労災保険給付）には、治療に関する「療養補償給付」、仕事ができなかったときの「休業補償給付」

など、さまざまなものがあります。たとえば休業補償給付は、労働者の平均賃金（→「ワード解説35」143頁）相当額を「給付基礎日額」と設定し、その6割をベースに、2割を休業特別支給金として加算し、休業前の8割が支給される計算です（労災法8条、14条、29条等）。これなら、ある程度は安心して休業できそうですね。なお、本人が亡くなった場合の「遺族補償給付」など、年金形式が設けられている給付もあります（→給付の種類は第11章③で整理します）。

　労災保険法による給付が行われるのは、労働者の負傷、疾病、障害、死亡等が仕事上、つまり「**業務上**」のものと認められる場合です（「**業務災害**」と呼ばれます。労災法7条1項1号）。当然の話かもしれませんが、仕事と関係のないケガや病気について給付を受けることはできません（勤務先が複数ある場合については→「ワード解説65」270頁）。

　また、通勤中は仕事中とはいえませんから、通勤中に負ったケガなどは、業務災害ではありません。しかし、「**通勤災害**」というカテゴリがつくられており（労災法7条1項3号等）、通勤中のケガ等もカバーされます（→「ワード解説49」203頁も参照）。給付の内容は上記の業務災害と基本的に同じですが、「休業給付」など名称に「補償」の2文字が入らない形になっています。

　労災保険の手続きは、労働基準監督署（以下、労基署）が担当します。労基署に行き、労働災害に遭った労働者（本人が亡くなった場合は遺族）が労働基準監督署長あてに保険給付の申請（請求）をします。このとき、労働災害の発生状況や発生年月日について、使用者による証明（事業主証明）が必要となるほか、本人による手続きが難しい場合、使用者にはそのサポート（助力）が求められます（労災法施行規則12条、23条）。使用者は知らんぷりをしていてはいけないわけ

ですね。

　なお、労災を隠そうとすること（いわゆる「**労災隠し**」）は、労働安全衛生法（以下、安衛法→第11章④）で禁止されています。労働者が労働災害等で負傷、休業、死亡した場合、「労働者死傷病報告」を労基署長あてに提出する義務があり、報告を怠ったり虚偽報告をしたりすると罰金もありえます（安衛法100条、120条等）。

　労災の申請を受けた労基署では、調査を行い、業務上のものと認められる場合は労災保険給付の支給決定、認められない場合は不支給決定を労基署長名で行います。病気やケガが業務上のものか否か迅速に判断しなければならないので、行政が細かい基準（**認定基準**）を策定し、全国の労基署で認定基準等に基づき判断がなされています。

　次回はこの続き、労災の認定の話から再開します！

ワード解説49　通勤災害／通勤からの逸脱・中断

　労災保険法における「通勤」とは、労働者が仕事（就業）に関し、住居と職場（就業場所）の往復などを「合理的な経路及び方法」により行うことをいいます（労災法７条２項）。住居と職場の往復以外に、単身赴任における自宅と赴任先住居間の移動、兼業の場合の職場間の移動など、かなり幅広く含まれます。なお、会社へ届け出ていた通勤ルートと実際の（負傷したときの）ルートが違った場合、通勤手当の計算など会社との関係で問題が生じる可能性はありますが、そのルートが「合理的な経路及び方法」といえれば、通勤災害と認められます。

　また、通勤経路からそれる「逸脱」や、途中で長時間の飲食をするなど「中断」の場合、逸脱・中断後は通勤災害でカバーされる「通勤」にはあたりません。しかし、逸脱・中断が日用品の購入や病院への通院など最小限度のものである場合は、合理的な通勤経路に戻った後は再び「通勤」と扱われ、通勤災害としてカバーされることになっています（労災法７条３項、労災法施行規則８条）。

2 労災の認定

☞ 今回のポイント

今回は前回に続いて「労災」がテーマです。労災と認定されるための基準、そして、過労死や過労自殺の問題についてみていきましょう。

1　労災認定の基本

(1) **前回の確認**：労災に遭った労働者やその遺族は、労働基準監督署（以下、労基署）の署長あてに労災保険給付の申請を行い、**業務上の**ものと認定されれば給付を受けることができます。以下、ケガの場合と病気の場合に大きく分けて、判断のポイントを整理します。

(2) **事故などによるケガの場合**：職場で事故が起きてケガをした（最悪、死亡に至った）場合、そのケガ等が業務に起因するといえる必要があります（「**業務起因性がある**」という言い方をします）。たとえば作業中に転んでケガをしたら、業務起因性がありそうですよね。また、歓送迎会などの親睦会でケガをした場合も、参加に義務づけがあった場合は業務といいうるので、業務起因性が肯定されることがあります（場所は必ずしも職場内に限定されないということです→「ワード解説50」212頁も参照）。なお、地震や津波といった自然災害による場合、業務起因性がないようにも思われますが、津波等の被害に遭いやすい業務上の危険があり、それが現実化したと解釈することで、東北・東日本大震災などの際は多くのケースで労災が認められました。

(3) **病気（疾病）の場合**：病気の場合は、事故（ケガ）の場合より判

断が難しいことも多いです。そのため、労働基準法の施行規則（以下、労基則）の別表（「別表第1の2」）として、「この仕事をしていて、この病気になったら、労災と推定する」というリストがつくられています。たとえば、医療や介護の仕事をしていて伝染性の疾患にかかった場合は、労災と推定されます（「別表第1の2」6号。労基署の側で、仕事以外の原因でその疾患にかかったと証明できなければ、推定どおりに労災と扱われることになります）。

2 過労死、過労自殺

(1) **基本的な考え方**：働きすぎ（過労）によって、脳・心臓疾患（脳出血や心筋梗塞など）を発症し死亡するケース、精神疾患（うつ病など）になって自殺するケースがあります（前者が**過労死**、後者が**過労自殺**です）。いずれも本人はすでに亡くなっていますので、業務上か否かの判断はさらに難しくなります。

　過労死の場合、本人の健康になんの問題もなかったというより、動脈硬化や高血圧などの症状（**基礎疾患**）があることが多いです。そのため、死亡の原因が業務か基礎疾患かが争点となります。考え方として、業務による過重な負荷が、基礎疾患を自然の経過を超えて増悪（ぞうあく）させて死亡に至った場合、業務上のものと認められます。つまり、基礎疾患が自然に悪くなった結果ではなく、仕事が原因で、ぐっと悪くなって発症（死亡）したといえれば、労災と認められます。

　過労自殺でも、自殺の原因が業務か労働者自身の選択（故意）かが争点となります。考え方として、業務（過労）と精神疾患の間に**因果関係**（原「因」と結「果」の関係）があり、精神疾患と自殺の間にも因果関係があると認められれば、労災と認められます。つまり、仕事以外の私的なことなどで悩んで自殺に至ったわけではなく、業務→精

神疾患→自殺と因果関係がつながる場合、労災として扱われるわけですね。

⑵　**具体的な認定基準**：以上、考え方を整理してみましたが、実際の認定はどのように行われるのでしょうか。前述の労基則の別表でも、「長期間にわたる長時間の業務その他…による脳出血…脳梗塞…心筋梗塞…」（「別表第1の2」8号）、「…心理的に過度の負担を与える事象を伴う業務による精神及び行動の障害…」（同9号）とリスト化されています。しかし、「長期間」か、「過度の負担」かなどを判断する必要がありますね。そこで、厚生労働省が「認定基準」と呼ばれる基準を定めており、労基署ではこの基準に沿って判断が行われています。

　認定基準には大きく次の2つがあります。まず、一般に「**過労死認定基準**」と呼ばれる、「血管病変等を著しく増悪させる業務による脳血管疾患及び虚血性心疾患等の認定基準について」です（平成13.12.12基発1063号。令和3.9.14基発0914第1号等で改正。なお、「基発」の意味は→第1章⑤〈21頁〉を参照）。ポイントは、時間外労働が発症前1カ月間に**100時間**を超える場合、または発症前2〜6カ月間に1カ月あたり**80時間**を超える場合、業務と発症との関連性が強い（要は、労災にあたる可能性が高い）としている点です。残業など時間外労働の時間について、80、100といった具体的な目安が定められているわけですね。

　次に、過労自殺とかかわるメンタル面に関しては、「**心理的負荷による精神障害の認定基準について**」（平成23.12.26基発1226第1号。令和2.8.21基発0821第4号等で改正）があります。この基準によると、ⓐうつ病など対象となる精神障害を発病し、ⓑ発病前おおむね6カ月間に業務による強い心理的負荷が存在し、ⓒ業務以外の理由（業務以外の心理的負荷および個体側要因、たとえば家族関係の悩みなど）で

発病したわけではない場合、原則として労災と認められます。

　前記ⓑの「業務による強い心理的負荷」については、「強い」「弱い」を判断するのが難しいですよね。そこで、この基準の別表として、**「業務による心理的負荷評価表」**が作成されています。この評価表は心理的負荷の強度をⅠ、Ⅱ、Ⅲ（弱→強）にランク付けしており、たとえば「上司とのトラブルがあった」はⅡ、「上司等から、身体的攻撃、精神的攻撃等のパワーハラスメントを受けた」はⅢとされています。この表を用いた総合評価を行い、心理的負荷が弱・中・強で「強」に達している場合、前記ⓑを満たすと判断されます。

3　労災に関する行政訴訟

　労災と認定されなかった場合、労基署長名で保険給付の「不支給決定」が出されます。労働者や遺族の側には、審査や再審査を求める手続きがおかれているほか、最終的には訴訟（行政訴訟）で争うことができます。国を被告として訴訟を起こし、不支給決定という<u>労基署長による処分</u>の**取消し**を求めるわけです。そのため、労災の行政訴訟に関する判例は「国・○○労基署長（△△社）事件」（○○は労基署の名称）などと名前が付けられます。

　なお、裁判所は、前述の認定基準を満たしていなくとも、労災と認めることがあります。通達はあくまで行政の内部基準であって、裁判所を拘束する力がないため（→第１章②）、判断が分かれることもあるわけですね。

　次回も労災の話の続きです！

3 労災保険給付の種類、使用者の賠償責任

☝ 今回のポイント—————————————————————

今回は、まず、労災保険の給付の内容を整理します。そのうえで、労災では使用者の損害賠償責任も問題となりうることをみていきましょう。

1 労災保険給付の内容

労災保険から支給されるもの（労災保険給付）にはどのような種類があるのか、あらためて整理しておきましょう。

(1) **療養補償給付**：病気やケガに対する「療養」を給付するもので、治療や投薬を**無料**で受けられます（労働者災害補償保険法〈以下、労災法〉13条）。原則はこうした「現物」支給ですが、例外的に、治療費等を後から返金（償還）することもあります。なお、労災では、病気等の症状が固定し、それ以上の治療の効果が期待できなくなった状態のことを「治癒」と呼びます（一般的な意味と異なり、必ずしも全快を意味していない点に注意が必要です）。この（労災でいう）治癒に至るまで、給付を受けることができます。

(2) **休業補償給付**：療養のために休業し、賃金をもらえない場合、平均賃金（→「ワード解説35」143頁）に相当する「**給付基礎日額**」（労災法8条）の6割が支給されます（同法14条）。なお、2割の「休業特別支給金」もありますので（同法29条等）、合計すると平均賃金の8割ですね。また、細かい話ですが、休業補償給付は休業の4日目からで、最初の3日間は対象外です。つまり、この3日分については、

「労働基準法（以下、労基法）に基づく労災補償義務」をカバーする労災保険が存在しないことになるので、労基法上の義務がそのまま残ります（労災保険でカバーされる分については労基法上の義務がなくなる、という関係でしたね→第11章①）。よって、最初の３日間は使用者自身で平均賃金の６割を労災補償（休業補償）として支給する必要があります（労基法76条）。

(3)　**障害補償給付**：病気やケガが前記(1)でいう「治癒」、つまり症状の固定に至った段階で障害が残った場合、その障害の程度（**等級**）に応じて支給されます（労災法15条等）。等級は１〜14級まであり、１〜７級のより重い障害には年金形式、８〜14級の比較的軽い障害には一時金形式で支給されます。

(4)　**遺族補償給付**：労災で亡くなった労働者の収入で生活していた、配偶者や子などの遺族に対する給付です。遺族のなかでも優先順位があることや（配偶者が最優先です）、年金形式を基本としつつ一定の場合には一時金形式となることなど、細かいルールがいろいろとおかれています（労災法16条以下）。

(5)　**傷病補償年金**：病気やケガが療養開始から１年６カ月たっても「治癒」せず、障害が上記(3)の１〜３級に該当する場合、休業補償給付から切り替わる形で支給されます（労災法12条の８第３項、18条等。なお、療養補償給付の方は「治癒」まで継続されます）。

(6)　**その他**：「葬祭料」は労災で亡くなった労働者の葬式等の費用として（労災法17条）、「介護補償給付」は障害で常時（または随時）介護が必要となるとき、それぞれ支給されます（同法12条の８第４項等）。

　以上、さまざまな給付がありますね。なお、通勤災害（→「ワード解説49」203頁）に対する給付は、内容は基本的に同じですが、<u>名称</u>

に「補償」の２文字が入らない点が異なります（たとえば「療養給付」。労災法21条以下）。

２ 労災と損害賠償

(1) **労災保険だけでは不十分？**：労災に遭った労働者（本人が亡くなった場合は遺族）が、使用者に対し**損害賠償**を求める場合があります。労災保険があるのになぜ使用者に請求するのかというと、そもそも労災保険ではカバーされない部分があるからです。たとえば、**精神的な損害**は労災保険制度の対象外とされています。労災の事案は膨大な数になるため、定型的な制度として設計されており、労働者がどれぐらい精神的に傷ついたかを個別に給付額に反映させることはありません。したがって、「労災によって精神的にも傷ついた」という損害の賠償（慰謝料）を求めるためには、使用者に直接請求するしかないということになります（こうした請求の事案を「労災民訴」と呼んでいます。慰謝料のほか、保険給付の定型的な内容〈金額〉を超える損害が発生した場合なども含まれます）。

(2) **請求の法的な根拠**：労災について損害賠償を請求する場合、主な法的根拠となるのは「**安全配慮義務**」です（労働契約法〈以下、労契法〉５条→第１章⑥）。労災が起こったのは、使用者が労働者の安全について十分に配慮していなかったからであるとして、安全配慮義務違反を主張するわけですね。具体的には、債務不履行や不法行為（→「ワード解説６」29頁）が成立するとして損害賠償を請求することになります（**電通事件**・最二小判平成12.3.24労判779号13頁）。仮に裁判になった場合、使用者が安全配慮義務として具体的に何をすべきだったのか（例：業務の軽減措置を行うべきだったのか）、そして、それを怠ったのか（例：軽減措置を行っておらず、義務違反があったとい

えるのか）が争われます。

　なお、特にメンタル面の不調や病気については、通院や薬を飲んでいるといった事情があっても、なかなか周囲や会社には言いにくいですよね。そこで、こうした事情を労働者が使用者に申告していなかったとしても、過労による心身の不調が起きないよう使用者が安全配慮義務を負うことに変わりはありませんし、何かあったときに使用者の賠償責任（賠償額）が軽減されることにもならないと考えられています（東芝〈うつ病・解雇〉事件・最二小判平成26.3.24労判1094号22頁）。

　こうしてみてくるとわかるように、安全配慮義務とは、何かチェックリストのようなものがあって、それを機械的に全部やれば義務を果たした、といえるようなものではありません。使用者としては、労働者1人ひとりが多様な個性を持つことを前提に、できる限り丁寧な対応が求められるということですね。

(3)　**労災と損害賠償の調整**：最後に、損害賠償と労災保険給付の間では調整がなされます。労基法84条2項には、使用者が労基法上の労災補償を行った場合、その分だけ損害賠償責任がなくなるという定めがあります。ここで、労基法上の労災補償義務をカバーするものとして労災保険が存在する以上、この定めは労災保険にも当てはまると考えます。つまり、労災保険給付が行われた場合、その分だけ損害賠償責任がなくなるという結論になります（→「ワード解説51」212頁も参照）。

　ただ、結論はとても当たり前の話で、たとえば治療費について、労災保険から給付されたのに、使用者からも損害賠償として受け取るという、いわゆる「二重取り」はできない仕組みになっているということですね。

　以上で労災の話を終え、次回は安全衛生です！

ワード解説50　業務起因性、業務遂行性

　ケガなどの「業務起因性」の「業務」とは、仕事中だけを指すのではなく、より広い内容が含まれます。具体的には、①仕事中はもちろん、②職場で使用者の管理下にいるものの休憩などで仕事をしていないとき、③出張で使用者の管理下から離れているときなども業務と認められ、この場合、「業務遂行性」があると表現されます。実務では、業務といえるか（業務遂行性）をまず判断し、次に、業務上の災害といえるか（業務起因性）を判断するという流れになります。なお、本文でも述べたように、④懇親会などの行事も、参加の強制があれば業務遂行性が認められます。

　業務遂行性がある場合、業務起因性は、上記の①、③では基本的に認められます（仕事中は当然ですし、出張中は広く危険にさらされていると考えるからです）。逆に、②では職場の設備に欠陥があったなど特別の事情がなければ否定されるでしょう。④はケースバイケースの面もありますが、任意参加ではなく業務遂行性があるという前提であれば、業務起因性が認められる可能性もあるということですね。

ワード解説51　類推適用

　類推適用とは、「よく似た状況について、ルール（条文）を借りてきて適用すること」と考えてください。前頁でみた労基法84条２項は、「労基法上の補償」が行われた場合に損害賠償責任がなくなると書かれているので、「労災保険によって補償」された場合、条文の言葉だけをみると適用はできません（「直接適用」はできないということです）。しかし、これは治療費等の二重取りを避けるための規定ですから、労基法上の補償と労災保険法による補償を区別する必要はありません。そこで、84条２項のルールを借りる（「類推適用」する）ことで、労災保険で補償された分は使用者の損害賠償責任がなくなる、という結論を導くわけですね。

4 職場の安全衛生

POINT
👆 今回のポイント――――――――――――――――――――

今回は職場の「安全衛生」です。基本的なルールを確認した後、ストレスチェックや医師による面接指導について理解を深めましょう。

1 安全衛生の基本ルール

(1) **安衛法とは**：前回までみてきた労災を防止すること、そして、安全かつ衛生的な環境で働けることは、労働者にとって非常に重要です。そのため、**労働安全衛生法**（以下、**安衛法**）が、職場の安全衛生に関してさまざまな規制を行っています（より具体的なことは**労働安全衛生規則**〈以下、**安衛則**〉などで定められています）。①作業の安全に関する技術的な話はもちろん、②働きすぎ（過重労働）や③メンタルヘルスの問題など、総合的・多角的な内容となっているのが特徴です。

　本書では、業種や職種を問わず重要となる上記②と③を中心に紹介します（→①については「ワード解説52」217頁も参照）。

(2) **産業医や職場の管理者**：安全衛生については、専門家である医師のアドバイスが重要な意味を持ちます。そこで安衛法は、労働者が50人以上の職場（事業場）について、使用者に**産業医**の選任を義務づけています（労働者数3,001人以上：専属2人以上、1,000～3,000人：専属1人以上、50～999人：1人以上〈嘱託でも可〉）。産業医の職務は、健康診断、そして後記2、3の面接指導やストレスチェックに関する

ことなど、健康管理全般にかかわっています。さらに、使用者は、産業医に対し労働時間の状況など必要な情報を提供することや、産業医から受けた勧告を尊重することが義務づけられます（以上、安衛法13条等）。また、休職・復職（特に復職の可否）についても、産業医の判断が法的に重要な意味を持つことがあります（→第5章⑤）。

このほか、職場における安全衛生管理体制を整えるため、規模に応じて、安全衛生の責任者である「総括安全衛生管理者」、そのサポートをする「安全管理者」「衛生管理者」等の選任（安衛法10条以下）、そして、「安全委員会」や「衛生委員会」の設置（安衛法17条以下）なども必要とされています（両方の委員会を設置すべき場合は「安全衛生委員会」を設置すればよいとされています）。

(3)　**健康診断**：労働者の健康を管理するため、健康診断の実施も義務づけられています。採用時および年1回以上実施する**一般健康診断**（安衛法66条1項）が中心です。一定の有害業務に従事している労働者については特殊健康診断（同条2項）も定められています。労働者には健康診断を受診する義務がありますので、忙しいことなどを理由とせず、しっかり受診することが大切ですね（同条5項。ただし、受診義務に反しても罰則はありません）。なお、使用者の指定する医師とは別の医師による健康診断を受け、その結果を証明する書面を提出することでもよいとされています（同条5項ただし書。医師を選択する自由を認めるということです）。

2　医師による面接指導

安衛法は、過重労働（働きすぎ）を防ぐための具体的な仕組みとして、**医師による面接指導**を定めています（安衛法66条の8、安衛則52条の2以下）。これは、週40時間を超える労働（つまり時間外労働や

休日労働）が合計で月80時間を超え、かつ、疲労の蓄積が認められると本人が申し出た（要は面談を希望した）場合、医師による面接指導の実施を使用者に義務づけるものです（月80時間を超えた事実を本人に通知することも必要です）。一定の場合に労働者と医師の面談をセッティングすることが求められるわけですね。

　ただ、医師に会わせればそれで終わり、というわけではありません。むしろここからがポイントで、使用者は面接指導を行った医師から報告・意見を聴き、必要な場合には、**作業の転換**、**労働時間の短縮**など、**適切な就業上の措置を講じなければならない**とされているのです。たとえば、働きすぎなので労働時間を短くする必要があると医師からいわれれば、短くする措置を取らなければならないわけですね。

　この点、措置を講じなかったとしても、実は安衛法上の罰則はありません。しかし、たとえば医師から労働時間の短縮が必要という意見を聴いていたにもかかわらず、使用者が何もせずにいて労働者が過労死に至った場合、安全（健康）への配慮が十分だったとは到底いえませんよね。ほぼ確実に、**安全配慮義務違反**（労働契約法５条→前回等）が成立することになるでしょう。多額の賠償責任が生じる可能性もあります。そうならないように使用者が対応することで、過重労働の改善が図られるわけですね（なお、面接指導をより適切に実施できるように、「働き方改革」で使用者に労働者の労働時間の状況の把握が義務づけられるようになりました〈安衛法66条の８の３→第４章④〉）。

3　ストレスチェック

　メンタルヘルスの問題の早期発見・改善のため、労働者50人以上の事業場について、医師、保健師等による**ストレスチェック**の実施も義

務づけられています（安衛法66条の10。労働者が50人未満の事業場では実施が義務ではなく努力義務〈→「ワード解説39」155頁〉とされています）。ストレスチェックで高ストレスと判定された労働者等が希望した場合、使用者は前記2と同じように<u>医師による**面接指導**を実施する義務があります</u>。面接指導後の流れ、つまり、医師の意見等に応じて適切な措置を講じる必要があり、講じなければ<u>安全配慮義務違反の問題が生じうること</u>まで、まったく同じです。

　ただ、メンタルの問題はとてもデリケートな面もありますので、労働者にはストレスチェックの受検義務はありません（チェックですから受「検」ですね）。よって、受検を強制し、未受検者を処分するといった扱いは許されません。また、チェック結果は労働者に直接通知されることになっています。この点も、結果を使用者に知られると何か不利益を受けるのでは、と不安に思う労働者もいるでしょうから、<u>本人の同意なく使用者が結果を知ることはできない仕組み</u>となっているわけですね。メンタル面の不調は、ケガや身体的な疾病と比べ、問題の発見が難しい場合も少なくないので、こうした早期発見を目指す枠組みがつくられているということです。

　以上、今回で労災・安全衛生の話を終えて、次回から労使関係の話に入っていきます！

※安全衛生に関する具体的な情報については、厚生労働省「職場のあんぜんサイト」が参考になります。
https://anzeninfo.mhlw.go.jp

ワード解説52　作業の安全（危険や健康障害の防止）

　安衛法は、労働者の危険や健康障害を防止するために、さまざまな規制を設けています（安衛法20条以下）。たとえば２メートル以上の高所の作業では、足場や囲いを設けるとともに、労働者に墜落防止の命綱（「安全帯」）を使わせることが必要です（安衛法21条、安衛則518条以下）。かなり細かく具体的ですね。また、クレーンなどの危険な作業を必要とする機械について、製造・使用のために必要な許可や手続きが定められていますし（安衛法37条以下）、健康障害を生じさせるおそれのある化学物質等については、取扱上の注意事項や注意喚起のための標章（炎やドクロのマーク）の表示なども義務づけられています（安衛法57条等）。さまざまな角度から安全衛生の実現が目指されているわけですね。

第12章

労使関係

1 労働組合のイメージをつくる

今回のポイント

今回から「労働組合法」について学びます。労働組合（組合）に関するとても重要なルールです。まずは、労働組合について基本的なイメージをつくりましょう。

1 労働組合とは何か

労働組合とは、ひと言でいえば、労働者が使用者と交渉するために集まった団体のことです。なぜ集まるのかというと、労働者1人ひとりは「弱い」からです。職場に不満があっても1人ではなかなか会社にいえませんし、たとえいえても、十分に取り合ってもらえないかもしれません。そこで、皆で集まって、つまり「団結」することで使用者と交渉する力（交渉力）を高めようというのが、労働組合の原点です。

労働組合（および労働者）と使用者の関係を労使関係と呼びます（労使関係＝労働組合が関係する話だと思ってください）。労働法は労使関係法と雇用関係法に大きく分けられ、労働組合の活動をサポートするのが労使関係法であり、その中心が労働組合法（以下、労組法）であることは、本書の第1章1で学びましたよね。

労働組合というと、A社という会社の社員が集まったA社労働組合というように、企業別の組織（企業別労働組合）というイメージが強いかもしれません。ただ、実は、労使関係は企業・産業・全国という3つのレベルでできた階層構造になっています。企業別労働組合が産

業ごとに集まってつくられているのが、**産業別労働組合**です。一企業の枠を超えた産業レベルの課題に対応できますし、春闘（→「ワード解説15」59頁）で企業別労働組合が各企業と交渉する際、各社の賃上げの合意状況など、情報を集約して企業別労働組合をサポートします（ホワイトボード一面に各社の賃上げ額が書かれた光景を報道で見たことがあるかもしれませんが、あれはたいてい産業別労働組合の事務所です）。そして、産業別労働組合等が加盟する全国レベルの労働組合が「**ナショナルセンター**」と呼ばれており、日本で最大のものは連合（日本労働組合総連合会）です。労働組合といっても各企業と交渉するのではなく、政策への関与が大きな役割です。政府や経営者団体などと協議・調整を行う、審議会（→「ワード解説45」192頁）へ委員を派遣し、労働者や労働組合のためになる立法・法改正を目指すなどの活動を行っています。

　以上に加え、企業や産業にかかわらず組織された、**ユニオン**と呼ばれる労働組合もあります（→「ワード解説53」223頁）。労働組合がない会社でトラブルが起きた場合、労働者がいわば「駆込み」で加入してサポートを受ける例などがみられます。

　労働組合がない会社、と書きましたが、実は労働組合があるほうが少数派です。「**組織率**」という、労働者のうち労働組合に入っている人（組合員）の占める割合は約17％です（→「ワード解説12」43頁）。つまり、世の中の大半の人々は、労働組合がない環境で働いているということです。戦後まもなくは50％程度だった組織率は低下を続ける傾向にあり、数字だけをみると労働組合は身近な存在ではなくなっているかもしれません。しかし、よく考えてみると、<u>労働者の声なくして、労使の利益を調整し、望ましい経営環境を実現していくことは困難</u>といってよいでしょう。その意味で、労働組合は使用者にとって重

要なパートナーであるともいえるわけです。

　事実、労組法は、さまざまな面で労働組合の活動を手厚くサポート
しています。労働組合と使用者が交渉（**団体交渉**）することを中心
に、交渉がしっかりできるように、労働組合をつくること（**団結**）、
いろいろな活動（**団体行動**）をすることを保護しています。これらの
３つの太字は憲法28条が保障する団結権、団体交渉権、団体行動権
（いわゆる**労働三権**〈**労働基本権**〉）ですから、労組法は憲法が保障す
る権利をより具体的に保障しているといえます。労働組合は、法的に
とても重要なものと位置づけられているのです。

2　労働組合の組織・運営

　労働組合の組織はもちろん労働組合ごとに異なりますが、一般的な
企業別労働組合のイメージをまとめておきましょう。まず、労働組合
を代表する「委員長」、補佐役の「副委員長」、実務的なことを担う
「書記長」がおかれ、一般に三役と呼ばれます。そして、各職場から
役員（「職場委員」など）が選ばれ、三役などの執行部と個々の組合
員をつなぐ役割を果たすことが多いです。三役や各役員は選挙で選ば
れ、民主的に運営されていくというのが労働組合の基本です。

　イメージ的には、中学校や高校の「生徒会」に近い面があるかもし
れません（生徒会長等が選挙で選ばれるとともに、クラスごとに代表
の委員が選ばれ、会長等の執行部と個々の生徒をつなぐという形で
す）。ただ、生徒会は生徒全員の加入が原則だと思われますが、労働
組合はあくまで自分の意思で加入することが前提なので、加入しない
場合もあるという点が違っています。

　次に、労働組合の運営においては、「自治」が認められるのが大き
な原則です（**組合自治**の原則と呼びます）。ただし、委員長らが好き

勝手に運営するのではなく、労働組合のルールとして「**規約**」がつくられ、規約に基づき運営されることが前提です。組合員は規約や労働組合の決定に従う義務がありますし（組合費の支払いも必要でしょう）、会社はもちろん、行政などがいちいち口を挟むこともできません。

なお、企業別労働組合が、加入資格を正社員に限定するのか、非正社員も含むのかは、自治の問題として各労働組合で決めることが可能です。パートやアルバイトに加入資格（組合員資格）を認めなくとも、それが望ましいかはともかく、違法ではありません（非正社員の数が増加していることも、労働組合の組織率低下の一因といえます）。さらに、規約で定め、規約に基づき行うのであれば、組合費を滞納した組合員を除名するなど、会社でいうところの懲戒処分（→第5章④）を行うことも可能です（労働組合が行う場合は**統制処分**と呼びます）。

ただし、自治だからといってなんでもありではなく、たとえば委員長が個人的に嫌いな組合員を除名するなど、濫用的な行為は許されません（そのような行為を具体的に禁止する法律の規定はないのですが、公序良俗違反〈民法90条→「ワード解説7」30頁〉などの理由で法的に無効とされます）。

次回も、労働組合の運営の話の続きです！

ワード解説53　ユニオン

ユニオンとは、もともとは英語で労働組合の意味ですが（union）、最近では「どの会社で働いていても加入できる労働組合」の総称として使われています（「合同労組（地域合同労組）」などとも呼ばれます）。ユニオンも労働組合なので、加入して組合員となった労働者が勤めている会社に対し、団体交渉を求める権利などを持ちます。こうした権利を活用し、会社に労働組合のない人々のいわば受け皿となっているユニオンが数多く存在します。また、活動方針への疑問などから企業別労働組合を脱退し、社外のユニオンに加入する例もあるようです。

2 労働組合の運営に関する制度

今回のポイント

今回は、「ユニオン・ショップ」や「チェック・オフ」といった労働組合の運営に関する仕組みについて、法的なポイントを理解しましょう。

1 ユニオン・ショップ

> 【設例①】Y社は、従業員の大半が加入している企業別労働組合（A組合）と、「A組合の組合員でない者は原則として解雇する」という協定を締結している。どうしてもA組合に加入しようとしない従業員X1を解雇することは法的に有効だろうか？

(1) ユニオン・ショップ（union shop）とは

設例①のような協定のことを、「**ユニオン・ショップ協定**」と呼びます。使用者と労働組合の間で、労働組合への加入資格があるにもかかわらず、その労働組合に<u>加入しようとしない労働者</u>、あるいは、加入していたものの<u>除名された労働者</u>や<u>脱退した労働者</u>を解雇する旨の協定のことです。なお、ショップには「仕事場」「職場」という意味もあるようで、ここでは「お店」よりそういったイメージに近いですね。

統計によると労働組合の6割以上がユニオン・ショップ協定を使用者と結んでおり、かなり普及した制度といえるでしょう（厚生労働省「平成25（2013）年労働組合活動等に関する実態調査」等）。これは、

労働組合にも使用者にもメリットがあるからです。労働組合側のメリットとしては、「うちの会社はユニオン・ショップだから、（解雇されないように）うちの組合に入ったほうがいいよ」といったように、加入の勧誘がしやすいということです。言い換えれば、組織を拡大・強化しやすいわけですね。他方、使用者側のメリットとしては、ユニオン・ショップ協定によってより多くの従業員が加入していれば、会社のことを決めるうえでその労働組合と話をすれば済むという場面が増え、交渉等がやりやすくなるということがあげられます。

(2) 法的な効力（解雇は有効か？）

ユニオン・ショップ協定は、「協定」と呼ばれますが、法的には36協定など労働基準法（以下、労基法）等における「労使協定」（→第1章③）ではなく、「労働協約」と位置づけられます（→労働協約については第12章④。差しあたり、労働組合と使用者の「約束」と考えてください）。

さて、設例①のようにユニオン・ショップ協定に基づき解雇が行われた場合、その解雇は原則として**有効**です。解雇を有効とする法律の規定が特別にあるわけではないのですが、ユニオン・ショップ協定に基づく解雇は解雇権濫用（労働契約法16条→第7章②）にあたらないと解釈されるからです（**日本食塩製造事件**・最二小判昭和50.4.25労判227号32頁）。

これまで、解雇は比較的厳しく規制されるということを繰り返し学んできました（→第7章②、③）。それに対し、ユニオン・ショップでは解雇が原則有効になるというのは、少々驚きかもしれません。これは、労働組合が、労働者の利益を守ることはもちろん、使用者の重要なパートナーともいえること（→前回）など、とても重要な役割を果たしているからです。そのため、特別に、ユニオン・ショップを通

した組織の強化を認めようということが背景にあると考えてください。

【設例②】設例①で、A組合を脱退して社外のユニオン（→前回）に加入したX2の解雇は有効だろうか？

　ただし、解雇有効という原則にも重要な「**例外**」があります。ひと言でいえば、ほかの労働組合に所属している労働者については、例外的に解雇は**無効**です。脱退（→「ワード解説54」227頁も参照）や除名の後、ユニオンなどほかの労働組合へ加入した場合、入社前からほかの労働組合に所属していた場合などが典型例です。これらの場合に解雇を有効としてしまうと、その労働者は、結局、入った会社でユニオン・ショップを行っている労働組合にしか加入できないことになります。つまり、労働組合をまったく選ぶことができなくなってしまい、その労働者の権利（団結権）を**制限しすぎてしまうことになるからです**（**三井倉庫港運事件**・最一小判平成元.12.14労判552号6頁。ユニオン・ショップ協定は基本的に有効であるものの、ほかの労働組合に所属する労働者を解雇するという場合に限っては公序良俗違反〈→「ワード解説7」30頁〉で協定が無効となるため〈部分的に無効になるということです〉、解雇の根拠がなくなり、解雇は権利濫用で無効と扱われます）。

　結局、ユニオン・ショップ協定に基づく解雇が有効となるのは、設例①のように、どの労働組合にも所属しようとしない労働者に限られます。実際には、設例②のようにユニオン等に加入することで解雇は無効となるため、ユニオン・ショップで実際に解雇されたという話を聞くことはほとんどないと思います。ですから、ユニオン・ショップ協定が締結されていても、社内に第2、第3の労働組合が存在することもありえます。なんとなく、「ユニオン・ショップ締結組合＝その

会社唯一の労働組合」というイメージがあるかもしれませんが、それはあくまでイメージにすぎないことに注意してください。

2 チェック・オフ

　チェック・オフとは、使用者が労働組合の組合費を組合員の賃金から**天引き**し、労働組合へ引き渡すことです。使用者に法律上の義務があるわけではなく、労働協約の定めに基づき行われるのが一般的です（その定めをチェック・オフ協定と呼んでいます。ユニオン・ショップ協定と同じく、法的には労働協約です。→天引きの問題など、詳細は「ワード解説55」232頁を参照）。

　労働組合は、本来、組合費を組合自身で集める必要がありますが、企業別労働組合の場合、天引きで使用者に集めてもらえれば、手間が省けて助かります。使用者による一種のサービスともいえるわけですね。

　なお、組合員個人が、労働組合と対立するなどの理由でチェック・オフの中止を使用者に申し入れた場合、もはや天引きの法的な理由がなくなるため、その組合員についてはチェック・オフを中止しなければならないと解されます。実務的には注意が必要ですね。

　次回は団体交渉の話に入ります！

ワード解説54　労働組合からの脱退（脱退の自由）

　労働組合の組合員には、労働組合から脱退する自由が認められています。組合規約等で脱退を制限したとしても、その規約の方が無効となります。なお、いつでも脱退ができるわけですから、脱退せずに労働組合にとどまるのであれば、組合自治（→前回）に基づき組合の規約や方針に従わなければなりません。「脱退の自由」があるからこそ、「組合自治」が広く認められる（両者はいわば「表」と「裏」、表裏一体の関係にある）ということですね。

3 団体交渉

今回のポイント

労働組合が持つ「団体交渉」の権利は、労働組合法の最も中心的な部分といっても過言ではありません。権利の内容（使用者が負う義務の内容）について理解を深めましょう。

1　団体交渉の基本的なルール

　労働組合には、使用者と交渉を行う権利（**団体交渉権**）が保障されています。憲法28条の規定（→第12章①）をベースに、労働組合法（以下、労組法）が「使用者が雇用する労働者の代表者と団体交渉をすることを正当な理由がなくて拒むこと」を禁止する形で、より具体的に保障しています（労組法7条2号）。

　ここでのキーワードは、①**義務的団交事項**、②**誠実団交義務**の2つです。①について労働組合が使用者に団交を申し入れた場合、使用者は②の義務を負います。なお、上記のとおり、労組法の条文はシンプルで、この①②が直接書かれているわけではありません。7条2号の解釈から導かれた概念（用語）です。条文に書かれていない分、しっかり内容を理解してくださいね。

　①**義務的団交事項**とは、次の③または⑥に当てはまり、かつ、使用者が決定できる事項です。

> ⓐ労働条件その他の組合員の待遇に関する事項
> ⓑ労使関係の運営に関する事項

　ⓐには、賃金や労働時間といった典型的な労働条件がもちろん含まれます。しかし、それらにとどまらず、人事異動や解雇といった個々の組合員に関する案件も、解雇等の基準（広い意味では労働条件の基準といえます）をどう当てはめて実際に解雇等に至ったのかという話なので、ⓐに含まれうるのです。必ずしも「個人のことは団交と関係ない（団交で取り上げる必要はない）」というわけではありませんので、注意が必要ですね。なお、議題が経営とかかわりが深い場合、使用者がそれを理由に団交を拒否できるかという問題もあります（→この点については「ワード解説56」232頁を参照）。それから、ⓑとしては団体交渉の進め方などがあげられます。労働組合から求められた議題がⓐ ⓑのいずれにもあたらなければ、団交を拒否する「正当な理由」があることになるわけですね。

　②誠実団交義務とは、その名のとおり、使用者は誠実に交渉する義務を負うということです。ただ、ここで重要なのは、「誠実」か否かの判断要素は何かという点です。判例によると、誠実な交渉といえるためには、使用者が㋐主張の根拠を具体的に説明すること、および㋑可能な範囲で必要な資料を提示することが求められます（カール・ツアイス事件・東京地判平成元.9.22労判548号64頁等）。これらを欠いた不誠実な（形式的な）交渉は、誠実団交義務に違反し、「不当労働行為」という違法行為にあたります（前掲の労組法7条2号が禁止しています。不当労働行為については→第12章⑥）。団交においては、社長など使用者側が「会社の立場もわかってほしい」などと頭を下げるだけではダメで、経営状況等に関する資料を示しつつ、具体的な説明

を行わなければ、「誠実」とはいえないということですね。

　ただし、使用者が労働組合に対し「譲歩」や「妥協」の義務を負うわけではありません。誠実な交渉を尽くしたのに交渉が行き詰まった場合は、交渉を打ち切っても誠実団交義務違反ではないとされます。

　まとめると、労組法は使用者側を交渉の席に着かせ、誠実な交渉態度をとらせることまでを保障しています。言い換えれば交渉の「環境」を保障しているわけですね。ですから、交渉の「結果」がどうなるか（希望する内容で使用者と合意できるか）は、労働組合と組合員の取組み次第です。この点は、最低基準を定めて保障してくれる労働基準法と、交渉の環境を保障してくれる労組法で、大きく発想が異なります。労組法の基本的な性格が、労働組合を横からサポートすることにあること（→第１章①）が実感できますね。

2　団交義務を負う使用者の範囲

　たとえば、A社の従業員がつくった労働組合に対しA社が誠実団交義務（以下、団交義務）を負うのは当然ですよね。前掲の労組法７条２号に「雇用する労働者の代表…」とあるように、団交義務は、団交を求めている労働組合の組合員と労働契約を締結している会社に生じます。まず、この原則を理解しましょう。

　社内に複数の労働組合がある場合は、会社はそれぞれに対して団交義務を負います（複数の労働組合を許容するという意味で、「複数組合主義」と呼ばれます）。たとえば、多数派の労働組合とのみ交渉し、少数派の労働組合は無視するといったことは許されません（「不当労働行為」にあたります）。つまり、交渉義務を負う労働組合については、どの組合に対しても交渉の機会を保障する必要があります（使用者は「中立保持義務」を負うと説明されます。なお、機会を保障し誠実な交

渉を尽くしたのであれば、交渉の結果〈たとえば、賞与（一時金）の額が賃金の何カ月分か〉が労働組合ごとに異なることはかまいません）。

この原則に当てはめると、ユニオン（→「ワード解説53」223頁）のように社外の労働組合であっても、社員が１人でも加入していれば、その会社がユニオンに対して団交義務を負うことがわかります。もちろん、交渉の対象はその社員の雇用や待遇に関することに限られますが、社外の労働組合だからといって、団交を拒否することは許されません。「うちの会社には労働組合がないから、団交については知らなくてよい」というわけではありませんので、注意が必要ですね。

なお、原則だけでもかなり広い内容が含まれますが、この原則には「例外」もあります。判例によると、直接の使用者（雇用主）以外の会社が、組合員の労働条件等を、雇用主と部分的とはいえ同視できる程度に現実的かつ具体的に支配、決定できる地位にある場合、その会社に団交義務が生じます（**朝日放送事件・最三小判平成7.2.28民集49巻２号559頁**）。

たとえば親子会社の場合、子会社の労働組合と団交の義務があるのは、あくまで子会社です。しかし、子会社の労働条件（例：賃金の額）について、親会社が（親子関係ゆえに影響力があるというレベルを超えて）直接的に支配決定しているのならば、どんなに子会社と交渉しても意味がありません。そこで、この例でいえば賃金のことに限り、親会社に交渉の義務を課すということです。あくまで例外的な話ではありますが、こうしたケースもあることを確認しておきましょう（親子会社のほか、持ち株会社が傘下の事業会社の労働条件を直接的に支配決定している場合などにも当てはまります）。

次回は、団体交渉等の結果として締結される「労働協約」について取り上げます！

ワード解説55　チェック・オフ協定

　たとえ組合費であっても、賃金から天引きすることは労基法24条の賃金全額払いの原則に反しますので、適法に行うためには「労使協定」が必要です（→詳細は第３章①）。労働組合に職場の過半数の労働者が加入していれば、過半数組合として労使協定の締結資格もありますので、チェック・オフ協定は労働組合と使用者がチェック・オフの実施を約束する「労働協約」であると同時に、労基法の例外を設定する「労使協定」も兼ねることになり、天引きが適法になります。他方、労働組合が過半数に達していないときは、たとえば労働組合の委員長が職場のほかの労働者の支持も得て、トータルで職場の過半数の支持を得た「過半数代表（→第１章③）」の資格で（チェック・オフ協定と合わせて）労使協定を結ぶなど、手続きが１つ増えることになります。

ワード解説56　経営事項（経営専権事項）

　使用者が団交を拒否する理由として、団交の議題が「経営（専権）事項にあたること」があげられることがあります。しかし、経営（専権）事項という概念は法的に存在しません。ポイントは義務的団交事項に該当するか否かで、該当しないものを経営事項などと呼んでもそれは別にかまわない、という話なのです。たとえば、企業の合併「そのもの」を義務的団交事項というのは難しいかもしれませんが、合併によって「労働条件」がどうなるかという限りでは、まさに組合員の労働条件に関係する義務的団交事項に該当し、使用者は少なくとも合併後の労働条件について団交で説明する義務があると解されます。経営的な要素があることでも、労働条件等に関する「限り」で義務的団交事項と扱うわけですね。

4 労働協約

労働組合と使用者が結ぶ「労働協約」は、法的にとても強い効力を持つ、労働法における重要なルールの1つです。労働協約の定義や効力を中心に、さまざまな場面について理解を深めましょう。

1 労働協約の定義と規範的効力

労働協約とは、ひと言でいえば、労働組合が組合員の労働条件等について使用者と決めた**ルール**のことです（→第1章6でも簡単に触れました）。労働組合法（以下、労組法）が次のように定めています。

> 労組法14条：労働組合と使用者又はその団体との間の労働条件その他に関する労働協約は、ⓐ書面に作成し、両当事者がⓑ署名し、又は記名押印することによつてそのⓒ効力を生ずる。

労働協約は後でみるようにとても強い効力を持つため、口約束のような曖昧な形ではなく、ⓐの書面化が必要です。ⓑの署名とは自筆のサイン、記名押印とは印刷された名前（記名）にハンコを押すことなので、両当事者（たとえば労働組合の委員長と会社の社長）のサインかハンコも必要ということですね。

ⓒの効力については、以下の定めがあります。

> 労組法16条：労働協約に定める労働条件その他の労働者の待遇に関する基準に⑦違反する労働契約の部分は、無効とする。この場合において④無効となつた部分は、基準の定めるところによる。労働契約に定がない部分についても、同様とする。

　労働協約と異なる労働条件を契約書等で定めていたとしても、その内容は法的に無効です（⑦）。そして、無効、要は空白となってしまった部分は、労働協約に書かれたとおりになるわけです（④）。

> 【例】○○手当の金額について労働協約で6,000円と定めた場合、契約書では5,500円となっていても、労働契約上、6,000円に修正されることになる。

　以上の仕組みについて、どこかでみた記憶はありませんか？　そう、これは労働基準法（以下、労基法）や就業規則が持つ「強行的・直律的効力」（→第1章③、⑤）とよく似た話なのです。労働協約の場合は、このようなパワーのことを「**規範的効力**」と呼んでいます（→「ワード解説57」238頁も参照）。なお、労基法等との違いとして、労働協約は、締結した労働組合の組合員のみに適用されます（当然といえば当然ですよね）。労働組合の組織率（→「ワード解説12」43頁）は高い企業でも4〜5割程度ですから、社内には労働協約の適用を受ける人と受けない人が混在することになります（ごく例外的に、組合員以外に拡張的に適用されるという制度もあるのですが〈労組法17、18条〉、条件が厳しく実際にはあまり生じませんので、紹介にとどめておきます）。

2 規範的効力が否定される場合

　労働協約は原則として規範的効力（以下、効力と略記）を持ちますが、ごく例外的に効力を持たないとされる場合が3つあります。❶まず、退職するか否かといった組合員の個人的な権利等に関する事項を労働協約で定めても、効力は生じません（こうした事項を「**個別的授権事項**」と呼びます。組合員個人が「この件については労働組合に任せるよ」と<u>授権を行わない限り</u>、労働協約では処分できないという意味です）。❷次に、ある特定層の組合員（たとえば中高年層）を**ことさら不利益に扱う内容**の場合、要は**内容がひどすぎる**場合も、効力は生じません（もはや、労働組合の目的を逸脱して締結されたものといえるからです）。❸最後に、労働協約は組合員が集まる「組合大会」での承認など民主的な**手続き**が前提とされているため、そのような手続きが行われていない場合も、効力が否定されます。

　以上は、労組法の条文に直接には書かれておらず、前掲の労組法16条の解釈によって導かれる話です。条文にない分、よりしっかりと確認しておきましょう。

3 他のルールとの関係

　①でみたように、労働協約は組合員と使用者の個々の労働契約に対して、規範的効力と呼ばれる力を持っています。では、就業規則との関係はどうでしょうか。同じようにひと言でいえば、<u>労働協約は就業規則よりも「**強い**」ルール</u>と位置づけられています。労基法も「就業規則は、法令又は当該事業場について適用される労働協約に反してはならない」と定め、この優劣を明確に示しています（労基法92条）。

　これは、労働協約が<u>労働組合と使用者（労使）</u>の**合意**の結果であるのに対し、就業規則が、労働者の過半数代表への意見聴取手続き（労

基法89条→第1章⑤）などはあるものの、基本的には使用者が一方的
に作成しうるものだからです。そこで、もし両者がバッティングした
場合、労使の合意を基礎にする労働協約の方を優先することになって
いるわけです。

　具体的には、たとえば先ほどの【例】で、○○手当の金額が就業規
則では5,000円と書かれている場合、この規定は組合員には適用され
ず、組合員の○○手当は6,000円となります。ただ、就業規則が丸ご
と無効となるわけではないので、非組合員に対しては、5,000円とい
う就業規則の規定が適用されることになります。

　以上をまとめると、雇用関係におけるルールの強弱は次のように整
理できます（→第1章⑥と同じ図です）。

　　労基法　＞　労働協約　＞　就業規則　＞　個別の合意
　　（強行法規）　　　　　　　　　　　　　　　（個別の契約）

4　労働協約による労働条件の不利益変更

　労働協約を新しく締結したり、既存のものを改定したりすることに
よって、組合員の労働条件を不利益に変更することは、可能でしょう
か。就業規則については、使用者による一方的な不利益変更は原則と
して認められませんでした（→第6章①、②）。しかし、労働協約の
締結や改定には、労働組合が同意しているということが基礎にあるた
め、労働協約による労働条件の不利益変更は**原則として認められる**こ
とになっています（**朝日火災海上保険〈石堂・本訴〉事件**・最一小判
平成9.3.27労判713号27頁）。労働組合は、それだけ特別な存在と位置
づけられているわけですね。

　なお、先に2で述べた労働協約の規範的効力が否定される3つの

ケースは、不利益変更の場合にも当てはまります。特に２の❷が重要
で、労働条件を不利益に変更するというだけで変更の拘束力が否定さ
れるわけではありませんが、特定層などをことさら不利益に扱う場合
には拘束力が否定される点に注意が必要です。

5　労働協約の終了

　労働協約が終了する場面としては、**期間の満了**や**解約**があります。
まず、期間を設定している場合、その期間が満了すれば終了します
（なお、「労働組合と使用者の双方から異議が出なければ自動的に更新
する」といった規定を盛り込んでおけば、「自動更新」という扱いも
可能です）。また、労働組合と使用者が解約に合意すれば解約が可能
です（労働協約の合意解約）。

　それでは、労使どちらかが一方的に解約することは可能でしょう
か。これは労働協約に**期間**の定めがあるか否かで分かれます。

　㋐期間の定めがない場合、労働組合も、使用者も、いつでも解約す
ることが可能です。ただし、口頭ではなく書面で行わなければならず、
しかも書面には署名（サイン）または記名押印（要はハンコ）が必要
とされているほか、少なくとも解約の**90日前**に予告する必要があり
ます（労組法15条３項、４項）。つまり、解約まで90日はかかるので
すが、相手側の同意が得られなくとも解約できるわけですね。

　これに対し、㋑期間の定めがある場合は、その期間中は一方的な解
約はできないとされています（㋑の場合も合意解約なら可能ですが、
合意解約の場合も署名または記名押印のある書面が必要とされていま
す）。

　このように、期間を定めると労使が合意しない限り途中解約はでき
ないため、長すぎる期間を認めると、その後の状況の変化に対応でき

ない場合が出てきます。そこで、期間を定める場合は**3年**が上限であり、3年を超える期間を定めても3年に短縮されることになっています（労組法15条1、2項）。

　なお、少し意外かもしれませんが、労働協約に<u>期間を定めないこと</u>（特に支障がなければその労働協約をずっと使い続けること）は禁止されていません。期間の定めがなければ前記㋐のようにいつでも解約できるため、状況の変化に対応できないという、<u>期間を制限する理由</u><u>が当てはまらなくなるからです</u>（期間をつけないとかえって不安定なので、労働協約には1年、2年などと期間が定められることが多いと思われます）。

　次回は団体行動の保護について取り上げます！

ワード解説57　労働協約と他のルールの違い：有利原則

　労基法や就業規則は、それに「達しない」労働契約の部分を無効とするので（労基法13条、労働契約法12条）、より有利な労働条件は当然に許容されます。しかし労働協約だけは「違反する」部分を無効とするため（労組法16条）、有利であっても違反し許されないという可能性が出てきます。確かに、せっかく労働協約を締結しても、より有利な労働条件の契約が職場にあふれていれば、労働協約や労働組合のありがたみが薄れてしまうおそれがあります。そこで、労働協約の定めが最低基準を意味することが明らかでなければ、有利な労働条件も「違反」として許されない（規範的効力によって労働協約の水準まで下げられる）と解釈するのが一般的です。より有利な契約を認めることを「有利原則を認める」と表現するので、労働協約の場合、一般論としては「有利原則は認められない」ということですね。

5 団体行動

今回のポイント

今回のテーマは「団体行動」です。団体行動とは何かということから始めて、労働組合のさまざまな活動がどのように保護されているのかを理解しましょう。

1 団体行動とは

団体行動とは、労働組合による(1)組合活動、(2)争議行為の総称です（単なる「集団行動」という意味ではなく、法律用語として使われています）。

(1) **組合活動**とは、間に「の」を入れて「組合の活動」と考えると理解しやすいです。集会や勉強会、機関誌の発行、チラシやビラの配布といった、労働組合の日常的な活動全般が法的に「組合活動」と呼ばれます（→「ワード解説58」244頁も参照）。

(2) **争議行為**とは、団体交渉（団交）において使用者に要求を飲ませるために労働組合が行う「**圧力行動**」のことです。要求を飲んでくれるまで団結して働かないという**ストライキ**が典型例です（争議行為にはいくつかの種類がありますが、ほぼ、ストライキを意味すると思ってかまいません→「ワード解説59」244頁も参照）。使用者には団交で労働組合に譲歩や妥協をする義務はないので（→第12章③）、義務がない相手から譲歩や妥協を引き出すためには圧力が必要になることもあります。それを実現するのが争議行為です。

　以上の団体行動をする権利（団体行動権）は、憲法28条によって保護されます（→第12章①）。保護の詳細は後記4で紹介しますが、労働者が安心して団体行動に参加できる仕組みが用意されているわけです。ただし、「これは団体行動」といいさえすればなんでもあり、というわけではなく、法的にみて組合活動や争議行為が「正当」である（正当性を有する）必要があります。以下、その判断要素を順にみていきましょう。

2　組合活動の正当性

　組合活動として正当といえるか否かは、ⓐ**主体**、ⓑ**目的**、ⓒ**やり方**（「**態様**」と呼ばれます）の3つの要素で判断します。

　まず、ⓐ主体が労働組合であること、具体的には、前記1であげたさまざまな活動が労働組合の意思に基づき行われていることが必要です。なお、組合内部で意見の対立があって、反執行部派が執行部を批判する活動についても、労働組合が民主的に運営されるためには意味がありますから、（単なる誹謗中傷等でない限り）労働組合が主体と考えてかまいません。

　次に、ⓑ目的が労働者の地位の向上にあることが必要です。自社における待遇改善を主張することはもちろん、労働者の権利や利益に直接関係する立法・法改正を求めることも、ⓑの目的に合致します（この意味で、労働組合も政治的な活動を行うことが一定程度は認められるわけですね）。

　最後に、ⓒ態様（やり方）が最も重要な判断要素であり、態様が労働契約上の義務に**反しないこと**、具体的には労働協約や就業規則に違反しないことが求められます。たとえば勤務時間中は、就業規則等によって勤務が義務づけられているわけですから、（使用者が認めた場

合は別として）勤務時間中の組合活動に正当性はありません。労働組合の役員は、日々の仕事と組合活動を<u>両立する</u>ことが求められるわけですね（なお、**組合専従〈在籍専従〉**といって、労働組合の役員が会社を休職扱いとなり、労働組合の活動に専念できる仕組みが労働協約で設けられている会社もあります。その場合は、当然、組合のことに専念してかまわないことになります）。

　日本の労働組合は企業別の労働組合が多いため、組合活動も<u>企業の施設内</u>で行われることが多いです（企業の施設には、会議室や食堂はもちろん、電子メールのシステムなども含まれます）。企業には自社の施設を管理する「**施設管理権**」が認められるため、組合活動の権利（団体行動権）との調整が必要になる場合があります。たとえば、会社の電子メールを業務以外に用いることが禁止されている場合、たとえ勤務時間外であっても、会社の許可なく機関誌の送信などの組合活動に電子メールを使うことは、原則として正当性が否定されます（一般論でいえば、施設管理権の方が優先されるということです）。

　ただし、<u>施設管理権も濫用は許されません</u>。労働組合側も十分注意しており、業務に支障が生じないことが明らかなのに利用許可の求めを拒否し続けるといった態度は、施設管理権の濫用にあたるといえそうです。この場合は、無許可の電子メール利用も例外的に組合活動としての正当性が認められることになるわけですね。

3　争議行為の正当性

　争議行為の正当性の判断要素は、ⓐ**主体**、ⓑ**目的**、ⓒ**やり方**（「**態様**」）、ⓓ**手続き**の4つです。前記2の組合活動と比べると、ⓓが追加されています。ストライキに代表される争議行為は、「労働」という労働契約上の根本的な義務を果たさなくてもよい、とても<u>特別な状況</u>

です。これは、団交で使用者に要求を飲ませるため、まさに特別に認められることです。したがって、あくまで団交の「ため」に行われる必要があり、そのチェックには⒟の手続きもみる必要があるのだと考えてください。

　まず、⒜行為の「主体」が労働組合であることが必要です。この点、反執行部派の活動も正当とされうる組合活動と違い、労働組合の決定に基づかず一部の組合員が勝手に行うストライキに正当性はありません（このようなストライキはアメリカの用語の直訳で「山猫スト（wildcat strike）」と呼ばれます。飼い猫とは違うというイメージなのでしょうか、wildcatには「無謀な」とか「非合法の」という意味があるようです）。一部の組合員だけでは団交は実施できませんから（労働組合としての決定が必要です）、山猫ストは団交の「ため」に行われるとはいえません。だから保護する必要がないということですね。

　次に、⒝「目的」が義務的団交事項（→第12章③）であることが必要です。組合活動では法改正等を求める活動も保護の対象になりえますが、法改正が実現するまでストライキだ！！といわれても、使用者は何をすればいいのか、困ってしまいますよね。あくまでも、労働条件の向上など義務的団交事項について要求していることが前提で、それを使用者に受け入れさせるためにストライキが保護されるということです。

　そして、争議行為（ストライキ）においても、⒞「態様（やり方）」が最も重要です。労働組合が行ってよいのは、仕事を「しない」というレベルまでです。いくら圧力を掛けたいといっても、これを超えて、経営陣に暴力を振るったり、職場を実力で占拠したりすることは認められません（さすがに暴力や実力行使に法律が手を貸すわけにはいかないということです）。

最後に⑥「手続き」として、団交の開始後に行われる必要があります。団交の「ため」の行為なのですから、団交と関係なくいきなりストライキを行うことは認められないということですね。

4 団体行動に対する保護

以上の判断要素に沿って判断し、「正当」といえる団体行動（組合活動、争議行為）は、「**免責**」と「**不利益取扱いの禁止**」の2つの保護を受けることができます。免責には⑦民事免責と④刑事免責があります。⑦は、たとえば正当なストライキの結果、会社が営業できずに多額の損害を受けたとしても、労働組合や個々の組合員にその損害を賠償する責任はないということです。④は、労働組合の活動が強要罪（刑法223条）などの犯罪に該当しうる場合でも、団体行動として正当であれば罪には問われないということです。以上は憲法28条に基づき保障されますが、重要なことなので、確認の意味で労働組合法（以下、労組法）にも規定があります（労組法1条2項、8条）。

不利益取扱いの禁止は、労働者が正当な団体行動へ参加したことを理由とする解雇や懲戒は許されず、法的に無効になるということです。やはり憲法28条がベースになりますが、具体的には労組法7条によって違法無効とされます（7条については次回詳しく取り上げます）。

以上の保障があることで、労働者が安心して団体行動に参加できる仕組みになっています。なお、ストライキに参加して労働しなかった場合の賃金については、ノーワーク・ノーペイの原則（→「ワード解説14」54頁）が当てはまるため、使用者は原則として賃金の支払義務を負いません（つまりストライキ中の賃金は上記の法的な保護の範囲外といえます）。ただ、実際には労働組合が組合員へ経済的な補償を

行うことが多いようですね。

　次回は不当労働行為についてです！

ワード解説58　街頭宣伝活動

　組合活動の１つの形として、街頭に立って主張をする、ビラを配布するなどの「街頭宣伝活動（街宣活動）」があります（街頭に限らずSNSやホームページなどを使った活動も含めて、「情報宣伝活動（情宣活動）」と呼ぶこともあります）。こうした街宣活動は、勤務時間外に企業施設外で行う分には、基本的に問題はありません。しかし、社長など経営者の自宅前での活動は、経営者の私生活の平穏を侵害してしまうため、例外的に正当性を欠くと考えられます。また、明らかに真実ではないことを、真実ではないとわかっているのにビラやウェブ上に載せるようなことにも正当性はありません（もはや単なる誹謗中傷といえるわけです）。このように、街宣活動については特にその「態様」の面に注意が必要といえますね。

ワード解説59　いろいろな争議行為

　ストライキ（古い言葉で「同盟罷業〈どうめいひぎょう〉」とも呼ばれます）が争議行為の典型です。団交で使用者が労働組合の要求を飲んでくれるまで、団結して働かないということでしたね。他の類型としては、ピケッティング（会社等の入り口で、他の労働者や顧客等に対して職場や店舗に入ることをやめるよう呼びかけること）、スローダウン（作業能率をわざと低下させて使用者へ圧力をかけること。「怠業」とも呼ばれます）などがあります。実際に争議行為が行われることはあまりないかもしれませんが、類型は把握しておきましょう。なお、使用者は争議行為を禁止することはできませんが、組合に加入していない労働者によって会社の営業等を継続することは認められます（そうした労働者に仕事をしないよう呼びかけるのが、上記のピケッティングです）。

6 不当労働行為

今回のテーマは「不当労働行為」です。まずは定義を正確に理解し、不当労働行為には3つの類型があること、そして、2種類の法的救済があることを理解しましょう。

1 不当労働行為とは何か

　不当労働行為とは、ひと言でいえば、<u>使用者による反組合的な行為のうち、労働組合法（以下、労組法）7条の要件を満たす3つの行為</u>を指します。「<u>労働者の不当な行為</u>」であるとか、「不当解雇など使用者が行う<u>不当な行為全般</u>」と誤解しないでくださいね。もともとアメリカの制度で、「unfair（不当）labor（労働）practice（行為）」の直訳です。まず、定義をしっかり理解しましょう。

　不当労働行為は法的に**禁止**されており、民事上も違法な行為と扱われます。禁止することで、労働組合や労働者を守っているわけですね。実際に不当労働行為を受けた労働組合や労働者は、もちろん、裁判所（司法機関）に救済を求めることができます（**司法救済**）。加えて、労働委員会という行政の機関に救済を求めることもできるようになっています（**行政救済**）。一般に法的救済といえば司法救済のみですが、労働組合は法的にとても重要なので、行政救済を加えた<u>2本立ての救済制度</u>が用意されていると考えてください。

　行政救済を担当するのは、**労働委員会**という行政機関です。各都道

府県に**都道府県労働委員会**（都道府県労委）が設置されており、上部組織として国の**中央労働委員会**（中労委）があります。労働者委員、使用者委員、公益委員の三者（および事務局）で構成されており、労働者委員は組合活動の経験豊富な人から、使用者委員は経営等の経験豊富な人から、公益委員は弁護士や研究者などから選ばれます（「三者構成」と呼ばれます）。事務局は、都道府県労委は都道府県、中労委は厚生労働省の職員が務めます。法的知識が豊富な公益委員に加え、労使の現場（実態）に通じた労使の委員が参加している点に特徴があり、労使紛争の解決に大きな役割を担っています。

2　不当労働行為の３つの類型

(1)　**不利益取扱い**：不当労働行為は労組法７条で禁止されており、大きく３つの類型があります。１つ目は「不利益取扱い」の不当労働行為です。何か組合がらみの理由、具体的には以下の①〜④のいずれかの理由で行われる解雇、降格、査定を下げるなどの不利益取扱いを禁止するものです（①〜③は労組法７条１号、④は労組法７条４号。→「ワード解説60」250頁も参照）。

①労働組合の組合員であること
②労働組合に加入しようとしたこと、もしくは、労働組合を結成しようとしたこと
③労働組合の正当な行為（正当な組合活動や争議行為〈→前回〉）をしたこと
④労働委員会へ救済を申し立てたこと

　なお、実際に不利益が生じるだけでなく、使用者が不利益取扱いを行う動機が組合がらみであることが必要です（使用者に「**不当労働行**

為意思」が必要である、という言い方もします）。

　たとえば、組合員の私的な横領を理由とする処分は不当労働行為にはなりません。労組法7条の条文でも、不利益取扱いが組合活動等の「故をもつて〈もって〉」（1号）、申立て等を「理由として」（4号）行われる必要があるとされています。

(2)　**団交拒否**：2つ目は「団交拒否」の不当労働行為です（労組法7条2号）。使用者に団交義務があるにもかかわらず、正当な理由もなく団体交渉を拒否することです（団交のルールの詳細は→第12章③）。

　ここでは、「拒否」が広い意味を含むことに注意が必要です。①最初から最後までいっさい応じない場合は当然含まれますが、②1、2回だけ交渉に応じ、十分な交渉とは到底いえないまま「これ以上交渉しても結論は変わらない」などと一方的に打ち切ってしまう場合、③交渉には出席するものの、（資料の提示や具体的な説明といった）誠実な交渉を行わず、実質的な交渉になっていない場合も、「拒否」に含まれます。②や③は交渉を一応行っているともいえるのですが、法的には「団交拒否」にあたる点に注意が必要です。

　なお、不利益取扱いと異なり、団交拒否の場合は条文上、使用者の意図が問題とされておらず、不当労働行為意思の有無は問われません。つまり、法的な知識や理解が不十分であったため、団交の義務がないとか、（誠実な交渉を行わなくとも）単に交渉に出ればいいのだ、などと思い込んで団交拒否に該当した場合も、使用者は責任を問われます。団交のルールに関する正確な理解が必須といえますね。

(3)　**支配介入**：3つ目は「支配介入」の不当労働行為です（労組法7条3号）。支配介入と聞くと、労働組合を意のままに「支配」する状態をイメージするかもしれませんが、必ずしも「支配」までは必要ありません。ある組合員に対して組合からの脱退を勧める（脱退勧奨を

行う）など、**労働組合の弱体化**を目的とするさまざまな行為のことを「支配介入」と呼んでいます。支配介入＝弱体化工作と思ってください。

　なお、支配介入でも条文上は不当労働行為の意思は問われていませんが、使用者の意図と<u>まったく関係なく</u>成立するというのも行き過ぎです。そこで、明確な不当労働行為意思とまではいえなくとも、少なくとも組合に対し何か含むところ、つまり、使用者に<u>反組合的な意思</u><u>があること</u>が必要であると解釈されています。

3　不当労働行為の救済

(1)　**行政救済**：不当労働行為については２つの救済制度がありますが、特徴的な行政救済から紹介します（労組法27条〜）。

　不当労働行為を受けた労働組合や労働者は、まず、都道府県労働委員会（都道府県労委）に救済を申し立てます（**初審手続**）。都道府県労委は、使用者側の行為が不当労働行為にあたるか「審査」します。書類等の「調査」や当事者を呼んで事情を聴く「審問」などを経て、不当労働行為に該当するのであれば労働組合や労働者を救済する「救済命令」、該当しないのであれば申立てをしりぞける「棄却命令」を出します。裁判（→第16章 1 ）と似た面があると考えてください。

　労使のいずれも、都道府県労委の判断に不満がある場合は、上部組織である中央労働委員会（中労委）に再び審査を求めることができます（**再審査手続**）。また、労働委員会は行政の機関ですから、その判断に不満がある場合は、判断を取り消してほしいという裁判（**行政訴訟**）を起こして争い続けることが可能です（都道府県労委→中労委と争った後、中労委の命令の取消しを求めて裁判をするという形が一般的です）。

　具体的な救済命令には、不利益取扱いの解雇に対する「原職復帰」命令や解雇後の未払い賃金（→「ワード解説36」144頁）に相当する額を支払えという「バックペイ」命令（さかのぼって〈back〉支払え〈pay〉ということです）、団交拒否に対する「誠実交渉」命令、支配介入行為の禁止命令（たとえば「脱退勧奨の禁止」命令）などがあります（→「ワード解説61」250頁も参照）。

　なお、申し立てられたすべてのケースで救済（または棄却）命令が出されるわけではなく、労働委員会の勧めで、話し合い（**和解**）によって解決する例が少なくありません（労組法27条の14）。前述のように労働委員会には労使の実態に通じた労使それぞれの委員がいることも大きな意味を持ちます。命令でいわば白黒をつけることも重要ですが、労働委員会が中立的な第三者として話し合いによる解決を促すことも、よりよい労使関係の構築のために重要な意味を持ちます。

　また、行政救済の申立てができるのは、不当労働行為から1年以内です（労組法27条）。期間がかなり短いですが、せっかく裁判よりも迅速な救済の仕組みが用意されているので、なるべく早期に利用して解決してほしい、という意味が込められています。

⑵　**司法救済**：裁判所による救済で、使用者に対する損害賠償請求（民法709条）が典型例です。また、不当労働行為にあたる解雇等の無効も主張できます（無効となる法的根拠は労組法7条です）。

　さて、以上で労組法は一区切りです。次回から企業合併による組織変動などについて取り上げます！

ワード解説60　黄犬契約

　労組法7条1号は、労働者が労働組合に加入しないこと（あるいは労働組合から脱退すること）を雇用の条件とすることも禁止しています。アメリカの用語yellow dog contractの直訳で、「黄犬（おうけん、または、こうけん）契約」です（yellowには「臆病な」「卑怯な」といった意味があります）。黄犬契約は歴史的に労働組合の抑圧に使われてきたので、特に禁止規定がおかれているのです。もともとは異なる類型ですが、広い意味では不利益取扱いの一種と位置づけてかまわないと思われます。

ワード解説61　ポスト・ノーティス命令

　「ポスト・ノーティス」とは不当労働行為の救済命令の1つで、「文書の掲示」を意味します。たとえば「会社の〇〇という行為が不当労働行為と認定されたので、以後、再発防止に留意する」といった文書を社内に掲示させる命令です。同じことを使用者が繰り返した場合、労働者は「これは掲示にあった不当労働行為だ」とわかりますので、使用者はその行為をやりにくいですよね。つまり、ポスト・ノーティス命令には再発防止の意味があるのです。他の救済命令とセットで用いられる例も多いようです。

第13章

企業の組織変動

1 合併・事業譲渡

今回のポイント

合併や事業譲渡といった企業の組織再編が行われた場合、会社と社員の労働契約がどうなるのかについて学んでいきましょう。

1　企業の組織再編の類型

　ひとくちに**企業の組織再編**といっても、さまざまな形があります。法的には、①合併、②事業譲渡、③会社分割の3つに大別されます。合併はまさに文字どおり、会社と会社が1つになることですね。事業譲渡は、たとえば会社がある部門を他社に「売却」する場合、法的には「事業譲渡」の形式が使われることが多いです。会社分割は、「会社法」上の枠組み（スキーム）として制度化されている点に特徴があります。以下では、こうした組織再編の際、会社と社員の労働契約がどのように扱われるか、法的なルールを確認していきます。

2　合併と労働関係

　合併とは、複数の会社が1つになることで、A社がB社を吸収する「吸収合併」、C社とD社が合併してE社を新設する「新設合併」があります（会社法2条27、28号、748条以下）。労働契約に関するルールは非常にシンプルで、合併前の会社における労働契約が、当然に、合併後の会社に**引き継がれます**（「当然に」というのは、特別な手続き等を必要とせず、すべて引き継がれるということです）。上の例でい

えば、B社の社員はA社の社員に、C、D社の社員はE社の社員になるわけですね。労働契約が丸ごと引き継がれるので、「**包括承継**」と呼ばれます。

　この包括承継によって、労働条件もそのまま引き継がれます。したがって、上の例では労働者のもともとの所属がC社かD社かで、労働条件が異なることもありえます。ただ実際には、そうしたことを避けて労働条件を統一するため、合併の前後に、労働者から同意を得たり、就業規則を変更・整備したりするなど、労働条件の変更の手続き（→第6章[1]、[2]）が取られることも多いです。たとえば就業規則の不利益変更が行われた場合、合併という事情はもちろん重要なものとして考慮されますが、「合併するから」という理由で変更が100％有効とされるわけでもありません。あくまで、不利益変更の効力の問題として、法的な検討が必要になります。また、合併によって社員が増えすぎて余剰人員が生じた場合、その社員を解雇できるかどうかも、同様に整理解雇の問題（→第7章[3]）として検討することになります。

3　事業譲渡と労働関係

　事業譲渡とは、事業、要するに企業組織の全部または一部を、一体として他の会社に譲渡することを意味します。一般に「A社が○○部門をB社に売却」などと表現されることが、法的にみると、「○○に関する事業を事業譲渡する」という形式が取られていることになるわけですね。

　このとき、上の○○部門所属の労働者XがB社に移る（承継される）かどうかは、譲渡元（A社）と譲渡先（B社）の合意、およびXの同意の有無で決まります。A社とB社がXをB社に移すこと（＝承継）について合意した場合、Xがそれに同意すれば承継されますし、

他方でXはB社への承継を拒否することもできます。また、Xが承継を希望しても、A社とB社が承継させないと合意した場合、承継されることはありません。合併と違ってXが当然に移るわけではなく、合意などで特定された労働者だけが移るので、「**特定承継**」と呼ばれます（→「ワード解説62」260頁も参照）。

　もう少し詳しくみてみましょう。まず、労働者が承継を拒否できることの根拠は、民法625条にあります。同条1項に「使用者は、<u>労働者の承諾を得なければ、その権利を第三者に譲り渡すことができない</u>」とあるため、本人の同意なく、使用者としての権利を他社（譲渡先）に渡すことはできないわけですね。なお、本人が承継に同意しなかった場合、「今回の事業譲渡によって、あなたの仕事はもう我が社には残っていません」などと述べて解雇できるかどうかは、やはり整理解雇の問題となります。承継を打診し、本人が拒否した、という事情も考慮しつつ、整理解雇として解雇権濫用となるかどうかを判断することになります。

　次に、以下の設例を考えてみてください。

> 【設例】　A社は○○部門をB社へ事業譲渡することになった。○○部門に所属していたXは、A社の労働組合の役員として、A社の経営方針と対立することが多かった。この情報を知ったB社はA社と協議し、「A社の○○部門の社員は基本的にB社で引き継ぐが、Xのみ、対象外とすること」が決定された。Xは○○部門の仕事をB社で続けたいと思っているが、何か法的な救済は受けられるだろうか？

　こうした扱いは、労働組合の活動を理由とする不利益な取扱いといえますから、<u>不当労働行為にあたり違法です</u>（労働組合法7条1号→

第12章⑥）。しかし、事業譲渡の場合は、譲渡元と譲渡先にその労働者を承継させる旨の「合意」があるといえなければ、労働契約が承継されることにはなりません。上記のように合意がない場合、どうするのでしょうか（なお、こうした排除が不法行為〈民法709条〉にあたるとして、Xからの慰謝料請求等を認めることもありえますが、それだと金銭だけの話になってしまいます）。

　判例は、やや技巧的な解釈ですが、次のように考えることで、承継を希望するXがB社へ承継されるような結論を導いています。まず、⑦事業譲渡に関するA社とB社の合意のうち、Xを排除するという、労働組合法7条に反する違法な部分「のみ」を無効とします（合意の一部を無効とするわけです）。次に、⑦承継の対象外としたXも含めて、A社からB社に承継される合意があったと解釈します。⑦は実際のA社、B社の意向とは違っており、一種のフィクションですが、そのような合意があったものと解釈するということです（当事者の「合理的意思解釈」と呼ばれることがあります）。この⑦、⑦のプロセスを経て、XはB社に対し自分がB社へ承継された（法的には、B社に対し労働契約上の権利を有する地位にある）と主張できることになります（**勝英自動車学校〈大船自動車興業〉事件**・東京高判平成17.5.31労判898号16頁等）。

　なお、労働条件は、譲渡元の労働条件が引き継がれるのが原則ですが、労働条件の統一、余剰人員の整理といった問題については、合併と同じく、「事業譲渡だから」当然に許されるわけではなく、それぞれのルールに沿って検討されることになります。

　次回も組織変動と労働関係の続きです！

2 会社分割・解散

今回のポイント

今回は、「会社分割」が行われた場合、会社が「解散」した場合のそれぞれについて、労働契約がどうなるかを整理しましょう。

1　会社分割と労働関係

⑴　**会社分割とは何か**：**会社分割**とは会社法上の制度で、事業に関する権利義務の全部または一部を他の会社に承継させる制度です。A社の○○部門を新しくB社とする「**新設分割**」、A社の△△部門をC社に引き継がせる「**吸収分割**」があります（会社法2条29、30号、757条以下）。事業譲渡と一見似ていますが、会社法でさまざまな手続きが定められている点が大きく異なります。たとえば新設分割では「分割計画」、吸収分割では「分割契約」の作成などが必須とされています。

　会社の権利や義務は、分割に際し作成される上記の分割計画（または分割契約）の定めに従って、どのように移るのかが決まります。特徴的なのは、上記の例でA社からB社、またはA社からC社へ承継されることが分割計画（分割契約）に記載された場合、一括して当然に承継される点です。このように、記載された部分については当然に（＝包括的に）承継されることから、前回学んだ合併における「包括承継」や事業譲渡における「特定承継」とは異なり、「**部分的包括承継**」と呼ばれています。

(2) 労働契約の承継：ただし、労働契約については「**会社分割に伴う労働契約の承継等に関する法律**」（一般に**労働契約承継法**と呼ばれます。以下、承継法）が特別に定められているので、注意が必要です。同法のルールに基づき承継の有無が決まるのですが、ポイントは、労働者の同意がなくとも、分割先の会社に承継される場合があるということです（承継法2〜5条）。

　具体的には、前記の例で、㋐A社から移る対象となる○○部門や△△部門の仕事に「**主として従事する**」労働者は、B社やC社に「承継される」のが「原則」です。会社分割の手続きのなかで、原則と異なり「承継されない」という扱いを受けた場合、労働者は一定期間内に異議を申し出ることで、原則どおり「承継される」ことが可能です（なお、異議を申し出ずに、原則と違う扱いを受け入れることも自由です）。他方、「承継される」という扱い（つまり「原則」どおりの扱い）に対しては、異議を述べる（承継を拒否する）ことはできません。つまり、A社に残留したいと思っても、分割計画等で承継の対象とされた場合は、承継を**拒否できない**ということです。この点が大きな特徴です。

　次に、㋑○○部門や△△部門の仕事に「**主として従事していない**」労働者は、「承継されない」のが「原則」です（まったく従事していない場合、あるいは、〈主としてではなく〉少しだけ従事しているような場合です）。このとき、承継されるという扱いは異議を申し出て拒否できますが、承継されないという扱いは拒否できません。要は、㋐も㋑もそれぞれ「原則」が決まっており、原則と違えば拒否できる、原則どおりなら拒否できないという枠組みですね。労働者の従事する仕事ができるだけ変動しないような制度設計になっていると考えてください。

(3)　**承継の手続き**：分割会社は、承継の対象者等に必要事項を通知する手続きが求められます（承継法2条）。さらに、重要な手続きとして「**7条措置**」と「**5条協議**」があります。「**7条措置**」とは、承継法7条に基づき、分割会社が各事業場において労働者の過半数代表（→「ワード解説3」14頁）と協議し、会社分割について労働者の理解と協力を得るように努力しなければならないということです。これに対し「**5条協議**」は、会社分割の制度を導入した2000年の「商法等の一部を改正する法律」（商法等改正法）5条1項で定められています（承継法の5条ではない点に注意してください）。これは、承継される事業に従事する労働者（および、従事していないものの承継の対象とされる労働者）と、労働契約の承継について協議することを義務づけるものです（承継の有無や分割後の業務内容等について、使用者の考え方を説明し、本人の希望を聴取することなどが求められます）。

　7条措置は広く労働者の理解を求めるという努力義務（→「ワード解説39」155頁）ですが、5条協議は、承継に際し労働者の利益を守るため、使用者の「義務」とされています。そこで、5条協議がまったく行われなかった場合や、使用者の説明や協議の内容が著しく不十分といえる場合は、ごく例外的に、労働者は労働契約の承継を拒否することができます（**日本アイ・ビー・エム〈会社分割〉事件**・最二小判平成22.7.12労判1010号5頁）。前記(2)でみたように、承継される事業に「主として従事する」労働者は承継を拒否できないのが原則ですが、この原則が例外的に適用されなくなります。それだけ5条協議は重要ということですね。

2　会社の解散と労働関係

　使用者は会社など「**法人**」の形態であることが多いですが、事業を

終了するなどして法人が「**解散**」した場合（清算の手続きが完了した場合）は、労働契約も終了すると考えるのが基本です。

　ただ、たとえばA社、B社、C社…と多くの子会社を持つY社が、A社の労働組合を壊滅させる目的でA社を解散させ、A社の事業をB社に引き継がせた場合はどうでしょうか。この場合、確かにA社は解散していますが、事業はB社で継続していますので、「**偽装解散**」と呼ばれます（これに対し、事業を本当に終了する場合は「真実解散」です）。偽装解散の場合は、親会社であるY社がA社やB社をいわば道具として濫用しています。もちろん不当労働行為（→第12章⑥）の問題なども生じますが、少なくとも、Y社に「A社とは別法人だから、当社には責任がない」という主張を許すのは妥当ではありません。そこで、**法人格否認の法理**といって、例外的に、A社の雇用責任をY社に負わせることがあります（→詳細は「ワード解説63」260頁を参照）。上記の例でいうと、A社の解散に伴いA社との労働契約が終了した労働者とY社の間に、まさに特別に、労働契約関係を認めるということですね（**第一交通産業ほか〈佐野第一交通〉事件**・大阪高判平成19.10.26労判975号50頁等）。

　次回からは副業・兼業の話です！

※承継法については厚生労働省の指針も参考になります。
https://www.mhlw.go.jp/stf/seisakunitsuite/bunya/koyou_roudou/roudouseisaku/saihen/index.html

ワード解説62　事業譲渡（再雇用型）

　事業譲渡の際、本文のように①労働契約を直接的に承継の対象とする形ではなく、②譲渡元が労働者を解雇して（または退職扱いとして）、譲渡先がその労働者を採用する、という形が取られることもあります。②の形を取ること自体が違法というわけではありませんが、254頁の【設例】と同じような問題が生じる可能性があります。その場合は、譲渡先と当該労働者に「労働契約の締結の合意があった」などと解釈することで、承継を認める結論を導く工夫がなされています（実際には合意はありませんから、これもフィクションですね。「暗黙」の、つまり、「黙示の合意」があったと解釈します）。事業譲渡の場合は、特定の労働者を排除する形の紛争が生じうることに注意が必要ですね。

ワード解説63　法人格／法人格否認の法理

　「法人格」とは、「会社などの法人に与えられた人格」といった意味です。法人格があるおかげで、会社も個人と同じように、会社として（会社の名前で）契約を結んだりできるわけです。法人格否認の法理が用いられる典型例は、本文で述べた「偽装解散」のケースです。実質的には親会社に責任があるのに、子会社とは法人格が異なることを理由に責任を否定することが信義則（→第1章⑥）に反するような場合、子会社の独立した法人格を否定（否認）し、親会社の法的責任を認めるという判例のルールです（前掲・第一交通産業ほか〈佐野第一交通〉事件等）。
　具体的には①法人格形骸型、②法人格濫用型の2つの類型があり、①は子会社がまさに形骸化した、ペーパー上の存在であるような場合、②は本文のように、子会社を「支配」している親会社が、子会社の法人格を違法、不当な「目的」で濫用した場合です（②では「支配」と「目的」がポイントです）。あくまでごく例外的に適用されるものですが、こうしたルールがあることも覚えておくとよいでしょう。

第14章

副業・兼業

1 副業・兼業の基本的な考え方

今回のポイント

近時、本業以外にも仕事をする「副業・兼業」への関心が高まっています。
今回は副業・兼業に関する基本的な考え方から理解していきましょう。

1 副業・兼業を巡る状況

　副業・兼業とは、本業以外に仕事をすることの総称です（厳密な区別はありませんが、本業の休日等を使うのが副業、本格的に複数の会社で働くのが兼業でしょうか）。副業・兼業は、労働者側にとって、収入を増やせる、新たな経験やスキルを得られるといったメリットがありますね。使用者側も、そうした経験やスキルで従業員の能力が上がることや、他社の人材を副業・兼業によって活用できることがメリットになるので、労使ともにメリットがあるといえます。

　そこで、安心して副業・兼業に取り組むことができるように、「**副業・兼業の促進に関するガイドライン**」が定められました（以下、ガイドライン。2018年に策定され、2020年9月に改定されました）。以下、ガイドラインも参考にしながら、副業・兼業についての法的なポイントを整理していきましょう。

2 副業・兼業のコントロール

　使用者は、労働者（自社の従業員）が副業・兼業することをどこまでコントロールできるのでしょうか。まず、労働者は、労働時間以外

の時間は自分で自由に使うことができます（ある意味で当然の話ですね）。そのため、副業・兼業を一律に禁止すること（**全面禁止**）は、こうした自由を侵害することになり、許されません。法的には、副業・兼業の禁止を就業規則で定めても、その禁止規定には合理性がなく、拘束力を持たないと考えられます（労働契約法７条→第１章⑤）。

　ただし、本業に**具体的な支障**が生じるような場合については、副業・兼業を禁止するなど使用者がコントロールすることも例外的に認められます。ガイドライン（ガイドラインの項目の３⑴オ。以下、同様に紹介）は大きく４つ、ⓐ本業の仕事に支障がある場合（たとえば深夜まで副業して昼間の本業で居眠りする場合）、ⓑ業務上の秘密が漏れる場合、ⓒ自社と競業関係の会社で行うことで自社の利益を害する場合、ⓓその他、自社の名誉や信用を損なう場合を挙げています。特にⓑ、ⓒに関しては、労働者には**競業避止義務**や**秘密保持義務**がありますので（→第１章⑥）、副業・兼業を制限できることも納得できますね。

　こうしてみてくると、副業・兼業については、むやみに否定するのではなく、むしろ適切な形でコントロールしていくほうが望ましいといえそうです。ガイドライン（３⑴ア）も、「原則、副業・兼業を認める方向とすることが適当」と述べています。実際には、各企業が上記ⓐ〜ⓓなども参考に**許可の要件**を設定し、労働者からの**届出**の制度を整備して、要件を満たす場合には届出を許可するといった対応が考えられます。

　なお、労働者が副業・兼業について使用者に相談したり、許可を申請したりしたことを理由に、その労働者を不利に扱うことは許されません（法的には、そうした不利益取扱いは使用者の権利の濫用〈労働契約法３条５項→第１章④〉で違法、無効とされるでしょう）。

　また、許可制とされている副業・兼業を無許可で行えば、当然、就業規則等に違反することになりますが、だからといって懲戒処分が法的に認められるとはかぎりません。懲戒のルール（→第5章④）に沿って判断されますので、本業（仕事）への支障が実際にどの程度だったかなどが問題となります。支障が小さければ、「そもそも懲戒の理由（懲戒事由）に該当せず懲戒処分は無効」と判断される可能性もありますね。

3　副業・兼業の労働時間管理

⑴　**労働時間の通算**：副業・兼業においては、労働時間管理、特に、複数の会社における労働時間を通算しなければならない点が大きなポイントとなります。労働基準法（以下、労基法）38条1項は、「労働時間は、事業場を異にする場合においても、労働時間に関する規定の適用については通算する」と定めているので、同一使用者で事業場（職場）が異なる場合だけでなく、副業・兼業のように使用者が異なるため事業場が異なる場合も、通算の必要があるからです。

　なお、通算して考える必要があるのは、「労基法」の「労働時間に関する規定」のみです。ですから、労働時間以外のこと、たとえば休憩については通算不要です。1日の労働時間が6時間を超えると45分、8時間を超えると60分の休憩が必要ですが（労基法34条→第4章①）、2つの会社の労働時間を足すと○時間だから休憩は△分必要、といった計算は不要です。同じように、有給休暇（→第4章⑤）についても他の会社と所定労働日数等を足す必要はないですし、時間外労働等が月80時間を超えた場合の「医師による面接指導」（→第11章④）も、労働安全衛生法の話なので通算の必要はありません（→このほか、「ワード解説64」270頁も参照）。

(2)　**労働時間の把握**：労働時間を通算するには、当然、他社における労働時間を使用者が把握する必要があります。ここでのポイントは、**使用者は労働者の「申告」によって他社における労働時間を把握すればよいとされている点です。**これはガイドライン（3⑵ウ）のほか、労基法38条に関する行政の**通達**（「副業・兼業の場合における労働時間管理に係る労働基準法第38条第1項の解釈等について」令和2.9.1基発0901第3号）にも明記されています（同通達第3の1⑵）。

　つまり、労働者の申告がなかった場合は、通算は不要です。また、仮に申告された時間と実際の労働時間が異なっていたとしても、あくまで申告された時間で通算（計算）すればよいとされています。使用者が副業・兼業先の会社に調査に行く必要は**ない**ということですね。したがって、申告によって把握した他社における労働時間と、自社における労働時間（これは当然自社で把握しているはずです）を通算することになります。その結果、通算した時間が法定労働時間（労基法32条。1日8時間、1週40時間→第4章[1]）を超えれば、**時間外労働**が生じることになるわけです。

　ここで、ある1週間にたとえばA社で25時間、B社で25時間労働した場合、通算すると週の法定労働時間を10時間超えていますよね。このとき、どちらの会社で時間外労働があったと考えるのでしょうか。この問題については、次回、じっくり検討することにしましょう！

※ガイドラインや関係資料は下記の厚生労働省ウェブサイトでみることができます。
https://www.mhlw.go.jp/stf/seisakunitsuite/bunya/0000192188.html

2 副業・兼業における時間外労働

今回のポイント

今回は副業・兼業における労働時間の管理がテーマです。時間外労働の問題を中心にみていきましょう。

1　副業・兼業における時間外労働の上限規制

前回学んだように、副業・兼業で異なる会社（つまり異なる事業場）で勤務する場合、労働基準法（以下、労基法）の「労働時間に関する規定」については労働時間を通算する必要があります（労基法38条1項）。

特に、1日8時間、1週40時間の「法定労働時間」（労基法32条）を超える「**時間外労働**」が問題となります。時間外労働については、「働き方改革」で以下のように上限が設けられましたよね（→第4章2）。

> ❶36協定における、時間外労働の原則的な上限（限度時間）：月45時間以内・年360時間以内
>
> ❷36協定における「特別条項」によって、限度時間を超えて時間外労働をさせる場合：ⓐ月45時間を超えるのは年間6カ月まで、ⓑ年720時間以内、（休日労働と合計して）月100時間未満と定める（特別条項とは、特別な事情が生じた場合に限度時間を超えることを認める仕組みでしたね）

> ❸実際に行われた時間外労働と休日労働の合計に関する、まさに絶対的な上限：ⓒ月100時間未満、ⓓ2カ月〜6カ月の平均で月80時間以内

　まずポイントとなるのは、前記❶❷の規制については通算して考える必要が**ない**ということです。前記❶❷は直接的には<u>36協定の記載内容に関する規制</u>（36協定の内容をコントロールすることで長時間労働を防ごうとする規制）であり、36協定の適用範囲である「事業場（職場）」単位でのみ考えることになっています。したがって、副業・兼業で事業場が異なる場合には、他の事業場の労働時間と通算する必要はありません。

　これに対し、上記❸はまさに<u>各労働者が実際に行う時間外労働等に関する規制</u>で、「労働者個人」単位で考えます。したがって、事業場が異なる場合にも<u>労働者ごとに通算する必要が**あります**</u>。具体的には、勤務先が複数ある場合、通算した労働時間が上記❸のⓒ ⓓを超えることは許されないということですね。

2　どの部分が時間外労働となるのか？

　副業・兼業の場合にどの時間が時間外労働と扱われるのか、整理していきましょう（前回紹介した「副業・兼業の促進に関する**ガイドライン**」の3(2)や**通達**〈令和2.9.1基発0901第3号〉の第3を参照）。

(1)　**所定労働時間**：まず、前回の最後に例として出したように、A社（自社）の所定労働時間が週25時間、B社の所定労働時間が週25時間の場合を考えてみます。契約上のもともとの労働時間（所定労働時間）を足した時点で、すでに週の法定労働時間（40時間）を超えています。<u>このときのポイントは、**労働契約を結んだ順番**です。</u>自社と他

社の所定労働時間を足して、すでに時間外労働が発生する場合、時間的に後から労働契約を締結した使用者における労働時間が時間外労働となります。先にA社で働いており、後からB社と労働契約を締結した場合、この例では法定労働時間（40時間）を超えるB社における10時間が法律上の時間外労働となります（A社、B社それぞれ5時間分が時間外労働となるわけではありません）。

(2)　**所定外労働時間**：次に、残業など所定外労働が生じた場合について考えます。ポイントは、**その所定外労働が発生した順番**です。自社の所定外労働と、他社の所定外労働を、所定外労働が行われた順に通算して、法定労働時間を超える部分が時間外労働となります。たとえば週の所定労働時間がA社、B社ともに15時間（合計30時間）のとき、先にB社で10時間の所定外労働が行われ、その後A社で10時間の所定外労働が行われた場合、（週40時間を超えた）A社における10時間がその週の時間外労働になると考えるわけですね。

　各使用者は、上記(1)(2)に沿ってどの部分が時間外労働となるのかを明らかにし、自社での時間外労働について、36協定の内容や前記ⓒⓓの上限規制を守る必要があります（もちろん、法律上の割増賃金〈労基法37条〉の支払義務も生じます）。

3　「管理モデル」とは

　このように具体的な計算方法が通達やガイドラインによって示されたことは、実務的に大きな意義を持ちます。しかし、労働者の申告をベースとはするものの（→前回）、実際には会社間で調整等を行う必要もあり、煩雑さは否めません。そこで、行政によって「**管理モデル**」と呼ばれる簡便な労働時間管理の仕組みが示されています（前掲ガイドラインの3(2)オ等）。これは、複数の使用者が、それぞれあらかじ

め設定した労働時間の範囲内で労働させる限り、他社での労働時間を把握する必要が**なくなる**というものです。

　具体的には、Ａ社、Ｂ社が、以下㋐㋑を合計して前記ⓒの１カ月100時間未満、ⓓの平均80時間以内となる範囲内で、それぞれ労働時間の上限を設定します。

　㋐Ａ社における１カ月の法定時間外労働の時間

　㋑Ｂ社における１カ月の全労働時間

　両社が㋐㋑の上限を守れば、結果として前記ⓒⓓの上限規制も必ず守られることになるので、他社での労働時間を把握する必要がなくなるわけですね。

　そして、割増賃金は以下について支払います。

　Ａ社：自社における法定時間外労働の時間について

　Ｂ社：自社における全労働時間について

　ここで注意すべきは、Ｂ社は、全労働時間を対象に上限を定め、時間外労働だけではなく全労働時間に対して割増賃金を支払う必要がある点です。つまり、管理モデルの導入により、Ａ社での労働時間にかかわらずＢ社では常に割増賃金が必要となります。Ａ社での所定労働時間が法定労働時間と同じで、Ｂ社が後から労働契約を締結した場合は、前記２⑴でみたようにＢ社では所定労働時間でも割増賃金が必要ですから、非導入時とあまり違いはありません。しかしそうでない場合は、Ｂ社が導入のメリットを感じられるかどうかがポイントになりますね（Ａ社の求めにＢ社が応じる形での導入が想定されています）。

　このほか、「労災」においても法改正がなされるなど（→「ワード解説65」270頁を参照）、副業・兼業という多様な働き方を推進する環境が整ってきていることが注目されます。

　次回は外国人の雇用について取り上げます！

ワード解説64　副業・兼業で労働時間の通算が不要な場合

　XがA社とは労働契約を結んで従業員（労働者）として働き、B社とは「業務委託契約」を結んで仕事を受けるような場合、もし、B社との関係で労基法上の労働者（→第2章[1]）に該当しないような働き方であれば、B社との関係では労基法は適用されません。イメージでいえば、B社から（従業員に対する指示のような）具体的な指示を受けず、比較的自由に作業を行うような場合です。この場合、B社の仕事に使った時間は、労基法の適用がない以上、労基法が規制する労働時間にあたりませんので、本文で述べた通算も不要です。労働時間の通算が必要になるといろいろな手間が増えますので、従業員の副業・兼業を認める（いわば「解禁する」）場合でも、他社に雇用される形は認めず、業務委託等の形に限って認める会社もあるようですね。

ワード解説65　副業・兼業と労災（複数業務要因災害）

　労災（→第11章[1]～[3]）の分野では、労働者災害補償保険法（以下、労災保険法）の改正により、2020年9月1日から副業・兼業への対応が図られました。
　改正前は勤務先ごとに仕事の負荷を考えていたため、たとえば勤務先1社ごとの仕事の負荷では過労による病気の発症には至らなかったという場合、「労災」とは認められませんでした。それが法改正によって、複数の勤務先の負荷が合わさることで発症に至ったといえる場合、「複数業務要因災害」（労災保険法7条1項2号等）として、複数の勤務先の負荷（労働時間やストレス等）を総合的に判断することになりました。また、休業等に対する給付の金額も、従来は労災が生じた1つの勤務先の賃金額だけで計算していたところ、すべての勤務先の賃金額を合算して計算することになりました。労災保険が副業・兼業の実態に合った仕組みに整えられたといえますね。

第15章

外国人労働者・
国際的な労働関係

1　外国人労働者

今回のポイント

外国人の方々が日本で働く場合のルールについて、基本から確認していきましょう。「技能実習」制度についてもポイントを整理します。

1　入管法

　外国人（国籍が日本以外の人）が日本で働くためには、「出入国管理及び難民認定法」（いわゆる**入管法**）に基づき、働くこと（就労）が認められる**在留資格**が必要になります。なお、入国許可証といえるビザ（査証）も、基本的に在留資格に対応しています。

　在留資格には、ⓐ特定の**身分・地位**に基づくもの、ⓑ特定の**活動**に基づくものがあって、入管法の別表で列挙されています。ⓐには日本人の配偶者、永住者等があり、就労に制限はないと考えてOKです。これに対してⓑには多くの類型があり、それぞれ、その在留資格で認められた活動しか行うことができません。たとえば、観光などのために「短期滞在」という在留資格がありますが、この資格で短期滞在ビザ（いわゆる観光ビザ）を取得して入国した場合（なお、国によってはビザが免除されている場合もあります）、日本国内で就労することは認められないわけですね。

　就労可能な在留資格の例として、「経営・管理」「研究」「技術・人文知識・国際業務」といった、企業等で専門性を発揮して働くもの、「教授」「教育」といった学校関係、そして後で紹介する「技能実習」

などがあります。なお、在留資格が「留学」の場合、就労は原則認められませんが、留学生がアルバイトをしているケースも多いですよね。これは、行政（法務大臣）の許可を受けることで、<u>一定の限度で在留資格外の活動を行うことが認められるからです</u>。留学生については、この許可を受けることで、週28時間等の限度内で就労することが認められます。

2 労働法の適用

　国際的な労働関係における労働法の適用については、またあらためて整理します（→第15章②）。ごく簡単にいうと、日本国内の**事業**に属しているのであれば、外国人労働者であっても労働基準法（以下、労基法）等の保護が及ぶのが基本です。労働者の国籍は問われませんし、むしろ国籍を理由とする差別は禁止である点に注意する必要があります（労基法3条）。

　なお、就労可能な在留資格を持たない、いわゆる「**不法就労**」の外国人に対しても、労基法等の保護は及びます（→「ワード解説66」276頁も参照）。不法就労というのはあくまで<u>入管法との関係の話</u>であって、労働者としての保護がなくなるわけではありません。ただ実際には、不法就労とわかれば入管法に基づき国外への退去等の対象となりうるため、たとえ労基法違反があっても外国人労働者は声を上げにくい実態があると思われます（もちろん言葉の壁もあります。労働法だけで解決できることではありませんが、こうした問題にも目を向けていく必要があるといえるでしょう）。

3 技能実習・特定技能

(1) 「**技能実習**」制度：日本は、外国人労働者を受け入れる際、<u>いわ</u>

ゆる「単純労働」（専門的な知識・技能を必ずしも必要としない労働）には受け入れない、という基本方針をとってきました。理由として、労働力の流入によって日本人の働く場所が減ることなどがあげられます。他方で、企業には、労働力不足等への対応として外国人労働者を活用したいというニーズもあります。そこで、基本方針は崩さずに、外国人労働者の受入れの拡大が図られてきました。

　その最も重要な仕組みの1つが、**外国人技能実習制度**です。実習として働いてもらうわけですが、正面から労働者（労働力）として受け入れるのではなく、実習で技能を身に付けてもらうことで、海外（特に開発途上国）への技術の移転、ひいては経済発展を図るという、国際貢献の視点が取り入れられた制度といえるでしょう。**外国人技能実習法**（「外国人の技能実習の適正な実施及び技能実習生の保護に関する法律」。以下、実習法）に基づき運営されています。

　まず、技能実習の形態には、㋐企業単独型、㋑**団体監理型**の2つがあります。㋐はその名のとおり、日本企業が、海外支社等の従業員を日本の事業所で実習させるというイメージです。ただ、㋐はもともと海外に自社の拠点がある企業等に限られますので、実際には㋑がほとんどです。㋑は日本の非営利の**監理団体**（商工会議所や中小企業団体など）が海外の「送出し機関」と協定を結んで実施します。日本の企業から実習生受入れの申込みを受け、送出し機関を通して実習生を受け入れる仕組みになっています（以上、実習法2条）。

　具体的な実習には3つの段階があります。①第1号技能実習は最初の1年間で、2か月の講習（座学）と労働契約に基づく実習が行われます。②第2号技能実習は①に続く2年間で、（①で試験等が行われる）技能検定の基礎級相当の合格者が対象です。③第3号技能実習は②に続く2年間で、（②で行われる）技能検定の3級相当の合格など

が実習の要件とされています。

(2) 「**特定技能**」**制度**：以上の基本的な技能実習に加え、人手が不足している特定の分野について、相当程度の知識・経験を必要とする技能や、さらに熟練した技能を有する外国人労働者の受入れを拡大するため、入管法の改正により「**特定技能**」という新たな在留資格制度が設けられました（2019年4月にスタートしました）。

　具体的には1号と2号に分かれています。特定技能1号は、**特定産業分野**（農業、外食、介護、建設などの14分野）において、前記の第2号技能実習の修了、または、技能試験・日本語能力試験に合格することで取得できる在留資格です。在留期間は通算5年で、本人の配偶者や子には在留資格は付与されません。これに対し特定技能2号は、特定産業分野の一部が対象で、**熟練技能**を有すると試験等で確認された場合に取得できます。この在留資格は上限なしに更新可能であり、配偶者や子にも在留資格が付与されるなど、より継続的な性格を持っています（ただ、2号は当面は導入が見送られ、1号の運用状況等をふまえて検討されることになっています）。

　なお、特定技能1号の外国人を受け入れる場合、留意事項が法律で定められています（入管法2条の5）。日本人と同等以上の報酬額を確保しなければならないこと、支援計画を作成し、職業生活・日常生活・社会生活上の支援を実施することなどです。特定技能制度については、開始後、コロナ禍も生じていますので、実務への影響などを引き続き見守っていく必要があるといえます。

　次回は国際的な視点で労働法の適用を考えます！

※在留資格やビザについては①の外務省ウェブサイトが、技能実習について
は②の厚生労働省ウェブサイトが参考になります。
①https://www.mofa.go.jp/mofaj/toko/visa/index.html
②https://www.mhlw.go.jp/stf/seisakunitsuite/bunya/koyou_roudou/
jinzaikaihatsu/global_cooperation/index.html

ワード解説66　外国人雇用状況届出義務

　不法就労を防止するため、使用者には外国人の雇用状況を届け出ることが義務づけられています。労働施策総合推進法（→第10章②等）に盛り込まれており、違反には罰則もあります（同法28、40条等）。具体的には、新たに外国人を雇い入れた場合、または離職した場合、氏名、在留資格、在留期間等について確認し、厚生労働大臣（具体的には公共職業安定所〈ハローワーク〉）に届け出なければならないとされています。

外資系企業で解雇が行われた場合、どこの国の法律が適用されるのでしょうか？　今回は、国際的な労働関係における労働法の適用について学びましょう。

1　基本的な考え方

　一口に「国際的な労働関係」といっても、さまざまな切り口がありますので、問題を整理しましょう。

　まず、労働者の国籍は、今回の話には直接関係しません。たとえば後記3の検討の結果、日本の解雇規制（労働契約法〈以下、労契法〉16条）が適用されることになるのであれば、その労働者の国籍が日本か否かで結論が変わることはありません。

　そこで、どの国の法律が適用されるかという話になるわけですが、ポイントは、法律の公法的な面と私法的な面を分けて考える点にあります。公法とは、刑罰、行政による監督や取り締まりのように、「国家」と「個人や企業」の関係の話です。たとえば労働基準法（以下、労基法）違反に刑罰を科すことは、この公法的な面を持つわけです。これに対し私法とは、国家などの「公」に対する「私」、すなわち個人や企業同士の関係の話です。採用や人事異動、解雇のように、労働契約の成立や変更、終了に関することは、私法的な問題といえます。

　なお、少々ややこしいのですが、1つの法律が公法と私法の両面を

持つことがあります。たとえば労基法は刑罰や行政監督等の公法的な側面を持ちますが、強行的・直律的効力（労基法13条→第1章③）のように、契約内容を修正する私法的な側面も持っています。

2　公法関係

　労基法、労働安全衛生法、労働組合法（特に不当労働行為の救済制度→第12章⑥）などが持つ、公法的な規制について考えてみます。まず結論からいうと、これらの規制は、日本「国内」の事業や労使関係であれば、強制的に適用されます。たとえば日本人XがA国の企業a社に就職し、A国で働いている場合、Xが日本人だからといって日本の労基法が適用されるわけではありません。他方、日本国内においては企業や個人の意思にかかわらず適用されるため、これらの法律を「絶対的強行法規」と呼ぶことがあります（強行法規については→第1章③）。

　次に、出張等の場合を考えてみます。ここでは海外出張と海外勤務を分けて考えるとわかりやすいです。日本国内の職場（事業場）に所属しつつ、出張等で海外へ一時的に行っているだけであれば、その労働者の所属はやはり国内の事業です。よって、海外出張中も労基法等が適用されます。これに対し、海外の支社や関連会社等に（ある程度継続的に）出向している、あるいは現地で採用されているなど、もはや日本国内の事業に所属しているとはいえない場合（以下、「海外勤務」と総称します）、日本ではなくその国の法律（公法的な規制）が適用されます。なお、海外出張と海外勤務の区別は、会社がどう呼んでいるかではなく、業務内容や期間などの実態から客観的に判断されます。

3　私法関係

⑴　**基本的な考え方**：私法関係については、典型的な解雇を例に説明します。どの国の法律を適用するかは、「**法の適用に関する通則法**」（以下、通則法）という法律がルールを定めています（一般に「国際私法」や「国際取引法」と呼ばれる分野です。なお、適用されることになる法律のことを「**準拠法**」と呼んでいます）。

⑵　**合意がある場合**：まず、当事者は合意によって準拠法を決定することが可能です（通則法７条）。A国に本社のあるａ社が日本支社で労働者Xを採用する場合、準拠法をA国の法律とすることをXと合意すれば、Xの解雇にはA国の解雇規制が適用されます。

⑶　**合意がない場合**：準拠法について当事者の合意がない場合は、その契約等に<u>最も密接な関係がある地の法</u>、略して「**最密接関係地法**」が準拠法となるのが基本です（通則法８条）。労働契約の場合は、勤務地（＝労務を提供する地）の法、すなわち「**労務提供地法**」が<u>最密接関係地法と推定されます</u>（複数の国で勤務するなど労務提供地法が特定できない場合は、その人が採用された場所の法〈「**雇入れ事業所所在地法**」〉が最密接関係地法と推定されます。通則法12条２、３項）。

　上記⑵の例で、Xとａ社に準拠法に関する合意がない場合、Xの勤務地が日本であれば、労務提供地法である日本法が最密接関係地法として準拠法となります（前記２と同じく、海外出張中も日本法が適用されます）。これに対し、XがA国で継続的に勤務する海外勤務の場合は、A国法が準拠法となるわけですね。また、途中で勤務地が変わった場合（たとえば日本からA国への転勤で海外勤務となった場合）は、労務提供地法がA国法に変わるため、最密接地関係地法（準拠法）も日本法からA国法に変わることになります。

　ただし、労務提供地法等は最密接関係地法と<u>「推定」</u>されるに過ぎ

ないので、当事者の主張によって否定されることがありえます。たとえば、労務提供地が日本でも、人事労務管理がすべてＡ国のやり方で行われ、その労働契約と最も密接に関係するのはＡ国法であると認められれば、<u>推定が覆り</u>、最密接関係地法（準拠法）はＡ国法となります。

(4)　**合意がある場合の例外**：前記(2)では合意による準拠法決定のルールを確認しました。しかし、募集・採用時に会社が準拠法を指定してきた場合、労働者側がそれを拒否するのは難しいですよね（拒否すれば採用されないかもしれません）。規制がゆるい国の法が準拠法になると、労働者の保護の観点からは問題があります。そこで、労働者は、合意による準拠法に加え、<u>最密接関係地法のなかの**強行規定**（→第１章③）の適用を主張することもできるのです</u>（通則法12条１項）。たとえばＸとａ社に準拠法をＡ国法とする合意があっても、Ｘが日本で勤務しているときに解雇された場合、Ｘは最密接関係地法（労務提供地法）である日本法、具体的には労契法16条の適用を主張できます。日本の解雇規制がＡ国よりも厳しい場合、Ｘにはこうした主張を行うメリットがあるわけですね。

　以上、国際的な関係ゆえになかなか複雑ですが、考え方の枠組みを確認してみてください（→実際に裁判を行う場合については次頁の「ワード解説67」も参照）。

ワード解説67　裁判の管轄

　国際的な労働関係においては、どの国の裁判所がその裁判を担当できるかも問題となります（「管轄」の問題と呼びます）。ポイントを絞って紹介すると、労働関係においては、労働者が外国の裁判所で裁判をすることを強制されないような仕組みになっている点が重要です（いうまでもなく、外国で裁判をすることの負担は非常に大きいですよね）。

　まず、労働者が使用者に対し、労働契約に関する紛争について裁判を起こす場合、勤務地（労務提供地）が日本国内であれば、日本の裁判所が担当可能です（日本の裁判所に管轄が認められます）。なお、勤務地が１つの国に定まらない場合は、採用の場所（雇入れ事業所所在地）が日本であればOKです。これに対し、使用者が労働者を訴える場合は、労働者の住所が日本国内にある場合に限り、日本の裁判所に管轄が認められます（以上、民事訴訟法３条の４等）。

　なお、紛争が生じた場合、どの裁判所で裁判をするのか（つまり管轄）について、当事者があらかじめ合意で決めておくことも可能です。しかし、上記と同じく労働者が不利な立場におかれることを避けるため、労働関係においてはそうした合意の効力が制限されることになっています（民事訴訟法３条の７）。

第16章

労働紛争の解決

1 労働相談、行政や司法による紛争解決

今回のポイント

今回は労働者と使用者の間で生じたトラブル（労働紛争）を解決する仕組み
を整理しましょう。特に「労働審判」に要注目です。

1 労働紛争の防止と解決のために

　労働紛争には本当にさまざまなものがありますが、労使ともに、<u>自
身の意見や立場を丁寧に説明すること</u>が重要と思われます。特に近時
の判例を見ていると、コミュニケーション不足から発生・拡大したと
思われる紛争も少なくありません。「言わなくてもわかるだろう」で
はなく、職場が多様な人たちから構成されていること（**職場の多様
性**）を前提に、しっかりと話し合うことが大切です。

　特に、労働者側の主張に法的な根拠がある場合は、紛争の拡大防止、
早期解決のためにも、使用者はできるだけ早く対応すべきです。対応
にあたっては、<u>その紛争が法的にどのような紛争なのか（**紛争の法的
性質**）</u>を明らかにし、労使どちらの主張が法的に正当といえそうかを
検討する必要があります。もちろん本書で学んできた知識も役に立ち
ますが、合わせて活用を考えたいのが各種の「労働相談」です。

(1)　**行政**：行政による労働相談窓口として、国が運営する**総合労働相
談コーナー**、自治体が運営する**労働相談情報センター**等（自治体に
よって名称が異なります）があります。いずれも労働問題に関する相
談への対応や情報（資料）の提供などを**無料**で行っています。労働者

からの相談が主に想定されてはいますが、当然、使用者が相談することも可能です。

(2) **専門家**：行政以外にも、弁護士や社会保険労務士といった専門家に相談することが考えられます。企業であれば、顧問契約を結ぶなどして日常的にアドバイスを受けている場合もありますね。基本的に費用は掛かりますが、専門家の知識や経験を活用できるメリットは大きいです。このほか、経営者団体や労働組合なども相談に対応してくれることがあります（労働相談の場は、おそらく想像以上に多いと思います）。

2　行政による紛争解決支援

　労働相談等の結果もふまえ、法的に必要な対応を進めていくことになりますが、行政が労働者からの相談や申告を受けて、紛争解決の支援に動く場合があります。関係する法律が何かによって、行政が具体的に行えることが変わってきます。

(1) **労働基準法等**：労働基準法、最低賃金法（→第3章③）、男女雇用機会均等法（→第10章③）など、行政が<u>使用者に指導や勧告等を行う、取り締まりを行う</u>といった**直接的な権限**を定めている法律が多く存在します。これらについては、たとえば違法残業なら労働基準監督署が、性差別なら労働局が使用者に指導等を行い、違法状態の解消が図られることになります。なお、すべての法律で違反が犯罪となるわけではありませんが、労働基準法のように刑事罰の定めがある場合（→第1章③）、使用者が刑事責任を問われる可能性もあります。

(2) **労働契約法等**：労働契約法のような民事のルールの場合（→詳細は第1章④）、上記(1)のような形で行政（労働局等）が動くことはできません。しかし何もできないわけではなく、助言や指導、「**あっせ**

ん」（当事者の意見を聴いて調整を行い、合意による解決を目指す手続きです）などの解決支援はありえます（→「ワード解説68」288頁も参照）。ただ、(1)の場合とは異なり、法的な強制力がないのが特徴です。

(3)　**労働組合法**：労働組合法については、専門機関である**労働委員会**が重要な役割を担っていましたよね。第12章⑥で詳しく学んだので、ここでは省略します。

3　司法による紛争解決

(1)　**労働審判**：行政の関与のもとでも解決に至らなければ、司法機関（裁判所）の活用も視野に入ってきます。ここでは、裁判の「一歩手前」に置かれた「**労働審判**」制度がとても重要です。労使のいずれも申し立てることが可能な手続きで、その特徴は、①労働審判員の参加、②迅速性、③柔軟な解決の3点です。

　①労働審判員の参加：労働審判の手続きは**労働審判法**（以下、審判法）に基づき地方裁判所で行われるのですが、裁判官1名と「**労働審判員**」2名による「労働審判委員会」が事件を担当します。労働審判員は労働関係の専門的な知識・経験を有する人が任命されることになっており、裁判官の法的な知識を実務的な知識・経験で補うことで、当事者がより納得できる解決に進むことが期待されます（ちょうど労働委員会の労使の委員〈→第12章⑥〉と似ている面があります）。

　②迅速性：手続きは原則として3回以内の期日で終了することになっており、終了までの期間も平均で3カ月以内と、裁判に比べて迅速です。なお、紛争が複雑すぎるなど、もともと労働審判に向かないケースの場合は、労働審判事件としては扱わない（手続きを終了させる）ことになっています（審判法24条）。

　③柔軟な解決：労働審判委員会が「**調停**」による解決を試みます。

「このような形でまとめてはどうか」といった調停案を示し、労使双方が納得すれば調停成立です。成立しない場合は、判決の簡易版といえる「**審判（労働審判）**」を示します。解雇紛争を例にすると、裁判では「解雇が無効なら労働契約は継続」となるのが原則ですが（→第7章②）、当事者、特に労働者が継続を望まないこともあります。労働審判であれば、「解決金の支払い＋契約終了」といった、裁判と比べて柔軟な結論を出すことも可能です（審判法20条）。

なお、当事者は審判に**異議を申し立てる**ことで、通常の裁判（訴訟）へ移行できます（審判法21条）。つまり、納得できない場合は裁判でじっくり争うことが可能なので、まず労働審判を試みることが期待されます（まさに裁判の「一歩手前」の手続きといえます）。なお、労働組合法に関する紛争については専門の労働委員会があるため、労働審判は利用できないことになっています。

(2) **裁判（訴訟）**：最終的な紛争解決制度が裁判（訴訟）です。原告（訴えた側。労働事件では多くの場合労働者）の被告に対する法的請求の当否が判断されます。使用者が行った処分（解雇や懲戒等）の無効を主張する例、未払いの賃金や損害の賠償など金銭の支払いを求める例が多いです。裁判は費用や時間などさまざまなコストが掛かりますが、判決という強制力のある結論が出される点で、重要な紛争解決制度です。なお、必ずしも判決が出るまで争い続けるわけではなく、**和解**（話し合い）がまとまって解決する例も多いです。最後に裁判が控えているからこそ、「お互い、この辺で折り合いをつけよう」などと当事者の話し合いが促される面があるといえます。

話し合いによる紛争の予防・解決を目指しつつも、紛争解決の仕組みについて基本的な知識を持っておくことが重要といえるでしょう。

ワード解説68　個別労働紛争解決促進法

　労働紛争のうち、労働組合（法）に関する紛争を「集団紛争」、それ以外の解雇や労働時間等に関するさまざまな紛争を「個別紛争」と呼んでいます（→第1章①）。個別紛争に関しては、個別労働紛争解決促進法（「個別労働関係紛争の解決の促進に関する法律」）が置かれており、本文1(1)の労働相談や、2(2)の助言、指導、あっせんといった、行政によるさまざまな紛争解決支援の仕組みが定められています。なお、都道府県によっても異なりますが、労働委員会が（集団紛争だけでなく）個別紛争についての相談やあっせん等を行っていることもあります。

　以上で『ゼロから学ぶ労働法』による労働法の入門レッスンは終了です。本書で身に付けていただいた基礎知識があれば、労働法に関するさまざまな疑問を解決できますし、より実践的な書籍や資料もスムーズにお読みいただけると思います。また、行政や専門家への労働相談等も、きっと今まで以上に活用できることと思います。

　本書をお読みいただき、本当にありがとうございました。

索　引

【あ　行】

あっせん ……………………………………………………… 97, 285, 288

安全衛生委員会 ………………………………………………… 214

安全衛生規則（安衛則） ……………………………… 213, 214, 217

安全配慮義務 …………… 26, 69, 75, 78, 83, 187, 210, 211, 215, 216

育児・介護休業法（育介法） ………… 90, 91, 92, 94, 103, 138, 186

育児介護ハラスメント ………………………………… 90, 184, 190

育児休業 ……………………………………… 90, 91, 138, 186, 190

育児休業給付 …………………………………………………… 91

医師による面接指導 ………………… 77, 83, 213, 214, 216, 264

黄犬契約 ………………………………………………………… 250

【か　行】

海外勤務 ………………………………………………………… 278

海外出張 ………………………………………………………… 278

介護休業 ……………………… 90, 91, 93, 103, 138, 186, 190

介護休業給付 …………………………………………………… 91

介護補償給付 ………………………………………………… 209

戒告 …………………………………………………………… 110

外国人労働者 ………………………………………………… 272, 274

外国人技能実習法 …………………………………………… 274

外国人技能実習制度 ………………………………………… 274

解雇権濫用法理 ……………………………… 112, 136, 138, 161

解雇予告義務 ………………………………………………… 136

解雇予告手当 …………………………………………… 136, 143

解散（会社の解散）……………………………………………… 256〜260

会社分割 …………………………………………………… 252, 256〜258

合併 ……………………………………………… 232, 249, 252〜256

カスタマーハラスメント ……………………………………………… 192

過半数組合 ………………………………………………………… 21, 232

過半数代表 ………… 12, 14, 21, 65, 67, 80, 87, 91, 148, 154, 176, 181, 232, 235, 258

仮採用 …………………………………………………………………… 99

過労死 ……………………………………… 26, 81, 204〜206, 215

過労自殺 ……………………………………… 26, 81, 204〜206

勧告 ……………………………… 111, 167, 185, 190, 214, 285

管轄 …………………………………………………………………… 281

間接雇用 ………………………………………………………… 158, 175

間接差別 ………………………………………………………… 194, 195

管理監督者 ……………………………………… 72, 73, 75, 76, 79

管理職 ………………………………… 14, 40, 56, 70, 72, 73, 79, 168

監理団体 …………………………………………………………… 274

管理モデル …………………………………………………… 268, 269

棄却命令 …………………………………………………………… 248

企業秩序 …………………………………………………………… 110, 112

企業別労働組合 ……………………………………… 220〜224, 227

偽装請負 ………………………………………………………… 178, 182

偽装解散 ………………………………………………………… 259, 266

基礎疾患 …………………………………………………………… 205

期待保護型 ………………………………………………………… 160

技能実習→外国人技能実習制度 ……………………………… 272〜275

基発 ……………………………………… 21, 54, 206, 265, 267

義務的団交事項 ………………………………………… 228, 232, 242

休業特別支給金 ………………………………………………… 202, 208

休業補償給付 ………………………………………… 201, 202, 208, 209

休業手当 ……………………………………… 50, 52〜54, 143, 177

休憩 ……………………… 11, 35, 62, 64, 65, 72, 78, 166, 212, 264

救済命令 ··· 248〜250

休日 ···················· 11, 52, 65〜69, 71, 72, 77, 78, 88, 90, 215, 262, 266, 267

休日労働 ···························· 66〜69, 71, 90, 215, 266, 267

休職 ································· 54, 115〜118, 214, 241

求職（者）····································· 96

求人（者）····································· 96

給付基礎日額 ······························ 202, 208

競業避止義務 ······························· 26, 263

強行的・直律的効力 ···················· 13, 23, 57, 234, 278

強行法規（強行規定）············ 13, 27, 35, 39, 47, 133, 236, 278, 280

業務委託 ···························· 35, 36, 38, 154, 270

業務上 ·············· 87, 103, 104, 108, 115, 190, 191, 202〜205, 212

業務命令 ·································· 24, 102, 113

均衡（待遇）······························ 166, 180, 181

均等（待遇）·········· 4, 97, 137, 138, 180, 181, 186, 190, 192〜197, 285

クーリング期間 ····························· 162, 163

組合活動 ···················· 224, 239, 240〜244, 246, 247

組合自治（の原則）························· 222, 227

組合専従 ···································· 115, 241

経営事項（経営専権事項）····················· 232

計画年休 ····································· 87, 88

継続雇用制度 ····················· 147, 148, 151〜153

経団連（日本経済団体連合会）···················· 100

減給 ······························ 55〜57, 109, 110, 114

兼業 ···················· 111, 112, 203, 262〜267, 269, 270

健康診断 ································· 77, 213, 214

原職（復帰命令）····························· 249

けん責 ······································· 110

限定解釈 ··································· 112, 113

限度基準 ····································· 67, 68

権利濫用（権利濫用法理）‥‥‥‥‥‥‥‥‥‥‥‥ 15〜19, 56, 102, 103, 108, 109

合意解約 ‥‥‥‥‥‥‥‥‥‥‥‥‥‥‥‥‥‥‥‥ 132, 134, 146, 237

行為規範 ‥‥‥‥‥‥‥‥‥‥‥‥‥‥‥‥‥‥‥‥‥‥‥‥‥‥ 6, 16

降格 ‥‥‥‥‥‥‥‥‥‥‥‥ 17, 55, 56, 101, 108, 109, 118, 194, 246

公序（公序良俗）‥‥‥‥‥‥‥‥‥‥‥‥‥ 27, 30, 113, 223, 226

公法 ‥‥‥‥‥‥‥‥‥‥‥‥‥‥‥‥‥‥‥‥‥‥‥‥‥‥‥ 277

高年齢者雇用確保措置 ‥‥‥‥‥‥‥‥‥‥‥‥ 146, 147, 151, 153

高年齢者就業確保措置 ‥‥‥‥‥‥‥‥‥‥‥‥‥‥‥‥‥‥ 153

公務員 ‥‥‥‥‥‥‥‥‥‥‥‥‥‥‥‥‥‥‥‥‥‥‥‥ 39, 43

合理的配慮 ‥‥‥‥‥‥‥‥‥‥‥‥‥‥‥‥‥‥‥‥ 195, 196

功労報償 ‥‥‥‥‥‥‥‥‥‥‥‥‥‥‥‥‥‥‥‥‥‥ 51, 52

5条協議 ‥‥‥‥‥‥‥‥‥‥‥‥‥‥‥‥‥‥‥‥‥‥‥ 258

固定残業制 ‥‥‥‥‥‥‥‥‥‥‥‥‥‥‥‥‥‥‥‥‥ 70, 71

個別的授権事項 ‥‥‥‥‥‥‥‥‥‥‥‥‥‥‥‥‥‥‥ 235

個別法（個別的労働関係法）‥‥‥‥‥‥‥‥‥‥‥‥ 5, 288

個別（労働）紛争 ‥‥‥‥‥‥‥‥‥‥‥‥‥‥ 5, 186, 288

個別労働紛争解決促進法 ‥‥‥‥‥‥‥‥‥‥‥‥‥‥‥ 288

雇用関係法 ‥‥‥‥‥‥‥‥‥‥‥‥‥‥‥‥‥‥ 4, 5, 220

雇用保険 ‥‥‥‥‥‥‥‥‥‥‥‥‥‥‥‥‥‥‥‥‥ 91, 155

【さ　行】

在籍出向　→出向 ‥‥‥‥‥‥‥‥‥‥‥‥‥‥‥‥‥‥‥ 103

最低賃金（最低賃金法）‥‥‥‥‥‥‥‥‥‥ 4, 55, 57, 58, 285

最密接関係地法 ‥‥‥‥‥‥‥‥‥‥‥‥‥‥‥‥‥ 279, 280

採用差別 ‥‥‥‥‥‥‥‥‥‥‥‥‥‥‥‥‥‥‥‥‥‥‥ 97

採用内定→内定 ‥‥‥‥‥‥‥‥‥‥‥‥‥‥‥‥‥ 96, 97

採用の自由 ‥‥‥‥‥‥‥‥‥‥‥‥‥‥‥‥ 96, 97, 100

在留資格 ‥‥‥‥‥‥‥‥‥‥‥‥‥‥‥‥‥‥‥‥‥ 272

裁量労働制 ‥‥‥‥‥‥‥‥‥‥‥‥‥‥‥‥‥ 72, 74, 75

産休 ‥‥‥‥‥‥‥‥‥‥‥‥‥‥‥‥‥‥‥‥‥‥ 90, 137

産業医 ‥‥‥‥‥‥‥‥‥‥‥‥‥‥ 77, 118, 119, 213, 214

残業代 ……………………………… 46, 63, 66, 69, 70, 72, 73, 75, 76, 78, 79

36協定 ………………………………………………… 66〜69, 266〜268

産業別労働組合 …………………………………………………… 59, 221

産後パパ育休 ………………………………………………………… 92

資格（職能資格）……………………………………… 55, 106〜108, 118

時間外労働 ……………… 14, 66〜70, 73, 75, 81, 84, 92, 206, 214, 264〜269

時季指定（権）……………………………………………… 86, 88, 89

時季変更権 …………………………………………………… 86, 87, 89

指揮命令 ……………………………… 24, 33, 63, 64, 175, 176, 182

支給日在籍要件 …………………………………………………… 50

事業 ……………………………………………………………… 278

事業譲渡 …………………………………………… 252〜256, 260

事業場 ……………… 12, 14, 20, 21, 64, 65, 74, 76, 79, 80, 194,
　　　　　　　　　　　　213, 215, 216, 235, 258, 264, 267, 278

事業場外労働 ……………………………………………… 74, 79

時効（消滅時効）……………………………………… 55, 58, 59, 86

私傷病 …………………………………………………… 116, 117

私傷病休職 ……………………………………………………… 115

辞職 ………………………………………… 98, 132〜136, 160

施設管理権 ……………………………………………………… 241

失業 ……………………………………………………………… 5

指導 …………………… 14, 24, 48, 57, 67, 68, 77, 78, 83, 119, 139, 167,
　　　　　　　　　　　185, 190, 197, 213〜216, 264, 285, 288

支配介入 ……………………………………………… 247, 248

私法 ……………………………………………………………… 277

社会的身分 ……………………………………………………… 196

就業規則 ……… 11, 20〜29, 51, 56, 62, 63, 66, 67, 71, 87, 89, 91, 102, 104, 107, 109,
　　　　　　　111, 112, 115〜117, 122〜133, 143, 146, 164, 234〜240, 253, 263

就業規則の不利益変更 …………………………………… 123, 126, 130

集団紛争 ……………………………………………………… 5, 288

集団法（集団的労働関係法）…………………………………………… 5

就労請求権 ……………………………………………………… 25

出勤停止 …………………………………………………… 110, 114

出向 ……………………………… 17, 101, 103〜105, 141, 278

出生時育休 ………………………………………………… 92, 93

準拠法 …………………………………………………… 279, 280

春闘 ………………………………………………… 55, 59, 221

試用（試用期間）………………………………………… 96, 99

障害者雇用促進法 ……………………………………………… 195

障害補償給付 …………………………………………………… 209

昇格 …………………………………………………… 106, 108, 114

使用者責任 …………………………………………………… 187

昇進 …………………………………… 101, 106, 108, 114, 194

傷病補償年金 …………………………………………………… 209

賞与 ………… 46, 47, 50, 51, 53, 70, 143, 167, 169, 170, 172, 180, 231

省令 …………………………………………………………… 8, 9

職位 ……………………………………………………… 56, 106

職業安定法 …………………………………………………… 96,

職業紹介 ………………………………………………… 96, 97

職能資格制度 ………………………………………… 55, 106〜108

職場環境配慮義務 ……………………………………… 25, 26, 187

職務専念義務 ………………………………………………… 24

助言 …………………………… 77, 119, 167, 185, 285, 288

所定労働時間 … 62, 65, 66, 70, 73, 85, 158, 165, 173, 267〜269

審議会 ……………………………………………… 186, 192, 221

信義則 ……………………………… 25, 26, 98, 117, 187, 260

真実解散 …………………………………………………… 259

ストライキ ……………………………………… 239, 241〜244

ストレスチェック …………………………………… 213, 215, 216

正規雇用 …………………………………………………… 158

誠実団交義務 ……………………………………………… 228〜230

整理解雇 ··· 140〜143, 161, 254

整理解雇の4要件 ·· 141, 161

政令 ··· 8, 9

セクシュアルハラスメント（セクハラ）·············· 26, 184〜186, 188, 190, 193

絶対的強行法規 ··· 278

専従（組合専従、在籍専従）·································· 115, 241

争議行為 ··· 239〜244, 246

葬祭料 ·· 209

訴訟 ······························· 26, 139, 144, 207, 281, 287

【た　行】

退職勧奨 ··· 132, 134, 135, 194

退職金 ························· 21, 46, 47, 49, 50〜52, 58, 111, 127, 167

脱退の自由 ·· 227

団結権 ·· 222, 226

団交拒否 ··· 247, 249

短時間勤務制度 ··· 92

男女雇用機会均等法 ·· 4, 97, 137

団体交渉（団体交渉権）·············· 222, 223, 228, 229, 239, 247

団体行動（団体行動権）················ 222, 239〜241, 243

チェック・オフ ·· 224, 227, 232

治癒 ··· 116, 117, 208, 209

中間搾取 ·· 48

中途解雇 ··· 177

中立保持義務 ·· 230

懲戒解雇 ··· 51, 52, 110〜112

懲戒権の濫用 ··· 112, 114

懲戒事由 ··· 111〜113, 264

懲戒処分 ······················· 109〜114, 187, 223, 264

調停 ·· 190, 286, 287

直接雇用 ……………………………… 14, 83, 158, 175, 177, 178

賃金請求権 …………………………………………………… 24

賃金全額払いの原則 ………………………………………… 48, 232

賃金の支払いに関する4原則 ……………………………………… 47

通勤災害 ……………………………………………… 202, 203, 209

通達 ……………………………… 9, 21, 207, 265, 267, 268

定年制 ……………………………………………………… 146, 147

転籍 ………………………………………………………… 101, 104

統制処分 ……………………………………………………… 223

特定技能 ……………………………………………………… 275

努力義務 ………………… 153～155, 166, 178, 189, 216, 258

【な　行】

内定 …………………………………………………… 17, 96～100

内定取消し ………………………………………… 17, 97, 98

内々定 ……………………………………………………… 98, 99

ナショナルセンター …………………………………… 59, 221

7条措置 ……………………………………………………… 258

名ばかり管理職 ……………………………………………… 79

入管法 ……………………………………………… 272, 273, 275

年休（年次有給休暇） ……………………… 11, 13, 85～89

年休権 ………………………………………………………… 85

ノーワーク・ノーペイの原則 …………………… 54, 91, 243

【は　行】

パート労働者 ……………… 83, 159, 165～167, 169, 171～173

パート法 ……………………………………… 83, 165, 167, 171, 173, 174

パート・有期法 ……………… 83, 84, 153, 159, 164〜174, 180, 181

配転 ………………………………………… 101〜107, 139, 141

派遣労働者 ……………………………………… 159, 175〜181

バックペイ（命令）……………………………………… 249

パパ・ママ育休プラス ……………………………………… 94

ハラスメント ……………………… 26, 90, 184〜188, 190, 192, 207

ハローワーク ……………………………………………… 97

パワーハラスメント（パワハラ）……………… 9, 184, 186〜192, 207

パワハラ指針 ……………………………………… 188, 191, 192

反対解釈 ………………………………………………… 123, 130

判例法理 ……………………………… 9, 15, 16, 128, 138, 160

非正規雇用 ………………………………… 83, 84, 86, 158, 174

非正社員 ……………… 14, 81, 82, 132, 158, 159, 171, 191, 196, 223

秘密保持義務 ……………………………………………… 26, 263

副業 ……………………………………… 262〜267, 269, 270

副業・兼業の促進に関するガイドライン ……………………… 267

復職 ……………………… 94, 115〜117, 119, 139, 214

普通解雇 ……………………………………………… 140, 143

不当労働行為 ……………………… 229, 245〜250, 254, 259, 278

　―意思 ……………………………………………… 247, 248

　―の行政救済 ……………………………………… 245, 248, 249

　―の司法救済 ……………………………………… 245, 249

不法就労 ……………………………………………… 273

不利益取扱い ……………… 91, 174, 189, 195, 243, 246, 247, 249, 250, 263

フレックスタイム制 ……………………………………… 73, 92

紛争解決規範 ……………………………………………… 6

平均賃金 ……………………… 53, 114, 136, 143, 202, 208, 209

変形労働時間制 ……………………………………………… 73

防止措置 ……………………………………………………… 90, 185〜189

法人格 ……………………………………………………………… 260

法人格否認の法理 ……………………………………………… 259, 260

法定雇用率（制度）……………………………………………… 197

法定労働時間 …………………………………………… 66, 73, 265〜269

法内超勤 ………………………………………………………… 66

法の適用に関する通則法 ………………………………………… 279

ポジティブ・アクション ………………………………………… 195

募集情報等提供事業者 …………………………………………… 97

ポスト・ノーティス（命令）…………………………………… 250

ボーナス　→賞与 ……………………………………… 21, 46, 50, 114

【ま　行】

マタニティハラスメント ………………………………………… 184

みなし残業制 …………………………………………………… 70

みなし労働時間制 ……………………………………………… 74, 79

免責（民事免責、刑事免責）…………………………………… 243

無期契約（無期雇用）……………… 135, 152, 160, 162, 163, 177

無期転換 …………………………………………………… 150, 162〜164

メリット制 ………………………………………………………… 201

面接指導（→医師による面接指導）………………… 78, 83, 213〜216, 264

メンタルヘルス …………………………………………………… 215

【や　行】

役職定年制 ………………………………………………………… 146

雇止め ……………………………………………… 135, 158, 160〜162

雇止め法理 ……………………………………………………… 160

山猫スト ………………………………………………………… 242

有期契約 …………………………… 132, 135, 158〜160, 162〜164, 177

有期雇用 ……………………………… 16, 83, 150, 152, 159, 161, 165, 169, 172

ユニオン ………………………………………………… 41, 221, 223, 26, 231

ユニオン・ショップ（協定）…………………………………… 224～226

【ら　行】

両罰規定 ……………………………………………………………… 41

療養補償給付 …………………………………………… 201, 208, 209

類推適用 ……………………………………………………………… 212

連合（日本労働組合総連合会）……………………………………… 59, 221

労災隠し ……………………………………………………………… 203

労災保険 …………………………………… 200～204, 208～212, 270

労災保険給付 …………………………… 201, 203, 204, 208, 211

労災補償義務 ………………………………… 200, 201, 209, 211

労災民訴 ……………………………………………………………… 210

労使関係 …………………………………… 220, 229, 249, 278

労使関係法 ……………………………………… 4, 5, 28, 41, 220

労使協定 ………………… 12, 14, 49, 65, 66, 68, 80, 87, 89, 91, 93, 148, 181, 225, 232

労使協定方式 ………………………………………………………… 181

労働安全衛生法 ……………………………… 78, 82, 119, 213, 264, 278

労働委員会 ………………………………… 245, 246, 248, 249, 286～288

労働基準監督署 ………………………… 14, 21, 48, 66, 68, 77, 167, 197, 202, 204, 205

労働基準法 …… 4, 8, 9, 11, 15, 22, 32, 40, 42, 46, 53, 58, 62, 66, 67, 70, 72, 81, 85, 90,
　　114, 116, 136, 158, 165, 177, 193, 200, 205, 209, 225, 234, 264～266, 273, 277, 285

労働基本権 …………………………………………………………… 222

労働協約

　―による労働条件の不利益変更 …………………………………… 236

　―の規範的効力 ……………………………………………………… 236

　―の終了 ……………………………………………………………… 237

労働組合

　—の組織率 ……………………………………………… 43, 223, 234

　—の役員 …………………………………………… 115, 241, 254

労働組合法 ……………………… 4, 33, 36, 37, 41, 138, 220, 228, 233, 237,

　　　　　　　　　　　　　243, 245, 254, 255, 278, 286, 287

労働契約承継法 ………………………………………………… 257

労働契約法 ……… 7, 15, 16, 36, 40, 69, 75, 82, 83, 97, 102, 108, 112, 117, 126, 137, 140,

　　　　　　150, 152, 159, 162, 165, 168, 170, 187, 210, 215, 225, 238, 263, 277, 285

労働災害 ………………………………………………… 200～203

労働三権 ……………………………………………………… 222

労働時間の通算 ………………………………………………… 264

労働時間適正把握ガイドライン ……………………………………… 70

労働者性 ……………………………………………… 32, 34～39

労働者派遣 …………………………………………… 175～179, 182

労働者派遣契約 …………………………………… 175, 177, 180

労働者派遣法 …………………………………………… 175, 179

労働条件の変更（不利益変更）…………………… 23, 88, 122～130, 236, 253

労働審判 …………………………………………… 284, 286, 287

労働政策審議会（労政審）……………………………………… 84, 192

労働相談 ………………………………………… 186, 284, 285, 288

労務提供地法 …………………………………………………… 279

【わ　行】

割増賃金 ……………………………………… 46, 66, 69～75, 78, 268, 269

本書で紹介した判例一覧（年月日順）

福島県教組事件・最一小判昭和44.12.18民集23巻12号2495頁 ・・・・・・・・・・・・・・・・・・・ 49

三菱樹脂事件・最大判昭和48.12.12労判189号16頁 ・・・・・・・・・・・・・・・・・・・・・・・・・・・・・・ 96

日本食塩製造事件・最二小判昭和50.4.25労判227号32頁 ・・・・・・・・・・・・・・・・・・ 225

高知放送事件・最二小判昭和52.1.31労判268号17頁 ・・・・・・・・・・・・・・・・・・・・・・・ 138

大日本印刷事件・最二小判昭和54.7.20労判323号19頁 ・・・・・・・・・・・・・・・・・・・・・ 97

下関商業高校事件・最一小判昭和55.7.10労判345号20頁 ・・・・・・・・・・・・・・・・・・ 135

大和銀行事件・最一小判昭和57.10.7労判399号11頁 ・・・・・・・・・・・・・・・・・・・・・・・ 50

あさひ保育園事件・最一小判昭和58.10.27労判427号63頁 ・・・・・・・・・・・・・・・・・ 140

東亜ペイント事件・最二小判昭和61.7.14労判477号6頁 ・・・・・・・・・・・・・・・・・・・ 103

弘前電報電話局事件・最二小判昭和62.7.10労判499号19頁 ・・・・・・・・・・・・・・・ 87

カール・ツアイス事件・東京地判平成元.9.22労判548号64頁 ・・・・・・・・・・・・・・ 229

三井倉庫港運事件・最一小判平成元.12.14労判552号6頁 ・・・・・・・・・・・・・・・・・・ 226

日新製鋼事件・最二小判平成2.11.26労判584号6頁 ・・・・・・・・・・・・・・・・・・・・・・・・ 49

朝日放送事件・最三小判平成7.2.28民集49巻2号559頁 ・・・・・・・・・・・・・・・・・・・ 231

横浜南労基署長（旭紙業）事件・最一小判平成8.11.28労判714号14頁 ・・・・・・・ 33

第四銀行事件　最二小判平成9.2.28労判710号12頁 ・・・・・・・・・・・・・・・・・ 127, 128, 130

朝日火災海上保険（石堂・本訴）事件・最一小判平成9.3.27労判713号27頁 ・・・ 236

東海旅客鉄道（退職）事件・大阪地判平成11.10.4労判771号25頁 ・・・・・・・・・・・・ 117

三菱重工業長崎造船所事件・最一小判平成12.3.9労判778号8頁 ・・・・・・・・・・・・ 63

電通事件・最二小判平成12.3.24労判779号13頁 ・・・・・・・・・・・・・・・・・・・・・・・・・・・・・ 210

マナック事件・広島高判平成13.5.23労判811号21頁 ・・・・・・・・・・・・・・・・・・・・・・・・ 108

カントラ事件・大阪高判平成14.6.19労判839号47頁 ・・・・・・・・・・・・・・・・・・・・・・・・ 119

フジ興産事件・最二小判平成15.10.10労判861号5頁 ・・・・・・・・・・・・・・・・・・・・・・・ 111

小田急電鉄（退職金請求）事件・東京高判平成15.12.11労判867号5頁 ・・・・・・ 51, 52

荒川税務署長（日本アプライド・ストックオプション）事件・最三小判平成
　17.1.25労判885号5頁 ・・・ 54

宣伝会議事件・東京地判平成17.1.28労判890号5頁 ・・・・・・・・・・・・・・・・・・・・・・・・ 98

勝英自動車学校（大船自動車興業）事件・東京高判平成17.5.31労判898号16頁
　・・・ 255

第一交通産業ほか（佐野第一交通）事件・大阪高判平成19.10.26労判975号50頁
　　　　　　　　　　　　　　　　　　　　　　　　　　　　　　　　259
日本マクドナルド事件・東京地裁平成20.1.28労判953号10頁 ・・・・・・・・・・・・・・・ 72
日本システム開発研究所事件・東京高判平成20.4.9労判959号6頁 ・・・・・・・・・・・・・ 56
プレミアライン（仮処分）事件・宇都宮地栃木支決平成21.4.28労判982号5頁
　　　　　　　　　　　　　　　　　　　　　　　　　　　　　　　　160
日本アイ・ビー・エム（会社分割）事件・最二小判平成22.7.12労判1010号5頁
　　　　　　　　　　　　　　　　　　　　　　　　　　　　　　　　258
東芝（うつ病・解雇）事件・東京高判平成23.2.23労判1022号5頁 ・・・・・・・・・・・・・ 137
国・中労委（INAXメンテナンス）事件・最三小判平成23.4.12労判1026号27頁
　　　　　　　　　　　　　　　　　　　　　　　　　　　　　　　　38
東芝（うつ病・解雇）事件・最二小判平成26.3.24労判1094号22頁 ・・・・・・・・・・・・・ 211
山梨県民信用組合事件・最二小判平成28.2.19労判1136号6頁 ・・・・・・・・・・・・ 123, 124
九州惣菜事件・福岡高判平成29.9.7労判1167号49頁 ・・・・・・・・・・・・・・・ 149, 151, 152
長澤運輸事件・最二小判平成30.6.1労判1179号34頁 ・・・・・・・・・・・・・・・・・・・・ 152, 172
ハマキョウレックス（差戻審）事件・最二小判平成30.6.1労判1179号20頁
　　　　　　　　　　　　　　　　　　　　　　　　　　　　　　　　170, 172

【著者略歴】

原　昌登（はら・まさと）

成蹊大学法学部教授

1999年東北大学法学部卒業。同年、東北大学法学部助手。2004年成蹊大学法学部専任講師。同助教授（准教授）を経て、2013年より同教授。中央労働委員会地方調整委員、労働政策審議会（職業安定分科会労働力需給制度部会）委員。著書として『コンパクト労働法（第2版）』（新世社、2020年）『事例演習労働法（第3版補訂版）』（共著、有斐閣、2019年）、『実践・新しい雇用社会と法』（共著、有斐閣、2019年）等。

ゼロから学ぶ労働法

2022年6月23日　第1版　第1刷発行	
2023年8月26日　第1版　第2刷発行	定価はカバーに表
2024年7月29日　第1版　第3刷発行	示してあります。

著　者　原　昌登

発行者　平　盛之

発行所　㈱産労総合研究所

出版部　経営書院

〒100−0014
東京都千代田区永田町1−11−1　三宅坂ビル
電話03(5860)9799
https://www.e-sanro.net

印刷・製本　中和印刷株式会社

ISBN978-4-86326-326-0